Luca Ventura

In einer stillen Bucht

Der Capri-Krimi

ROMAN

Diogenes

Covermotiv: Foto von Tom Hegen

Die Karten der Insel Capri und des Golfs von Neapel
wurden gezeichnet von Julian Meyer

Das Zitat auf S. 280 f. stammt aus *Zitti e buoni* der Band Måneskin,
die auch die Lyrics dazu geschrieben haben
Erschienen 2021 als Single und danach auf dem Album
Teatro d'ira – Vol. I bei RCA Records und Sony

www.diogenes.ch
350/22/852/1
ISBN 978 3 257 30090 1

Liebe Mamma,

Du sagst, Du fährst nach Capri? Schön. Ich wünsche Dir viel Spaß. Aber – ehrlich gesagt: Dann brauchst Du Dich hier auch nicht wieder blicken zu lassen.

Weißt Du, wie die Kleine sich gefreut hat, ihre Oma wiederzusehen? Seit Wochen, ach was, seit Monaten übt sie auf der Geige, die Du ihr geschenkt hast, und raubt mir damit den letzten Nerv, nur weil sie vor Dir brillieren und Dir zeigen will, welche Fortschritte sie macht. Und ich darf jetzt die Tränen trocknen, wenn ich sage: Tut mir leid, mein Herz, die Oma kommt nicht.

Dir ist das vermutlich egal, wie Dir immer alles egal ist. Ich weiß, dass ich wahrscheinlich keine Antwort bekommen werde, aber ich frage Dich trotzdem: Was ist so wichtig, dass Du ausgerechnet am Geburtstag Deiner Enkelin nach Capri musst?

Weißt Du was? Geh nach Capri. Und bleib am besten gleich dort. Ich wünsche Dir ein schönes Leben.

Giulia

1

Maria Grifo schloss die E-Mail, beendete das Programm, stand auf und trat ans Fenster. Auf der Via San Sebastiano flanierten Touristen, machten Fotos, und wohl zum hundertsten Mal stellte sie sich vor, wie diese Verbrecher mit ihrer Beute dort unten die Gasse entlanggehastet sein mussten, vermutlich im Schutz der Dunkelheit, hinunter zum Hafen, und wie sie dann das Boot genommen hatten. Sie wusste, wer dahintersteckte, aber sie hatte keine Beweise. Noch nicht.

Ihre Hände zitterten, so sehr regte diese Sache sie auf, viel mehr als die Katzenmusik, die aus den Klassenräumen drang. Die Fleißigen, die auch am Sonntag übten. Jeder Ton erzählte, wie schwer es war und dass Fleiß und ein bisschen Talent nicht reichten, um abzuheben, Flügel zu bekommen und vielleicht in andere Sphären vorzudringen – dorthin, wo die Luft allerdings auch dünn war. In all den Jahren hatte sie nur wenige davonfliegen sehen, die meisten hatten eine Bruchlandung erlebt, von der sich manche ein Leben lang nicht erholten. Es gab immer wieder Leute, die dann sie, Maria Grifo, für ihre missglückte Karriere und geplatzten Träume verantwortlich machten und glaubten, dass sie ihnen etwas schuldete oder etwas wiedergutzumachen hatte. Aber sie schuldete niemandem etwas. Und ganz bestimmt ließ sie sich von diesen Versagern nicht an der Nase herumführen. Sie ging zurück zum Schreibtisch und drehte den Schlüssel in der Schublade, als es klopfte.

»Ja, bitte?« Sie schob die Lade wieder zu, aber Giancarlo stand schon in der Tür – wie immer genau dann, wenn man ihn am wenigsten gebrauchen konnte.

»Professoressa«, sagte er, und es fehlte nur noch, dass er die Hacken zusammenschlug. »Kann ich noch etwas für Sie tun?« Er zog ein besorgtes Gesicht und trat näher. »Ist alles in Ordnung, Professoressa?«

Sie betrachtete sein gecremtes und gepflegtes Gesicht, die große Nase und absurde Brille, und ein schrecklicher Gedanke durchfuhr sie: Steckte er vielleicht mit den Verbrechern unter einer Decke? War all das ein abgekartetes Spiel, und er schaute nur herein, um herauszufinden, was sie wusste oder ob sie etwas ahnte?

»Mach Feierabend«, sagte sie und schlug den barschen Ton an, den sie immer anschlug, wenn sie mit ihm redete. »Geh nach Hause«, sagte sie. »Es ist Sonntag.«

»Danke, Professoressa.«

»Wofür? Ist noch etwas? Wir sehen uns morgen.«

Er zögerte einen Moment, als wollte er noch etwas sagen, ließ es dann aber bleiben und zog endlich die Tür hinter sich zu.

Sie wartete zur Sicherheit, bis seine Schritte verhallt waren, öffnete die Schublade und holte ihr Schätzchen heraus. Die Pistole war kühl und lag gut in der Hand. Giulia würde sich schon wieder einkriegen. Wie all die Male zuvor. Ohne dabei auch nur ansatzweise zu verstehen, dass es ihr bei allem, was sie tat, doch nur um die Kleine ging.

Maria Grifo hatte keine Ahnung, wie weit sie dabei gehen würde, und sie konnte für nichts garantieren. Sie klappte ihr Köfferchen auf und schob das gute Stück zwischen ihre Wäsche.

In anderthalb Stunden ging ihr Boot. Genug Zeit, um am Hafen noch ein Gläschen zu trinken und ihre Nerven zu beruhigen. Sie würde das Ding durchziehen, die Sache in Ordnung bringen, ein für alle Mal, und zwar auf ihre Weise, und diesen Gangstern zeigen, wo es langging und mit wem sie es zu tun hatten. Sich mit Maria Grifo anzulegen war gefährlich. Wenn sie die Sache erledigt und zu ihren Gunsten zu Ende gebracht hatte, würde sich alles zum Guten fügen. Und niemals würde sie Giulia die Wahrheit sagen.

2

Die Orgel war zu hören. Der Klangteppich kam aus dem offenen Kirchenportal gerollt, hinaus auf die Piazzetta mit ihren Sonnenschirmen und Markisen und dem Mäuerchen, wo Enrico Rizzi seine Vespa parkte. Strenggenommen war die Stelle kein Parkplatz, und Rizzi selbst verteilte gerade hier immer wieder Strafzettel an Leute, die sich nicht daran hielten, es waren immer dieselben, und bezahlt wurden diese Strafzettel nie.

Er verstaute den Helm im Sattel, eilte die Stufen hinauf und betrat die Kirche Santo Stefano. Padre Ivano setzte gerade dazu an, das Kreuz zu schlagen, und wie er da stand mit den ausgebreiteten Armen, in seinem Gewand mit den goldenen Stickereien und dem kleinen Kopf obendrauf, erinnerte er an eine Fledermaus – wenn auch an eine sehr prächtige. Rizzi nahm seine Sonnenbrille ab, bekreuzigte sich und setzte sich in die hinterste Bank neben seinen besten Freund Alberto, der bereitwillig ein Stück zur Seite rückte.

Die alte Beatrice – nun hatte sie es also geschafft. Der Herrgott hatte sie heimgeholt, wie Padre Ivano über Mikrofon in einer Lautstärke verkündete, die auch jene wachrüttelte, die hier im Dämmerlicht gerne mal ein Schläfchen hielten. Die meisten Anwesenden dachten in diesem Moment wohl auch an die Zwillingsschwester von Beatrice, die alte Clarissa, die schon vor zwei Jahren gestorben war. Man konnte nur hoffen, dass die beiden Schwestern, die zu Lebzeiten unzertrennlich gewesen waren, nun im Tode wiedervereint sein würden.

»Kommst du heute Abend zur Probe?«, fragte Alberto halblaut.

»Heute Abend?« Rizzi streckte seine Beine aus, so weit es möglich war, und verschränkte die Arme vor der Brust. »Mal schauen. Ich versuch's.«

»Was ist los mit dir?«, wollte Alberto wissen.

Rizzi sah seine Eltern in der dritten Reihe sitzen, die schwarze Haarpracht seiner Mutter, die an eine Mütze erinnerte, und den eisgrauen Schopf seines Vaters. Ein Hund stromerte geschäftig durch den Mittelgang und drehte am Altar schnüffelnd nach rechts ab.

»Ich muss mich heute auf jeden Fall noch um die Elektrik kümmern«, sagte Rizzi. »Mit dem Scheibenwischer stimmt etwas nicht. Einmal wischen – und er bleibt stehen, wie eingefroren.«

Alberto seufzte. »Mach, was du willst, aber wir sind auf dich angewiesen. Ohne deine Trompete wird es ein bisschen dünn – zumal Giuseppe schon gesagt hat, dass er mit seiner Alten ausgerechnet am zwanzigsten nach Syrakus fährt. Stell dir das mal vor: Giuseppe mit seiner Alten in Syrakus.«

»Keine Sorge«, sagte Rizzi, »bis zu Edoardos Geburtstag haben wir noch zehnmal geprobt.«

»Denk dran, es ist sein Siebzigster.«

Padre Ivano stimmte das *Lodato sia il mio Signore* an, die Gemeinde fiel schleppend ein, und Rizzi ließ, während er aus voller Kehle sang, seinen Blick schweifen. Beatrice auf dem Foto neben ihrem Sarg sah genauso aus, wie man sie die meiste Zeit gekannt hatte und in Erinnerung behalten würde: weise und voller Güte. Die unangenehmen Charaktereigenschaften, das Bösartige und dass sie Leute beschimpfte, die es nur gut mit ihr meinten, waren erst in den letzten beiden Jahren hervorgetreten, genauer gesagt, nach dem Tod ihrer Schwester. Rizzi wünschte, er hätte sie vergangene Woche nicht so eilig abgefertigt. Aber wer konnte schon ahnen, dass sie nie wieder auf die Wache getippelt kommen würde mit der Namensliste all jener, die ihr angeblich Schmuck und Bargeld geklaut hatten?

Aber Padre Ivano fand wie gewohnt viele schöne Worte für die alte Nervensäge, und das war auch gut so. Strich vor allem Beatrices Gottesfürchtigkeit heraus und die Zuverlässigkeit und Sorgfalt, mit der sie sich um die Gesangsbücher in der Kirche gekümmert hatte, die immer ordentlich und in ausreichender Zahl bereitlagen, und viele, vor allem die Älteren in der Kirche, nickten zustimmend.

Aber woran wohl die meisten dachten und worüber Padre Ivano natürlich kein Wort verlor, war die Frage, was nun, nach Beatrices Tod, aus dem Haus der Benzoni-Schwestern in der Via Madre Serafina werden würde. Die Frauen hatten keine Geschwister, keine Kinder, keinen Mann, und das Haus, das ihr Großvater noch mit eigenen Händen gebaut hatte, war inzwischen, wie alle Häuser an der Straße, aufgrund der Lage Millionen wert. Man musste allerdings kein Hellseher sein, um zu erraten, was mit dem Haus passieren würde. Es müsste schon mit dem Teufel zugehen, wenn die Schwestern ihr Haus nicht der Kirche vermacht hätten und darin eine Anerkennung sahen für alles, was Padre Ivano in all den Jahren für sie und ganz Capri getan hatte.

Und war er nicht tatsächlich immer zur Stelle gewesen, hatte mit ihnen regelmäßig gegessen und sie in vielen, nicht bloß den finanziellen Dingen beraten? Da war es nur gerecht, wenn die Kirche das Haus künftig nutzte und – wer weiß? – Padre Ivano sich dort seinen Alterssitz einrichtete und den freien Blick aufs Meer genoss, den man vom Wohnzimmer aus hatte.

Padre Ivano breitete die Arme aus für den Segen, und alle standen von ihren Bänken auf. Salvatore liefen die Tränen über die Wangen, als der Sarg angehoben wurde. Dem Straßenkehrer würden die Benzoni-Schwestern wohl wirklich fehlen – wie sie eingehakt, in kleinen Schritten, über die Piazzetta liefen und alle paar Meter anhielten, um auch mit ihm einen Schwatz zu halten, der über das übliche »Wie geht's, alles gut?« hinausging. Und plötzlich fühlte auch Rizzi, dass die Benzoni-Schwestern eine Lücke hinterließen und dass Capri wieder um eine Farbe ärmer geworden war.

Man reichte einander die Hände, gedachte dabei der Verstorbenen und folgte dem Sarg aus der Kirche. Die Sonne blendete, und die Lilien auf dem Sarg nickten bei jedem Schritt, wie auch Beatrice zeit ihres Lebens immerfort genickt hatte.

Rizzi trat auf die Seite, um Platz für die Leute zu machen, den Trauerzug, der sich Richtung Friedhof in Bewegung setzte. Fortunata Parisi schluchzte, und Rizzi nahm sie in den Arm, während Giuseppe Ruffini tröstend bemerkte, der Abgang der alten Beatrice sei doch genau so, wie man ihn sich auch für sich selbst wünschte: abends in die Klappe gehen, einschlafen und morgens nicht mehr aufwachen.

Auf dem Weg zur Vespa schaltete Rizzi sein Telefon ein, sah in den Augenwinkeln die Tauben aufflattern und eine schlanke Gestalt in Uniform, die sich von der Via Roma näherte. Antonia Cirillo winkte.

»Ich weiß, du hast heute deinen freien Tag«, rief seine Kollegin schon von Weitem. »Aber eben ist ein Notruf eingegangen.«

Rizzi schaute hinauf zum Uhrenturm, wo in diesem Moment der große Zeiger zum kleinen auf die Zwölf rückte, ohne dass die Glocken zu bimmeln begannen, ein technischer Defekt. »Was ist passiert?«, fragte er, klappte den Sattel hoch und steckte den Schlüssel ins Zündschloss.

»Die Guardia Costiera weiß schon Bescheid und wartet in Marina Grande.« Cirillo trat näher. »Der Anrufer war ziemlich außer sich. Er behauptet« – sie dämpfte ihre Stimme –, »in Cala del fico liege ein Koffer und es sehe so aus, als ob sich darin ein Mensch befinde.«

»Ein Mensch?«, wiederholte Rizzi ungläubig.

»Er sagt, ein Bein wäre zu erkennen.«

*

Auf der Fahrt mit dem Motorroller nach Marina Grande klammerte Cirillo sich hinten an Rizzi fest und schrie ihm ins Ohr, was sie wusste. Der Anrufer, ein gewisser Marcello Perasole, sei ganz außer sich gewesen und habe immer wieder gefragt, was er tun solle, er habe das Boot voller

Leute. Sie habe zuerst überhaupt nicht verstanden, wovon er sprach, und auch nicht, wo genau er sich befand. »Cala del fico!«, habe er immer wieder gebrüllt, aber sie kannte die Bucht nicht.

Sie legte sich im Kreisverkehr mit Rizzi in die Kurve und rief in den Fahrtwind, sie habe den Mann nicht beruhigen können und ihm schließlich nur noch eingeschärft, er solle sich bis zum Eintreffen der Polizei nicht von der Stelle rühren. Als sie dann Ispettore Lombardi bei seinem Termin auf dem Festland nicht erreichen konnte und auch Rizzis Telefon ausgeschaltet war, sei sie heilfroh gewesen, als Teresa Villa einfiel, er sei höchstwahrscheinlich auf der Beerdigung der alten Beatrice.

Rizzi beschleunigte auf dem letzten Stück und fuhr mit siebzig Sachen die abschüssige Via Marina Grande hinunter.

Was Cirillo nicht wissen konnte und Teresa Villa ihr in der Eile wohl nicht erklärt hatte: Der Anrufer, Marcello Perasole, war der Sohn des mittlerweile auch schon verstorbenen Fischers Vittorio Perasole und hatte den Kutter seines Vaters so umgebaut, dass er damit nicht mehr zum Fischfang rausfuhr, sondern Inselumrundungen für Touristen machte, womit er wahrscheinlich in einem Sommer hundertmal mehr verdiente als der Vater seinerzeit mit dem Fischfang über das ganze Jahr. Marcello Perasole gehörte mit den anderen Männern seiner Zunft zu den Menschen, die den Blick von außen auf die Insel hatten und denen dadurch fast schon so eine Art Wächterfunktion zukam. Sie meldeten regelmäßig, wenn sie etwas an der Küste und den Steilhängen sahen, das da nicht hingehörte. Das war in erster Linie Müll, den manche Leute über die Klippen entsorgten.

Rizzi hupte, und die Leute auf der Piazza Vittoria, die zwischen Mole, Ticketschaltern, *funicolare* und den Bars kreuzten, sprangen zur Seite. Auf der Via Cristoforo Colombo gab er noch einmal Gas und hielt an der Mole, wo das Polizeischiff lag und Giorgio Schifino mit laufendem Motor wartete. Kaum hatte Rizzi die Helme verstaut und war mit Cirillo an Bord gegangen, holte der Kollege die Brücke ein.

»Wetten«, sagte Schifino, als Rizzi sich neben ihn ans Steuer stellte, »dass einfach irgendein Schwachkopf eine Schaufensterpuppe entsorgt hat?«

»Hoffen wir es«, antwortete Rizzi.

Eine Yacht mit eigener Radaranlage und so groß, dass sie wahrscheinlich hochseetauglich war, und ein Segelschiff, ein gediegener Zweimaster aus Holz, lackiert, mit schönen Messingbeschlägen, blockierten die Hafeneinfahrt und zwangen eine Reihe von *aliscafi* zu warten, die hier streng getaktet aus Neapel, Sorrent oder Ischia eintrafen. Schifino nutzte eine Lücke, fuhr vor der großen Fähre aus dem Hafen und schob, nachdem sie die korinthische Säule passiert hatten, den großen Hebel nach vorne. Die Bugspitze hob sich, und das Boot schoss über die gekräuselte Wasseroberfläche.

Cirillo klammerte sich im Heck an die Reling, hatte ihre Mütze zwischen die Knie geklemmt, und ihre Haare flatterten im Wind. Die Nordküste von Capri lag im Schatten, die hohen Felsen waren dunkle Wände und die Eingänge zu den Grotten Bove Marino und Ricotta kaum wahrnehmbare schwarze Löcher. Wilde Pistazien, Rosmarin und andere Sträucher bildeten auf dem zerklüfteten Kalksandstein und an den kargen Hängen einen dichten, immergrünen Pelz.

Schifino fuhr bei Punta del Capo eine weite Kurve um den Monte Tiberio, und das dunkle Wasser der Nordseite verwandelte sich im Sonnenlicht in türkisgrünes Meer, das verheißungsvoll glitzerte, als wäre der Boden in der Tiefe mit Topas und Smaragden übersät.

Dafür, dass der Hochsommer vorbei war, ankerten vor den Grotten Bianca, Preti und Moschino noch viele Boote mit bunten Sonnensegeln, unter denen ein unternehmungslustiges Völkchen darauf wartete, einzufahren und mit Besichtigung der Grotten ein kleines Abenteuer zu erleben. Weiter südlich ragten die Faraglioni-Felsen wie riesige, urwüchsige Kegel aus dem Wasser und dominierten die Landschaft, auch den flachen Felsen Scoglio di Monacone, der wie umgekippt im Meer lag und der mit dem Faraglione di Terra die Bucht von Punta di Tragara begrenzte.

So gesehen, war Cala del fico, gleich hinter Punta Massullo, ein toter Winkel, eine unzugängliche stille Bucht, die nur über das Meer erreichbar und unter normalen Umständen keines besonderen Blicks oder überhaupt nur einer Erwähnung wert gewesen wäre. Dass ausgerechnet hier, genauso wie vor den Eingängen der Grotten, ein ganzer Pulk von Booten lag, war höchst ungewöhnlich und wahrscheinlich noch nie vorgekommen, aber offensichtlich gab es hier etwas, das die Aufmerksamkeit der Leute erregte, so dass sie teilweise aufrecht stehend mit ihren Kameras filmten und fotografierten.

Marcello Perasole auf seinem Kutter befand sich im Zentrum, winkte und schwenkte seine weiße Schirmmütze wie ein Fluglotse seine Kelle und rief: »Da drüben, Erri, siehst du es? Auf dem Stein!« Er deutete auf die Steilwand und auf einen Felsvorsprung, der einen knappen Meter über der Wasseroberfläche ins Meer ragte. Was dort lag, hätte man auf den ersten Blick auch übersehen oder für einen Gesteinsbrocken halten können. Es handelte sich, wenn man genauer hinsah, aber wohl tatsächlich um ein Gepäckstück, einen großen schwarzen Koffer, der durch den Aufprall anscheinend etwas lädiert war. Aber einen Körperteil, der daraus hervorschaute, konnte Rizzi nicht erkennen.

Schifino drosselte das Tempo, und Rizzi rief Marcello zu: »Hast du jemanden gesehen, der dort etwas abgelegt hat oder von dort weggefahren ist?«

»Glaub mir«, schrie Perasole zurück. »In all den Jahren habe ich dort noch nie jemanden gesehen. Warum auch? Dort ist ja nichts. Cala del fico ist tote Hose.«

»Wer hat das Bündel entdeckt?«, schrie Rizzi.

»Was sagst du?«

Rizzi legte seine Hände trichterförmig an den Mund: »Wer die Entdeckung gemacht hat!«

Marcello Perasole wandte sich um, und kurz darauf erhob sich zögernd ein beleibter Mann in Shorts, mit einem Käppi auf dem Kopf, von seinem Sitzplatz. Sein Gesicht war knallrot und leuchtete in der Sonne. Unsicher hob er die Hand.

»Er ist Amerikaner«, schrie Perasole, als würde die Nationalität irgendetwas erklären. »Hast du gehört?«

»Schreib seinen Namen auf«, rief Rizzi, machte die entsprechende Geste, als würde er mit dem Finger etwas auf seine Handfläche notieren, und Perasole antwortete mit Daumen hoch.

Immer mehr Boote näherten sich aus verschiedenen Richtungen. Von einer Nussschale mit Außenbordmotor sprangen zwei Halbstarke ins Wasser, kraulten los, weil sie sich die Sache wohl mal aus der Nähe anschauen wollten, und wurden dabei von allen Seiten johlend angefeuert.

Rizzi ließ sich von Schifino das Megafon geben. »Hier spricht die Polizei«, rief er, und seine Ansage hallte von den hohen Felswänden wider. »Das Baden in dieser Bucht ist bis auf Weiteres untersagt. Kehren Sie zurück in Ihre Boote. Unterlassen Sie das Filmen und Fotografieren, und fahren Sie weiter.«

Während Schifino beidrehte, um den Felsvorsprung und das Gepäckstück darauf mit der Länge des Polizeibootes so gut wie möglich gegen die Blicke der Neugierigen abzuschirmen, versuchten Rizzi und Cirillo das, was da lag, genauer in Augenschein zu nehmen. Sie fotografierten es mit ihren Smartphones, vergrößerten beide mit zwei Fingern ihre Aufnahmen und sahen, dass es sich um einen schwarzen Hartschalenkoffer handelte, der mit einem Reißverschluss zusammengehalten wurde. Genau dort quoll aus einem Riss tatsächlich etwas Weißliches hervor, das schwer zu identifizieren war und matt im Sonnenlicht glänzte.

Schifino kam mit dem Polizeiboot nicht weiter als bis auf zehn Meter heran. Die Brücke konnte man also nicht anlegen. Und einfach die Hosenbeine hochkrempeln und hinüberwaten ging auch nicht, dafür war das Wasser zu tief.

»Gib Teresa Bescheid«, sagte Rizzi zu Cirillo, während

er begann, seine Hosentaschen zu leeren. »Gatti soll nach Marina Grande und dafür sorgen, dass die Inselumrundungsfahrten bis auf Weiteres ausgesetzt werden.« Er zog sein T-Shirt aus und streifte die Schuhe ab. »Das betrifft auch Marina Piccola und die Privatboote. Wir können jetzt keine Gaffer gebrauchen.«

»In Ordnung«, sagte Cirillo.

Während seine Kollegin den Anruf erledigte, stieg Rizzi über die Leiter ins Wasser. Er brauchte nur ein paar Schwimmzüge, dann war er am Felsen, wo die Wassertemperatur stark abfiel, als ob von unten, vom Meeresgrund, etwas Eiskaltes heraufsteigen würde. Er griff mit den Händen nach einem Vorsprung, stemmte einen Fuß unter Wasser in den Stein, hoffte, auf keinen Seeigel zu treten, setzte den zweiten Fuß auf und versuchte, sich an dem scharfen Felsen hochzuziehen. Er brauchte jedoch mehrere Versuche, bis er es geschafft hatte und an Land war.

Auf dem unebenen Plateau hatte er nun das Gepäckstück direkt vor Augen. Der Koffer war nass, weil sich die Wellen am Felsen brachen, dabei Salzwasser aufspritzte und den Kunststoff besprühte. Rizzi beugte sich über den Riss im Reißverschluss.

»Alles okay?«, hörte er hinter sich Cirillo vom Polizeiboot herüberrufen. »Kannst du etwas erkennen?«

Rizzi antwortete nicht. Es gab keinen Zweifel: Was im Sonnenlicht wie Porzellan schimmerte, war vermutlich ein Unterschenkel. Er kämpfte gegen ein Gefühl der Übelkeit und hatte ein Brausen in den Ohren, während Cirillo rief: »Soll ich Teresa sagen, dass sie die Mordkommission in Neapel verständigt?«

Wie durch Watte hörte er, dass Cirillo ins Wasser stieg und herübergeschwommen kam, und obwohl die Sonne auf seinen nackten Schultern brannte, fröstelte er. Was sollte er tun? Er war Inselpolizist, und in dem Koffer steckte ein Mensch, vollständig oder zerstückelt, von jemandem verpackt und wie Müll über die Klippen entsorgt. Er war auf eine solche Situation nicht vorbereitet. So etwas passierte woanders auf der Welt, aber doch nicht auf Capri.

Er half Cirillo aus dem Wasser. Tropfnass, in Hose und Bluse, stand sie neben ihm, strich sich die Haare aus der Stirn, sagte nichts, betrachtete den Kasten, und als würde etwas von ihrer Ruhe und Konzentration auf ihn übergehen, bemerkte er, dass der Reißverschluss intakt war und wie bei einem Kleidersack über die ganze Länge verlief. Man brauchte ihn nur zu betätigen.

Cirillo nickte, und er nahm den Metallanfasser und zog den Reißverschluss auf. Stück für Stück gingen die Kunststoffhälften der Hartschale auseinander, und eine Person kam zum Vorschein, die äußerlich unversehrt zu sein schien. Zusammengekrümmt wie ein Embryo, lag sie da und hielt Arme und Hände schützend vor ihren Körper. Es handelte sich um eine Frau, sie war barfuß, trug einen Rock und ein T-Shirt, das mit Pailletten verziert war. Das dunkle Haar war von hellen Strähnen durchzogen und im Ansatz grau. Rizzi schätzte, dass die Frau ungefähr so alt war wie seine Mutter, Anfang, Mitte sechzig, vielleicht auch etwas jünger.

Cirillo kniete vor dem Leichnam und tastete die Taschen des Rocks ab. Als würde noch ein Rest Leben in ihm sein, bewegte sich der Körper: Die Hände rutschten weg, der

Kopf fiel auf die Schulter, und das Gesicht kam zum Vorschein.

Die Augen unter den geschwungenen Brauen waren geschlossen, die vollen Lippen bläulich, die fahlen Wangen aufgeschwemmt. Über dem Nasenrücken verlief ein kleines Muster aus geplatzten Äderchen.

Rizzi begann, das dünne Futter des Koffers abzutasten und nach etwas zu suchen, das einen Hinweis auf die Identität der Toten geben könnte, als Cirillo bei der Toten einen Gegenstand aus der Rocktasche hervorzog. Es war ein Kugelschreiber. In verschnörkelter goldener Schrift stand auf den Stift gedruckt: *Hotel La Principessa.*

»Siehst du das?«, fragte Cirillo und deutete beim Leichnam auf eine Stelle am Hals, unterhalb der weichen Falte, die ein Doppelkinn bildete. Unscheinbare Verfärbungen zeichneten sich dort ab, die wie Schatten auf der farblosen Haut lagen.

»Totenflecken?«, fragte Rizzi.

Cirillo schüttelte den Kopf. »Die Frau wurde wahrscheinlich erwürgt.«

3

Von Cala del fico aus war Punta di Tragara der nächste Landzugang und mit dem Polizeiboot in wenigen Minuten zu erreichen. Obwohl Cirillo Uniform trug, erregte ihre Ankunft keine besondere Aufmerksamkeit, und auf Rizzi, den Mann in Zivil, achtete erst recht niemand. Ab mittags, wenn der Felsen Faraglione di terra seinen riesigen Schatten auf die Bucht warf, packte die Mehrzahl der Badegäste ihre Sachen und wanderte mit der Sonne weiter nach Marina Piccola und Punta Carena. Zurück blieb nur ein kleiner Haufen, Rentner vor allem, die ihre Ruhe liebten. Jetzt beobachteten sie über ihre Lesebrillen hinweg das Anlegemanöver des Polizeiboots und die Kinder im Vorschulalter, kleine Nackedeis, die im seichten Wasser Steine aufeinanderhäuften – und diese Tätigkeit sofort wieder aufnahmen, nachdem Schifino abgelegt hatte und mit großer Bugwelle zurück nach Cala del fico preschte.

»Was ist denn passiert?«, rief Sandro Dominici, der Chef der Anlage war und mit ein paar Handgriffen die leeren Liegestühle zurechtrückte. »Stimmt es, dass sich in Cala del fico jemand von den Klippen gestürzt hat?«

»Der Fall liegt ein bisschen komplizierter«, erklärte Rizzi und legte Dominici im Vorbeigehen eine Hand auf die Schulter.

»Kaffee?«, rief Dominici ihm hinterher.

»Nächstes Mal.« Rizzi stieg die Treppenstufen hinauf, aber Cirillo blieb stehen und sagte zu Dominici:

»So viel können wir Ihnen sagen: Es handelt sich um eine Frau um die sechzig, Identität unbekannt.« Sie trat näher. »Falls Ihnen in der letzten Zeit hier oder drüben in der Bucht irgendjemand oder irgendetwas aufgefallen ist, das Ihnen im Nachhinein seltsam oder verdächtig vorkommt, lassen Sie es uns wissen.«

»Was soll mir denn aufgefallen sein?«, fragte Dominici, seinen Blick starr auf Cirillos Bluse gerichtet, wo sich unter dem feuchten Stoff der BH abzeichnete. »Und die Bucht«, erklärte er, »kann ich von hier gar nicht einsehen.«

Rizzi wartete hinter den Gebäuden, der Strandküche, den Lagerräumen und sanitären Anlagen, wo sich der Weg gabelte. Links ging es nach Belvedere di Tragara und Capri-Stadt, von wo morgens die meisten Badegäste mit ihren Provianttaschen angeschlappt kamen, rechts war der Aufstieg zur Via Pizzolungo, dem Wanderweg, der unterhalb des Monte Tuoro verlief und zur Grotta di Matermania und dem Abzweig zum Arco Naturale führte.

Der Pfad war schmal und an manchen Stellen so steil, dass mit Rundhölzern Treppenstufen gebaut worden waren, die den Aufstieg erleichtern und ihn zusammen mit dem knorrigen Handlauf sicherer machen sollten. Es war windstill und heiß, die Luft über der Macchia flirrte, als wäre es noch immer August, und es duftete nach Rosmarin und Piniennadeln. Das an- und abschwellende Rauschen der Brandung wurde – je höher sie stiegen – immer leiser, bis gar nichts mehr zu vernehmen war, nur hier und da ein Rascheln im Laub, ihre Schritte und Cirillos Atem. Sie stapfte mit ihren schweren Schuhen hinter Rizzi her, blieb aber immer wieder stehen, als wäre sie auf einer Wanderung, bei der sie die schöne Aussicht genießen wollte, und nicht auf der Suche nach der Stelle, von wo die erdrosselte Person mutmaßlich über die Klippen geworfen wurde.

Rizzi schwitzte, und sein T-Shirt klebte ihm am Rücken. »Theoretisch könnte der Koffer mit der Leiche auch vom Meer in die Bucht getrieben worden sein«, sagte er. »Und eine Welle hat ihn auf den Felsvorsprung gehoben, wo er liegen geblieben ist.«

»Glaub ich nicht«, antwortete Cirillo, »eine Leiche, die stundenlang im Wasser treibt, sieht anders aus, das kannst du mir glauben. Ich weiß nicht, ob du das schon mal gesehen hast?« Sie blieb wieder stehen. »Körper und Gesicht sind dann bis zur Unkenntlichkeit aufgedunsen.« Cirillo schnalzte hinter ihm mit der Zunge. »Eine andere Möglichkeit wäre, dass jemand die Leiche von irgendwoher mit dem Boot nach Cala del fico transportiert und dort auf dem Felsen abgelegt hat, um eine falsche Spur zu legen. Kannst du dir nicht vorstellen? Wir sollten es aber nicht ausschließen. Wir sollten grundsätzlich erst einmal gar nichts ausschließen.«

Sie passierten den Aussichtspunkt und ließen die Leute hinter sich, die sich am Geländer vor dem blauen Meer mit den Faraglioni-Felsen im Hintergrund fotografierten. Nach der Kurve, wo es bald über die Treppenstufen zur Grotta di Matermania ging, begegnete ihnen niemand mehr, nur Eidechsen huschten über den Weg und verschwanden im trockenen Laub.

»Schau mal.« Cirillo beugte sich über eine kleine Blume, die in der Sonne platt am Boden lag. Wo das Moos einen löchrigen Teppich bildete, verlief über anderthalb Meter eine Spur, mehrere Zentimeter breit und insgesamt so fein, dass man sie auch leicht hätte übersehen können. Es war ein Reifenabdruck, eindeutig.

»Vielleicht von einem Mountainbike?«, fragte Cirillo.

Rizzi machte ein Foto. »Ich schlage vor, dass wir den ganzen Bereich weiträumig absperren«, sagte er und ließ sich von Cirillo die Rolle mit dem Flatterband geben. Er wickelte das Ende um den Stamm der nächsten Pinie, ging zu den Steineichen hinüber und weiter im Quadrat von Baum zu Baum, bis er das Band an einem Ginster verknotete.

Dahinter brach das Gelände steil ab. Fast auf Augenhöhe und scheinbar zum Greifen nahe, segelte ein Bussard und zog geduldig seine Kreise, während unten, auf der blauen, sanft gekräuselten Wasseroberfläche, wie an einer unsichtbaren Schnur aufgereiht, Boote lagen, Schaulustige wahrscheinlich, die sich auf ihren Yachten nichts entgehen lassen wollten und – vermutlich mit dem Fernglas in der Hand – abwarteten, was als Nächstes passieren würde. Sie hofften natürlich auf großes Kino, das etwas Spannung in ihr langweiliges Leben bringen würde. Es war zum Kotzen.

Rizzi musste sich weit vornüberbeugen, um Schifino auf seinem Boot und die Leiche im Koffer auf dem Felsvorsprung zu sehen. Dorniges Gestrüpp wuchs hier und da aus den Felsspalten und brachte nicht nur Blätter, sondern auch winzige Blüten hervor. Rizzi sah jetzt, wie es passiert sein musste, und Cirillo pflichtete ihm bei: Die Sträucher hatten den Sturz des Koffers gebremst und den Aufprall auf dem Felsen abgemildert, was erklärte, warum die Leiche äußerlich nahezu unversehrt unten aufschlagen konnte und nur der Riss beim Reißverschluss entstanden war.

»Was schätzt du?« Cirillo starrte in die Tiefe. »Wie viele Meter? Zwanzig, dreißig?«

»Könnte hinkommen.« Rizzi schaute in die Ferne. Hinter den Faraglioni-Felsen tauchte ein Schnellboot auf, beschrieb zunächst einen weiten Bogen, kam dann mit hoher Geschwindigkeit näher und drosselte bei der Einfahrt in die Bucht das Tempo. Es war die Guardia Costiera mit den Beamten aus Neapel.

Während Schifino den Kollegen Zeichen gab und ihnen etwas zurief – Wortfetzen, die von den Felswänden widerhallten und hier oben, auf der Klippe, nicht zu verstehen waren –, ließen die Beamten, einer in Zivil und zwei in Schutzanzügen, ein Schlauchboot ins Wasser, stiegen mit zwei Koffern ein und setzten die letzten zehn Meter zum Felsvorsprung über. Das alles passierte zügig, ohne dass zwischendurch überlegt, beratschlagt oder auch nur eine Sekunde Zeit vertrödelt wurde.

Rizzi und Cirillo wollten sich schon abwenden, als plötzlich, wie aus dem Nichts, ein zweites Boot angeschossen kam und mit voller Kraft auf die Bucht und die Felswand zuhielt. Es musste sich aus der Reihe der Boote mit den Schaulustigen gelöst haben.

Ein Wahnsinniger, dachte Rizzi, doch als das Boot im letzten Moment eine waghalsige, scharfe Kurve machte und ein Typ mit Kamera vorne auf dem Deck elastisch in die Knie ging, wusste er, was los war. Dass Paparazzi wie Adler um die Insel kreisten und Jagd auf Prominente machten, war nichts Neues. Aber dass die Klatschreporter genauso bei einer Toten draufhielten, ihre Würde verletzten und die polizeilichen Ermittlungen störten, war eine neue, verbrecherische Dimension.

Das Manöver ging so schnell, dass der Paparazzo schon wieder auf dem Rückzug war, bevor Rizzi die Szene mit dem Smartphone festhalten konnte. Schifino bellte dem Kerl über Megafon noch etwas hinterher, doch die Laute verhallten zwischen den Felsen.

*

Cirillo blieb auf der Via Pizzolungo, Richtung Capri-Stadt, hinter Rizzi zurück, tippte Nachrichten, und wenn Rizzi ihre Miene und die Geschwindigkeit ihrer Daumen richtig deutete, ging es um etwas Privates, um ihren Sohn oder um ihren Ex oder – noch wahrscheinlicher – um beide. Dazu meldeten Mitteilungstöne den Eingang von einer Nachricht nach der anderen.

Rizzi holte ebenfalls sein Telefon heraus und rief Teresa Villa am Polizeiposten an. Sie war sofort am Apparat.

»Ispettore Lombardi ist unterwegs«, erklärte sie im Ton einer vielbeschäftigten Office-Managerin, bei der alle Fäden zusammenlaufen. »Er sagt, er ist in fünfundvierzig Minuten in Marina Grande, kommt dann direkt ins Büro und will ein Briefing. Könnt ihr bis dahin hier sein, oder soll ich das übernehmen? Dann brauche ich Infos.«

Rizzi schaute auf die Uhr. »Wir stecken noch mitten in den Ermittlungen«, sagte er und berichtete, dass die Mordkommission inzwischen eingetroffen war und ihre Arbeit in Cala del fico aufgenommen hatte, während er mit Cirillo den Bereich oberhalb, auf den Klippen, für die Spurensicherung abgesperrt hatte. Jetzt seien sie auf dem Weg ins Hotel La Principessa, um noch etwas zu überprüfen und vielleicht einen Hinweis auf die Identität des Opfers zu bekommen. Bis jetzt wüssten sie nicht mehr, als dass es sich bei der Toten um eine Frau von schätzungsweise sechzig Jahren handelte, eine gepflegte, völlig normale und unauffällige Erscheinung.

»Das heißt, du kennst die Tote nicht?«, fragte Teresa.

»Nein«, antwortete Rizzi.

»Du hast sie noch nie gesehen?«

»Kann mich jedenfalls nicht erinnern.«

»Dann ist sie auch nicht von der Insel«, stellte Teresa fest, und die Erleichterung, die aus ihrer Stimme sprach, machte Rizzi wütend.

»Ja, möglicherweise ist das Opfer nicht von Capri«, bemerkte er. »Aber was ist mit dem Täter? Der lebt vielleicht mitten unter uns.«

»Ist es denn wirklich wahr?«, wollte Teresa wissen. »Wurde die Frau wirklich umgebracht? Oder gibt es am Ende vielleicht doch noch eine andere Erklärung?«

»Die Tote hat Würgemale am Hals«, antwortete Rizzi. »Für mich gibt es keinen Zweifel.«

»Wer tut so etwas, Erri?« Teresas Stimme zitterte. »Was sind das bloß für Menschen?«

»Wir werden es herausfinden.« Rizzi versprach, sich zu melden, sobald sich etwas Neues ergab, und legte auf.

Cirillo war immer noch dabei, Textnachrichten zu tippen, doch als Rizzi kurz darauf die Pforte zu einem Plattenweg öffnete, der in Stufen zwischen Zypressen hindurch den Hang hinunterführte, schaute sie verwundert von ihrem Handy auf und sagte: »Ich dachte, das Hotel ist oben, am Belvedere.«

Hinter einer Biegung und hohen Oleanderbüschen befand sich eine Gartenterrasse mit einem riesigen Feigenbaum in der Mitte. Unter seinem Dach standen runde Tische und eine Ansammlung verschiedener Stühle. Auf einem rundum verlaufenden Mäuerchen waren Töpfe mit Peperoncini, Petunien und üppigen Azaleen platziert. Dazwischen lag eine bernsteinfarbene Katze, die träge den Kopf hob und schläfrig blinzelte.

»Wo sind wir?« Cirillo steckte ihr Telefon ein.

»Bei Marianna«, antwortete Rizzi und rief: »Buongiorno!« Er ging zur Pergola, die von wildem Wein und blauem Plumbago überrankt war und ein Privathaus abschirmte, das etwas oberhalb stand und dessen weiße Mauern zwischen Buschwerk und halbhohen Mandarinenbäumen hindurchschimmerten. »Gibt's noch was?«, rief er mit lauter Stimme.

»Küche ist zu!«, antwortete eine Frauenstimme, die sich anhörte, als käme sie aus dem Haus.

»Marianna?« Rizzi nahm seine Sonnenbrille runter und schirmte mit der Hand seine Augen vor der Sonne ab. »Ich bin's. Enrico.«

Irgendwo rummste etwas, dann war zu hören, wie jemand in Holzpantoffeln Treppenstufen herunterkam und eher überrascht als fragend wiederholte: »Erri?«

Kurz darauf erschien das runde Gesicht einer Frau mit eilig hochgesteckten Haaren. Über ihrem Rock trug sie eine weite Hemdbluse. »Das gibt's doch nicht!«, rief sie und breitete ihre Arme aus. »Gerade neulich sage ich zu Francesco: Dass Erri sich so überhaupt nicht mehr blicken lässt ... Wir haben uns schon gefragt, ob es an dieser Frau liegt, der du verfallen bist, und ob wir mal ein ernstes Wörtchen mit dir reden müssen. Und schwups – stehst du da. Was verschlägt dich hierher?« Sie verteilte Küsschen und gab Cirillo die Hand.

»Wir sind dienstlich unterwegs«, erklärte Rizzi und stellte seine Kollegin vor. »Aber erst einmal brauchen wir eine Stärkung.«

»Ich kann euch einen Teller Spaghetti machen. Mit Miesmuscheln. Wie wäre das?« Marianna nahm benutzte Gläser vom Tisch und fegte ein paar Krümel von der Decke. »Einen Schokoladenkuchen habe ich auch, der ist im Ofen und braucht noch zehn Minuten.«

Rizzi ließ sich auf den Stuhl fallen und seufzte: »Her damit.«

Marianna breitete ein frisches Tischtuch über die karierte Decke und lud Cirillo mit einer Handbewegung ein, ebenfalls Platz zu nehmen. »Darf man fragen, was passiert ist?«

»Keine schöne Geschichte.« Rizzi klappte die Bügel seiner Sonnenbrille zusammen. »Kam völlig unerwartet. Wir hatten gerade von der alten Beatrice Abschied genommen.«

»Gott sei ihrer Seele gnädig.« Marianna bekreuzigte sich, und Cirillo erklärte: »In Cala del fico wurde eine Frau tot aufgefunden. Die Umstände sind noch völlig ungeklärt, aber wir müssen von einem Gewaltverbrechen ausgehen.«

»Das ist ja grauenhaft.« Bestürzt schaute Marianna von Cirillo zu Rizzi. »Kennen wir die Frau? Ist sie eine von uns?«

»Die Ermittlungen haben gerade erst angefangen«, sagte Rizzi und fuhr sich erschöpft mit der Hand übers Gesicht. »Mehr können wir dazu im Moment nicht sagen.«

»Natürlich, das müsst ihr auch nicht.«

Nachdem sie hinter der Pergola verschwunden war und mit ihren Holzpantoffeln die Treppenstufen hinaufstieg, erklärte Cirillo: »Ich habe eigentlich gar keinen Appetit.«

»Setz dich«, sagte Rizzi.

Cirillo legte zögernd ihr Telefon auf den Tisch und schaute sich um, als müsste sie noch überlegen, ob die Pause sich mit ihrer Dienstauffassung vereinbaren ließ. Im Licht, das durch die Blätter des Feigenbaums fiel, bemerkte Rizzi, dass ihre norditalienische Blässe einer leichten süditalienischen Bräune gewichen war.

Marianna brachte Brot, Gläser, eine Flasche Wasser, eine Karaffe mit Weißwein und fragte bekümmert: »Müssen wir uns Sorgen machen? Ich meine, Cala del fico – das sind zu Fuß ein paar Minuten von hier.« Im Internet sei von einer Leiche in einem Koffer die Rede.

Rizzi rief auf seinem Smartphone die Seite auf. Als Erstes erschien ein Bild von Marcello Perasole, der sich vor seinem Ausflugsboot in die Brust warf, dazu ein zwanzigsekündiger O-Ton, in dem er – als wäre er nicht nur Augenzeuge, sondern auch von der Polizei – von »ungeklärten mysteriösen Umständen« sprach und damit die Tür zu einem riesigen Raum öffnete, der nun von jedermann in aller Ruhe genüsslich mit Spekulationen gefüllt werden konnte.

»Die Kollegen aus Neapel sind vor Ort«, erklärte Rizzi und legte sein Telefon weg, »und wir gehen schon den ersten Hinweisen nach.«

Marianna nickte anerkennend, füllte die Gläser mit Wasser und erkundigte sich nach Rizzis Schwestern.

Rizzi berichtete, dass Valentina auf Ischia gerade ihr drittes Kind eingeschult hatte und Barbara in Neapel dabei war, in der Staatsanwaltschaft die nächste Karrierestufe zu erklimmen, und wohl bald zur Dezernatsleiterin aufstieg. Barbara habe sie schon immer bewundert, meinte Marianna, wie sie ihr Ding durchzog, beruflich wie privat, und sich von niemandem etwas vorschreiben ließ. Als Cirillo auf die Uhr schaute, rückte Marianna den Brotkorb zurecht und verschwand wieder im Haus.

»Was ich mich frage –« Cirillo legte ihr Notizbuch auf den Tisch. »Kennt der Täter sich auf der Insel aus? Einerseits weiß er von der Stelle über Cala del fico und der Möglichkeit, dort die Leiche loszuwerden. Andererseits hat er nicht bedacht, dass es dort unten einen Felsvorsprung gibt und die Gefahr besteht, dass die Leiche darauf liegen bleibt, statt ins Meer zu fallen, wo sie vermutlich hin sollte.«

»Vielleicht war der Täter unter Zeitdruck«, mutmaßte Rizzi. »Oder in Panik. Und hat gar nicht nachgedacht. Wollte die Leiche einfach nur so schnell wie möglich loswerden.«

Ein Duft nach Knoblauch und Weißweinbouillon wehte herüber. Das Klappern von Geschirr war zu hören, das Zirpen einer Grille und wie Cirillo sich Notizen machte und in ihr Buch schrieb. Es war verrückt. Eigentlich war es sein freier Tag, er hatte nach der Beerdigung von Beatrice vorgehabt, mit der Auberginenernte voranzukommen, sich um den Scheibenwischer des Cinquecento zu kümmern und vielleicht noch einen Teil der Tomaten einzumachen.

»Wenn ich eine Leiche loswerden wollte«, sagte Cirillo, »würde ich zum Tiberio-Felsen gehen. Oder zum Arco Naturale.«

»Der Tiberio-Felsen ist am anderen Ende der Insel, da schleppst du ewig«, sagte Rizzi. »Und zum Arco Naturale musst du mit deiner Leiche über ziemlich viele Treppenstufen. So gesehen, war Cala del fico nicht die schlechteste Idee.«

Marianna brachte zwei dampfende Teller Spaghetti mit Miesmuscheln, gekocht in einem Weißweinsud und vermischt mit Pomodorini, Knoblauch und Petersilie.

Sie aßen schweigend, während ihnen die Katze um die Beine strich, und beendeten die Mahlzeit mit zwei Espressi und einem Stück Schokoladenkuchen, der innen noch warm und außen knusprig war.

»Kann ich noch etwas für euch tun?«, fragte Marianna, als sie die Teller und die Servietten abräumte.

»Danke«, sagte Rizzi, und Cirillo fügte hinzu: »Es war köstlich.«

Rizzi zog einen Geldschein aus seiner Hosentasche, aber Marianna hob empört die Hände.

»Das ist mein Beitrag dazu, dass ihr den Kerl zu fassen bekommt, der das getan hat«, sagte sie.

4

Das Hotel La Principessa war ein weißgetünchter Kasten am Ende der Via Tragara, nicht weit vom Belvedere, dem Aussichtspunkt, den man auf einem Spaziergang von der Piazzetta über die Via Camerelle noch gut in Flipflops erreichte. Nur wer darüber hinaus weitergehen wollte, war besser beraten, festes Schuhwerk zu tragen.

Das Gebäude stand leicht erhöht, war in der Sockelzone und um die Bogenfenster herum mit Felsstein verziert, teilweise von Efeu überwachsen und sah gar nicht besonders groß aus – was daran lag, dass es terrassenartig angelegt war und sich weit nach hinten, über den Hang erstreckte. Eine geschwungene Treppe führte zum Eingangsportal, wo zwischen Säulen und Buchsbäumen ein Portier in königsblauer Livree stand, gegen die sich Cirillos Uniform mit dem weißen Ledergürtel vergleichsweise schäbig ausnahm.

»Kann ich Ihnen helfen?«, fragte der Mann höflich.

»Ich fürchte: nein«, antwortete Cirillo. »Aber vielleicht kommen wir später auf Sie zurück.«

Die Lobby war von leisem Klaviergeklimper erfüllt, das Licht gedämpft und die Luft angenehm klimatisiert. Im Zentrum der Halle stand ein großer Marmortisch mit einem üppigen Blumenbouquet. Rechter Hand befanden sich eine Sitzgruppe und ein Kaminbereich und im anliegenden

Raum das Restaurant mit großen Fenstern zur Terrasse und einem wunderschönen Blick ins Grüne und aufs Meer.

Um diese Zeit war nicht viel los. Wer abreisen musste, war schon weg, wer blieb, war unterwegs, und die Neuankömmlinge checkten erst noch ein. An einer Werbetafel war ein Elektriker im Blaumann zugange, und der Rezeptionist im cremefarbenen Jackett hinter der Theke versuchte den beiden Herren in kurzen Hosen auf Englisch begreiflich zu machen, dass es an der Via Tragara keine Taxis gab, nie und zu keinem Zeitpunkt, weil die Gassen dafür zu eng waren und man hier am besten alles zu Fuß machte.

Rizzi nahm sich einen Kugelschreiber von der Empfangstheke, auf dem – wie bei dem Exemplar, das sie in der Tasche der Toten gefunden hatten – in goldener Schreibschrift *Hotel La Principessa* stand, und wollte gerade den Rezeptionisten ansprechen, als auf der anderen Seite der Lobby eine laute Stimme zu hören war: »Das lassen wir uns nicht bieten!«, rief ein Mann in gelben Bermudas mit hochrotem Kopf und deutschem Akzent. »Erst der Krach heute Morgen, und jetzt ist auch noch der Pool gesperrt?«

Eine Frau versuchte, den Mann und dessen Begleiterin zu beschwichtigen. »Es handelt sich um Wartungsarbeiten, die wir leider nicht aufschieben können.« Die Hotelangestellte – Rizzi schätzte sie auf Ende zwanzig – hatte ihr blondes Haar streng hochgesteckt, und die Nadelstreifen auf ihrem Hosenanzug suggerierten, dass sie hier eine herausgehobene Position hatte.

»Ich versichere Ihnen«, sagte sie, und ihr Italienisch hörte sich ganz weich an, »morgen früh ist der Pool wieder freigegeben. Darf ich Sie als kleine Geste der Wiedergutmachung zum Aperitif auf unsere Dachterrasse einladen?« Sie lächelte, als könnte sie sich nichts Schöneres vorstellen, als den aufgeblasenen Pinsel, der da auf weltmännisch machte, und seine Frau mit Vergünstigungen zufriedenzustellen, und signalisierte Rizzi und Cirillo durch einen kurzen Seitenblick, dass sie sie gesehen hatte und gleich zu ihnen kommen würde. »Die Getränke dort sind heute für Sie kostenlos«, fügte sie hinzu, »auch wenn ich weiß, dass es den verlorenen Badetag natürlich nicht wettmachen kann.«

»Was meinst du, Liebling?« Der Typ drehte sich zu seiner Begleiterin um, die auf goldenen Sandaletten, in halb durchsichtiger Strandbluse, gleichgültig mit den Achseln zuckte und Rizzi anstarrte, als hätte sie noch nie einen Mann in T-Shirt, mit Sonnenbrille und Gartenhose gesehen. Er erklärte sich mit dem Deal einverstanden und wandte sich zum Fahrstuhl, während seine Begleiterin Rizzi noch einen kurzen Blick über die Schulter zuwarf.

»Bitte, was kann ich für Sie tun?«, fragte die Angestellte im Hosenanzug. Auf dem silbernen Namensschild an ihrem Revers stand »Felicitas Hallin – Hotelmanagerin«.

»Wir ermitteln zu einer bestimmten Person.« Cirillo zeigte ihren Dienstausweis. »Die Frau wurde Opfer eines Gewaltverbrechens.«

»Gewaltverbrechen?« Die Managerin studierte mit roten Flecken am Hals Cirillos Dokument und wiederholte mechanisch: »Wie soll ich das verstehen?«

»Wir versuchen, die Identität der Frau zu klären«, sagte Rizzi, »und eine Spur führt hierher, ins Principessa.« Er schaute sich suchend um. »Können wir uns irgendwo in Ruhe unterhalten? Ich bin übrigens Agente Rizzi.«

»Ich habe nicht viel Zeit.« Signora Hallin geleitete Rizzi und Cirillo an der Sitzgruppe vorbei in einen holzvertäfelten Gang mit Vitrinen, in denen Seidenschals und andere Modeartikel ausgestellt waren. Sie wollte anscheinend nicht mit der Polizei in der Hotelhalle gesehen werden.

»Ich bin hier erst seit erstem September angestellt«, sagte sie, und das Weiche und Zuvorkommende in ihrem Gesicht wich plötzlich einem harten, gestressten Ausdruck. »Heute ist mein sechster Tag. Wir haben eine kaputte Filteranlage, die Lärmbelästigung durch Baumsägearbeiten, einen Lieferengpass bei den Austern und Scampi, einige sehr anspruchsvolle Gäste. Und jetzt kommen Sie noch.«

»Tut mir leid.« Rizzi präsentierte ihr den Kugelschreiber mit der goldenen Aufschrift. »So einen hatte die Tote bei sich.«

»Die gibt es hier überall«, sagte Signora Hallin. »Wir schmeißen sie den Leuten hinterher, das ist die Idee. Es gibt sie auf den Zimmern, in der Lobby und an jeder Ecke. Sobald jemand nach etwas zum Schreiben fragt, bekommt er einen in die Hand gedrückt. Und?«

»Ich zeige Ihnen jetzt ein Foto.« Rizzi holte sein Telefon hervor. »Aber ich muss Sie warnen.« Er vergrößerte mit zwei Fingern die Aufnahme, die die Kollegen von der Kripo inzwischen von der Toten gemacht und ihm geschickt hatten. »Sind Sie bereit?«

»Ist in Ordnung«, erklärte Signora Hallin pragmatisch. Sie beugte sich über das Display – und verstummte. Mit regungsloser Miene betrachtete sie die Aufnahme, das dunkle Haar, die hellen Strähnen und geschwungenen Brauen, dazu die toten bläulichen Lippen, und fast schien es, als könnte sie sich nicht losreißen vom Anblick der fahlen, aufgeschwemmten Wangen und dem Muster aus geplatzten Äderchen auf dem Nasenrücken. »Mein Gott«, flüsterte sie. »Wo haben Sie sie gefunden?«

»Kennen Sie die Frau?«, fragte Cirillo.

Die Aufnahme erlosch, aber Signora Hallin starrte weiter auf das Display. »Nein«, sagte sie, »aber vielleicht gibt es einen Zusammenhang mit einem gewissen Vorfall.« Sie sprach so leise, als würde sie zu sich selbst sprechen: »Eigentlich nichts Besonderes, es kommt immer mal wieder vor, dass Gäste wegbleiben. Leute im Urlaub wollen etwas erleben. Aber vor diesem Hintergrund –«

»Wovon sprechen Sie?«, unterbrach Cirillo.

Signora Hallin schaute Cirillo bestürzt in die Augen. »Ein Gast hätte heute bis spätestens vierzehn Uhr auschecken und sein Zimmer räumen müssen. Das ist nicht geschehen. Die Mitteilung kam vom Housekeeping. Wir haben versucht, die Dame zu erreichen – allerdings erfolglos.«

»Um wen handelt es sich?«, fragte Rizzi.

»Der angegebenen Adresse zufolge kommt sie aus Neapel und heißt Maria Grifo. Ich kenne die Frau nicht, habe sie nicht gesehen und leider auch kein Bild von ihr. Wir waren bis gestern ausgebucht, hatten fast achtzig zahlende Gäste.«

»Maria Grifo«, wiederholte Cirillo und gab den Namen auf ihrem Smartphone in die Suchmaschine ein.

»Das Zimmermädchen hat inzwischen schon alles für die Abreise vorbereitet.« Signora Hallin schaute auf die Uhr. »Um achtzehn Uhr, spätestens, hätte ich das Zimmer räumen lassen. Anreise war gestern«, erklärte sie mechanisch, »Bezahlung im Voraus, per Kreditkarte. Wie gesagt, so etwas ist nicht ungewöhnlich.« Sie versuchte zu lächeln, als müsste sie sich selbst beruhigen. »Man muss nicht immer gleich an das Schlimmste denken.«

»Professoressa Maria Grifo«, las Cirillo vom Display ihres Telefons ab. »Direktorin des Conservatorio San Francesco in Neapel, sechsundfünfzig Jahre alt.« Sie präsentierte Rizzi das Porträtfoto von einer Internetseite. »Treffer?«, fragte sie.

Rizzi sah ein cremefarbenes Layout, einen Notenschlüssel und eine sorgfältig frisierte Dame mit schön geschwungenen Augenbrauen und vollen Lippen. Etwas Wissendes sprach aus ihren Augen, und gleichzeitig war um ihren Mund herum ein seltsamer Zug. War es Spott? Er konnte es auf die Schnelle nicht einordnen.

»Treffer«, sagte er.

*

Das Zimmer mit der Nummer 115 befand sich gegenüber der Treppe, neben dem Fahrstuhl. Cirillo zog Plastikhandschuhe über, steckte die Zimmerkarte, die Signora Hallin ihnen ausgehändigt hatte, in den Schlitz über dem Messingknauf, und eine kleine grüne Lampe leuchtete auf.

Mit der kühlen Luft kam ihnen ein blumiger Duft entgegen. Die Klimaanlage rauschte, und die weißen Gardinen vor den Fenstertüren filterten das Tageslicht und machten es zu einer seltsam fahlen Angelegenheit. Der kleine Flur und Durchgang zwischen Badezimmertür und Garderobe war von einem Kofferständer verstellt, auf dem aufgeklappt ein mittelgroßes Gepäckstück lag. Darin türmte sich ein Berg Klamotten, und obenauf lag ein Buch.

Auf dem Bett lag eine Tagesdecke, es sah aus, als wäre es nie benutzt worden. Jeder Gegenstand im Raum war geradegerückt und aufgeräumt: die Hotelmappe auf dem Schreibtisch, das Telefon auf dem Nachtkästchen, die Mineralwasserflasche mit dem Glas auf dem Beistelltisch. Abgesehen vom Koffer war nirgends ein Hinweis zu entdecken, dass hier jemand gewohnt, sich ausgebreitet oder gar die Nacht verbracht hatte. Cirillo stemmte wortlos die Hände in die Hüften, schaute sich kopfschüttelnd um, und Rizzi fluchte.

»Ich habe nichts falsch gemacht«, verteidigte sich die Frau vom Housekeeping, Costanza Flora, die herbeigeeilt war, und holte mit hochrotem Kopf einen Zettel aus ihrer Kitteltasche hervor. Erregt klopfte sie mit dem Finger auf das zerknitterte Stück Papier. »Hier. Rot heißt Abreise.«

»Falls Sie es noch nicht mitbekommen haben«, sagte Rizzi und nahm ihr die Liste aus der Hand, eine Nummernfolge mit roten und grünen Kringeln. »Der Gast ist abgereist, und zwar für immer.«

»Aber das konnte ich doch nicht wissen! Heilige Maria, Muttergottes.« Costanza Flora bekreuzigte sich. »Mir wurde gesagt, ich soll alles zusammenpacken und das Zimmer so weit wie möglich herrichten.«

Rizzi gab ihr die Liste zurück und fragte Cirillo: »Was machen wir jetzt? Versiegeln?«

»Vorher haben wir noch ein paar Fragen.« Cirillo war die Ruhe selbst. »Wie mein Kollege schon sagte«, begann sie, »der Gast, Signora Grifo, ist tot. Die Frau ist einem

Gewaltverbrechen zum Opfer gefallen, und Sie sind eine wichtige Zeugin.«

»Zeugin?«, wiederholte Costanza Flora erschrocken. »Wie meinen Sie das?«

»Möglicherweise haben Sie beim Aufräumen und Putzen etwas gesehen, das uns helfen könnte zu verstehen, was passiert ist.«

»Ich bin keine Zeugin, und ich habe nichts gesehen«, widersprach Costanza Flora und wich zurück, als würde keine Polizistin, sondern der Leibhaftige vor ihr stehen. »Ich habe die Frau kein einziges Mal zu Gesicht bekommen. Ich schwöre. Ich habe nur meine Arbeit gemacht.«

»Das sagten Sie bereits«, bemerkte Rizzi.

»Sie haben keine Ahnung«, gab Costanza Flora mit einer Heftigkeit zurück, die Rizzi verblüffte. »Ich habe noch acht Jahre bis zur Rente und mir nie etwas zuschulden kommen lassen.« Sie holte erregt ein Taschentuch hervor.

»Das behauptet ja auch niemand«, versuchte Rizzi zu beschwichtigen, aber Cirillo gab ihm mit einem Blick zu verstehen, dass er vorerst seine Klappe halten sollte.

»Sie machen sicher einen hervorragenden Job«, wandte Cirillo sich an die Frau. »Aber jetzt überlegen Sie bitte, und konzentrieren Sie sich. Ihre Aussagen sind für uns von größter Wichtigkeit.« Cirillo ließ der Frau Zeit, ihr Taschentuch verschwinden zu lassen, sich die Haare aus dem Gesicht zu streichen und eine beleidigte Miene aufzusetzen, und fuhr fort: »Als Sie hier saubergemacht haben – gab es da etwas, irgendeine Kleinigkeit, von der Sie jetzt sagen würden: Das könnte ein Hinweis darauf sein, dass sich hier noch eine zweite Person aufgehalten hat?«

»Ich weiß nicht.« Costanza Flora ließ ratlos ihren Blick schweifen.

»Zum Beispiel im Bad eine zweite Zahnbürste?«

»Da waren Obstreste auf der Fensterbank. Und Flaschen.«

»Was für Flaschen?« Cirillo holte ihr Notizbuch hervor.

»Eine Wodkaflasche aus der Minibar und eine Flasche Wein. Die war aber nicht von uns. Beide Flaschen waren leer.«

»Wo sind die Flaschen jetzt?«, fragte Rizzi.

»Im Müll.« Die Frau hob angriffslustig ihr Kinn. »Die Mülltüte hängt an meinem Wagen, und der steht im Office am Ende des Gangs. Aber ich sage Ihnen gleich: Die Tüte ist randvoll, auch mit dem Abfall aus den anderen Zimmern.«

»Ist alles beschlagnahmt«, sagte Rizzi, während er auf die Knie ging, um die Tagesdecke anzuheben und unter das Bett zu schauen.

»Benutzte Gläser?«, fragte Cirillo.

»Eins. Ich habe es abgewaschen und zurück in die Minibar gestellt. Das machen wir immer so.«

»Wurde das Bett von einer oder mehreren Personen benutzt?«, fragte Rizzi.

»Mir ist nichts aufgefallen.« Costanza Flora zuckte die Achseln. »Das Bett war benutzt, aber nicht zerwühlt. Ich habe alles frisch bezogen.«

»Und die Wäsche?«

»Wurde schon abgeholt«, sagte sie und fügte leise hinzu: »Tut mir leid.«

»Es braucht Ihnen nicht leidzutun. Es ist alles in Ordnung«, beruhigte Cirillo. »Sie machen Ihre Sache sehr gut.«

»Wissen Sie« – Costanza Flora senkte die Stimme: »Man soll den Toten ja nichts Schlechtes nachsagen, aber mir war die Frau von Anfang an nicht ganz geheuer.«

»Wovon sprechen Sie?« Cirillo legte den Stift zwischen die Seiten. »Sagten Sie nicht, Sie hätten Signora Grifo nie zu Gesicht bekommen?«

»Nicht persönlich. Aber ich habe gesehen, wie sie das Zimmer in Beschlag genommen hat, und das sagt viel über einen Menschen aus, glauben Sie mir. Ich habe hier in all den Jahren schon viele Gäste kommen und gehen sehen, aber diese Frau war speziell. Das ist jedenfalls meine Meinung. Auch wenn ich ihr nichts Schlechtes nachsagen will.« Sie drehte sich zu Rizzi herum. »Und ich habe nicht geschnüffelt, falls Sie das denken.«

»Worauf wollen Sie hinaus?«, fragte Cirillo.

Costanza Flora schob die Hände in die Taschen ihres Kittels. Es sei gestern Nachmittag passiert, kurz nachdem diese Person angereist war, also ungefähr gegen halb fünf Uhr. Sie habe eigentlich schon Feierabend gehabt und wäre unter normalen Umständen bereits weg gewesen, wenn sie nicht noch das Office aufgeräumt und den Boden gewischt hätte für den Fall, dass die neue Chefin einen ihrer berüchtigten Kontrollgänge unternahm – als plötzlich ihr Pieper losging. Das Housekeeping gab ihr eine ganze Liste von Sonderwünschen für die 115 durch: zusätzliche Handtücher, mehr Shampoo, ein Kirschkernkissen, eine Kleiderbürste – all die Dinge, die vor allem Leute haben wollen, die die billigste Kategorie buchen.

Sie habe das Gewünschte zusammengesucht und sei damit zur 115, habe geklopft, aber keine Antwort erhalten.

Wie in solchen Fällen üblich, habe sie sich mit ihrer Zimmerkarte Zutritt verschafft. Da traf sie fast der Schlag.

In dem Zimmer, das sie doch am Vormittag erst perfekt hergerichtet hatte, sah es aus, als hätte eine Bombe eingeschlagen: Der Koffer war ausgepackt, aber die Sachen lagen überall verstreut im Zimmer herum – zusammen mit dem Schuhputzzeug aus der Kommode, der Bibel aus der Nachttischschublade und überhaupt allen Artikeln, mit denen jeder Raum ausgestattet war und die das Hotel dem Gast zur Verfügung stellte. Als hätte diese Frau wie eine Wahnsinnige jeden Schrank und jede Schublade aufgerissen und alles, was es dort gab, in die Hand genommen und woanders wieder hingelegt oder – besser gesagt: geworfen.

»Was bilden diese Leute sich eigentlich ein?«, fragte Costanza Flora, noch immer ehrlich empört. »Gerade angekommen und nichts Besseres zu tun, als erst mal alles auf den Kopf zu stellen? Und dann den Zimmerservice verlangen und erwarten, dass das Personal alles wieder aufräumt? Glauben Sie mir, die Nummer kenne ich.«

Statt Ordnung zu machen, wie es ihre Aufgabe gewesen wäre, habe sie den Saustall ignoriert und sich darauf beschränkt, das Kirschkernkissen gut sichtbar am Kopfende des Bettes zu drapieren. Dann sei sie mit den Handtüchern und dem Shampoo ins Bad. Dort habe es ähnlich ausgesehen. Überall hatte diese Person ihre Toilettenartikel verteilt, sogar auf dem Badewannenrand, und der Spiegel war vollgespritzt, als hätte es eine Wasserschlacht gegeben.

»Könnte es sein«, unterbrach Cirillo, »dass jemand das Zimmer durchsucht hat oder dass es einen Kampf oder einen Streit gab?«

Costanza Flora schaute Cirillo überrascht an. »Ich weiß nicht«, antwortete sie zögernd. »Auf die Idee bin ich gar nicht gekommen.« Nach kurzer Überlegung schüttelte sie den Kopf. »Nein«, sagte sie. »Für mich sah es aus, als würde eine verwöhnte, herrische Person den Luxus genießen, von vorne und hinten bedient zu werden, und alle Möglichkeiten ausreizen, um sich aufzuspielen.«

»Und ist das der Grund, warum Ihnen die Frau von Anfang an nicht ganz geheuer war?«, wollte Rizzi wissen.

»Nein, es handelt sich um etwas anderes.« Costanza Flora schien sich für einen Moment zu sammeln, bevor sie mit gedämpfter Stimme fortfuhr: »Als ich im Badezimmer die Handtücher aufhob, stand da plötzlich diese Tasche. Kein Kulturbeutel, sondern eine richtig teure Handtasche. Der Reißverschluss war offen, und die Tasche war aufgeklappt. Ich konnte direkt hineinschauen. Und wissen Sie, was drin lag?« Sie starrte durch die Tür auf die leere Stelle zwischen Badewanne und Hocker, als würde dort noch immer die Tasche stehen. »Eine Pistole«, flüsterte sie, »und ich schwöre: Es war keine Wasserpistole. Ein kleines silbernes Ding, wie aus einem James-Bond-Film.« Aufgeregt schaute sie Rizzi und Cirillo an. »Und da wusste ich, dass es mit dieser Person nicht gut ausgehen würde. Denn wo eine Waffe ist, gibt es Unheil. So einfach ist das.« Sie hob die Hände. »Aber wie gesagt: Ich habe die Pistole nicht angerührt, und auch nicht die Handtasche.«

»Das war gestern Nachmittag, wenn ich Sie richtig verstanden habe.« Rizzi streifte nun ebenfalls ein Paar Handschuhe über. »Haben Sie die Tasche heute beim Aufräumen wiederentdeckt?«

»Nein. Ich habe alles durchgeschaut und alles, was ihr gehört, auf den Koffer gelegt. Eine Handtasche war nicht dabei.«

Cirillo hielt sich den Stift an die Lippen und überlegte. »Um wie viel Uhr haben Sie das Zimmer heute betreten?«, fragte sie.

»Heute?« Costanza Flora schaute zu, wie Rizzi mit der flachen Hand unter die Matratze fuhr. »Um ziemlich genau zwölf Uhr.«

»Warum wissen Sie das so genau?«

»Weil ich in meinem Job immer gegen die Zeit arbeite und ständig auf die Uhr schauen muss, um zu sehen, wie ich im Rennen liege. Und um zwölf Uhr dachte ich: Na, endlich. Wird ja auch Zeit.«

»Was meinen Sie?« Rizzi zog die Schublade der Kommode auf.

»Dass sie ihr Zimmer räumt. Ich hatte ja den roten Kringel auf meiner Liste und wusste, dass die 115 eine Abreise ist und das Zimmer für den nächsten Gast freigegeben werden muss. Aber bei ihr hing ab acht Uhr die rote Karte.«

Cirillo blätterte in ihrem Notizbuch eine Seite um. »Das heißt, Sie haben das Zimmer vor zwölf Uhr nicht betreten?«

»Natürlich nicht. Rot heißt: Bitte nicht stören. Ich darf nicht mal klopfen. Aber um zwölf Uhr hing da plötzlich die grüne Karte. Und grün heißt: Bitte saubermachen. Was ich dann ja auch getan habe, nachdem ich beim Housekeeping nachgefragt habe, ob vielleicht ein Irrtum vorliegt, weil da noch alles rumlag, und man mir sagte, ich solle so weit wie möglich zusammenpacken.«

Rizzi und Cirillo wechselten einen Blick. Um zwölf Uhr war Maria Grifo schon lange tot gewesen. Da war bereits der Anruf von Marcello Perasole am Polizeiposten eingegangen, und Cirillo hatte Rizzi auf der Piazzetta abgepasst, um mit ihm nach Cala del fico aufzubrechen.

»Haben Sie gesehen, wie jemand aus dem Zimmer kam und die Karte umgedreht hat?«, fragte Rizzi.

»Nein.«

»Oder irgendeinen anderen Menschen, der Ihnen seltsam oder verdächtig vorkam?«

Sie schüttelte den Kopf. »Keine Menschenseele.«

»Könnte es sein, dass jemand Drittes, zum Beispiel ein Kollege von Ihnen oder irgendjemand sonst, die Karte im Vorbeigehen von Rot auf Grün gedreht hat?«, fragte Cirillo.

»Warum sollte jemand so etwas tun?« Costanza Flora schüttelte den Kopf, als wäre es das Dümmste, was sie je gehört hatte.

Während Cirillo blätterte und ihre Notizen überflog, öffnete Rizzi die Balkontür und trat aus dem klimatisierten Zimmer hinaus an die warme Nachmittagsluft. Unten, von der Terrasse, drang das Gemurmel der Gäste herauf. Signora Hallin stand abseits an der Treppe, die zum Pool hinunterführte, und erteilte einem Angestellten Instruktionen. Nachdem die Chefin sich abgewendet hatte, begann der Mann, die Liegen am Rand der Terrasse so auszurichten, dass sie Richtung Horizont und Meer zeigten. Noch schien niemand da unten davon gehört zu haben, dass hier oben ein Gast verschwunden war, erwürgt, in einen Koffer gesteckt und die Klippen hinuntergeworfen. Rizzi holte sein Telefon hervor.

»Wir brauchen Verstärkung«, sagte er, als Teresa Villa sich am Polizeiposten meldete, und berichtete, dass die Identität der Toten geklärt war.

»Hotel La Principessa«, wiederholte Teresa am anderen Ende. »In der Via Tragara, nicht wahr?« Im Hintergrund war zu hören, wie der zweite Apparat klingelte.

»Wir versiegeln jetzt«, erklärte Rizzi, »und fangen mit den Vernehmungen an. Savio und Gatti sollen sich in Bewegung setzen und rüberkommen.«

»Sie sind doch beschäftigt«, erinnerte Teresa. »Wie du es angeordnet hast: Savio stoppt die Touristenboote in Marina Grande, und Gatti ist in Marina Piccola.«

»Zieh sie ab. Wir brauchen sie jetzt hier.«

Am anderen Ende war Stille. Teresa schien sich eine Notiz zu machen. »Sonst noch etwas?«, fragte sie.

»Gib alle Infos an die Kollegen von der Kripo. Die sollen so schnell wie möglich von Cala del fico hierher zum Hotel rüberkommen, bevor sie zurück nach Neapel fahren.«

»Und Ispettore Lombardi?«

»Sag ihm, wir sind beschäftigt.«

»Wird gemacht. Und: Gratulation. Wie habt ihr so schnell herausgefunden, wer die Tote ist?«

»Ein Kugelschreiber in ihrer Rocktasche hat uns auf die Spur gebracht.« Rizzi legte auf und sah auf dem Display, dass er zwei Nachrichten bekommen hatte – eine von Gina und eine von seiner Mutter. Ohne die Textmitteilungen zu öffnen, steckte er das Telefon wieder ein und beobachtete, wie unten am Pool zwei Mechaniker im Blaumann ihr Werkzeug zusammenpackten. Gäste ließen sich Getränke servieren, und der Angestellte, der die Liegestühle zurechtgerückt hatte, war mit einem Besen und einem Kehrblech zugange.

Vielleicht hatte Maria Grifo genau hier, an dieser Stelle, gestanden, hatte die Zypressen gesehen, die in den blauen Himmel stachen, und die Palmen, hinter denen das Meer glitzerte. Wurde sie dabei von einem Urlaubsgefühl erfasst? Oder hatte sie für diesen Blick, die Schönheit und den Duft, den der Lavendel da unten verströmte, keinen Sinn gehabt, weil sie eine eigene Agenda verfolgte? Warum war Maria Grifo nach Capri gekommen? Wo war sie hingegangen, wen hatte sie getroffen, und warum war sie bewaffnet gewesen? Wurde sie bedroht, oder hatte sie selbst jemanden bedroht?

Rizzi wollte zurück ins Zimmer gehen, als er aus den Augenwinkeln etwas sah, was da nicht hingehörte, nur ein kleiner Punkt auf seiner Netzhaut, der so schnell verschwand, wie er aufgetaucht war. Er suchte mit den Augen systematisch alles ab, die Terrasse, den Garten, die Blumen, den Horizont, aber alles war stimmig, alles passte ins Bild. Die Irritation musste sich außerhalb befinden.

Es war die Villa auf dem Nachbargrundstück, genauer gesagt, die Terrasse auf dem Erker, ein Logenplatz, von einer bauchigen Balustrade umgeben, von dem aus man einen freien Blick in den Hotelgarten hatte. Dort saß eine Person im Rollstuhl, schwarz gekleidet, das weiße Gesicht fast vollständig von einer schwarzen Sonnenbrille bedeckt. Der riesige Strohhut saß schief, und die Enden des mädchenhaft darum herumgeschlungenen Tuchs bewegten sich sachte im Wind. Diese Bewegung schien das einzig Lebendige an dieser völlig erstarrten Person zu sein.

»Schau mal.« Cirillo trat hinter Rizzi auf den Balkon. In der Hand hielt sie das Buch, das auf dem Kleiderberg im Koffer gelegen hatte, und ein Foto, das, wie sie berichtete, als Lesezeichen zwischen den Seiten gesteckt hatte. »Sieht aus, als hätte Maria Grifo eine Enkeltochter gehabt.«

Rizzi betrachtete das Foto. Maria Grifo war darauf zu sehen und ein kleines, etwas pummeliges Mädchen mit Brille, das glücklich in die Kamera strahlte. »Siebter Geburtstag deiner Enkelin«, stand auf der Rückseite des Fotos, daneben ein Smiley und ein Datum: der fünfte September, auf den Tag genau am Vortag vor einem Jahr.

»Wir müssen fragen, ob Neapel die Angehörigen informiert oder ob wir das machen sollen, bevor sie aus der Presse erfahren, dass ihre Mutter und Großmutter tot ist«, sagte Cirillo.

Rizzi fotografierte das Bild von dem Mädchen und Maria Grifo und steckte das Foto zurück zwischen die Seiten. »Teresa soll das klären«, sagte er und legte das Buch zurück auf den Koffer. »Wen knöpfen wir uns zuerst vor?«, fragte er. »Die Angestellten oder die Gäste?«

5

Es ging auf neunzehn Uhr zu, als Rizzi mit dem Fuß das Tor aufstieß und seinen Motorroller im Hof unter dem Vordach parkte. Gina war wie immer montags beim Chor, Francesca bei ihrem besten Freund Stefano, und alle beide würden kaum vor neun zu Hause sein. Alles normal. Was Rizzi überraschte, war die Ape seines Vaters. Normalerweise war Vito um diese Zeit noch in den Gärten und rackerte so lange, bis er die Auberginen nicht mehr vor Augen sah. Rizzi nahm seinen Helm ab, hängte ihn an den Lenker und holte den Schlüssel für die Cantina vom Balken.

Im Keller summte die Gefriertruhe, und langsam füllten sich die Regale: eingemachte Pfirsiche, Aprikosen, Feigen – und jetzt waren die Tomaten dran. Rizzi nahm eine der großen Eineinhalbliterflaschen, setzte den Trichter auf und dachte, während er aus dem Kanister den Wein umfüllte, dass es schon seltsam war: Das Principessa war nahezu ausgebucht, unzählige Angestellte kümmerten sich um die Gäste, aber von all diesen Menschen wollte niemand Maria Grifo gesehen oder mit ihr gesprochen haben. Als wäre die Frau ein Phantom gewesen.

Er schraubte den Deckel auf den Flaschenhals, klaubte ein paar Kartoffeln aus der Kiste, steckte noch ein Glas von den marinierten Artischocken in die Hosentasche und löschte das Licht.

Während er die Außentreppe hinaufstieg, roch er den Essig und hörte aus der Wohnung seiner Eltern die Stimme seiner Mutter. Es war ihre Telefonstimme, und sie klang fast ein wenig eingeschüchtert, ratlos und ungewohnt gehorsam: »Natürlich, Dottore. Wird gemacht. Keine Frage. Jawohl. Wir tun unser Bestes. Ich verspreche es.«

Im Vorbeigehen sah er Marta durch das Küchenfenster, mit der Schürze über dem T-Shirt, Brille auf der Nase, Hörer zwischen Ohr und Schulter geklemmt. Während sie mit Vitos Arzt telefonierte, war sie dabei, den runden Kuchen aus gepressten Auberginenstreifen auseinanderzuzupfen und die Stücke über den Tisch zu verteilen, während Vito mit nacktem Oberkörper und bloßen Händen die nächste Ladung geschnittene Auberginen aus der großen Plastikwanne fischte, in der sie sich über Nacht mit Essig- und Weißwein vollgesogen hatten.

»Kein Grund zur Aufregung, Dottore«, rief er dazwischen und klatschte das nasse Auberginenfleisch in die kleine Presse, die vor ihm auf dem Tisch stand. »Habe alles im Griff!« Er hantierte mit der Metallscheibe, legte sie auf die Auberginen, drehte am Schraubstock, und die Flüssigkeit aus den Auberginen tropfte in die Auffangschale.

Am anderen Ende des Tisches standen schon die leeren Gläser bereit, in die die gepressten Auberginenstreifen mit ihrem Essig- und Wein-Aroma zusammen mit Knoblauch und Peperoncino in Olivenöl eingelegt und fest verschlossen würden.

»Was ist passiert?«, fragte Rizzi durchs Fenster.

»Alles bestens«, antwortete Vito über seine Schulter. »Kennst doch deine Mutter.« Er drehte den Schraubstock wieder zurück, nahm die Metallplatte von den Auberginen und legte das Auberginenfleisch als gepressten Kuchen vor Marta auf den Tisch.

Oben angekommen, nahm Rizzi die Post von der Fußmatte, machte die Wohnungstür auf und ging, nachdem er seine Schuhe abgestreift und Wein und Artischocken abgestellt hatte, geradewegs ins Bad.

Unter der Dusche, als das Wasser auf seine Schultern und den Nacken prasselte und er durch das kleine Fenster in den Abendhimmel sah, kamen ihm die stereotypen Antworten wieder in den Sinn.

Der Einzige, der im Hotel bestätigen konnte, Maria Grifo gesehen und sogar mit ihr gesprochen zu haben, war der Rezeptionist, ein gewisser Emilio Ravasio aus der Lombardei, mit grauen Schläfen, schmalem Oberlippenbart und angenehmer Stimme. Seine Formulierung, Maria Grifo habe beim Einchecken »nicht den Eindruck gemacht, als würden ihr vergnügliche Tage bevorstehen«, war Rizzi in Erinnerung geblieben. Sie sei am Nachmittag gegen sechzehn Uhr angereist, habe sich sofort erkundigt, ob es die Möglichkeit gäbe, eventuell für ein oder zwei Tage zu verlängern, und ansonsten die ganze Zeit auf ihr Telefon gestarrt, bis sie das Anmeldeformular unterschrieb. Ravasio sagte, das sei alles nicht ungewöhnlich gewesen, unter normalen Umständen würde er kein Wort darüber verlieren. Maria Grifo war für ihn die typische Businessfrau, und er stellte sich ihren Terminplan so vor, dass sie sich am Sonntagabend, dem Tag ihrer Anreise, vermutlich mit Geschäftspartnern zu informellen Gesprächen traf, bevor es dann am Montag in die Verhandlungen ging, die sich ziehen konnten, weshalb sie schon mal auslotete, ob sie ihr Zimmer gegebenenfalls länger behalten könnte. Jedenfalls habe er sie, nachdem sie mit ihrem Koffer im Fahrstuhl verschwunden war, bis zum Ende seiner Schicht um zweiundzwanzig Uhr nicht mehr gesehen, und auch danach nicht. Allerdings sei auch viel los gewesen, so dass er nicht ausschließen könne, dass ihm das eine oder andere auch entgangen sei, obwohl er ja eigentlich darauf gedrillt war, mit dem Hinterkopf zu sehen.

Rizzi stieg aus der Dusche, hängte das nasse Badetuch über die Leine, zog seine Shorts und ein frisches T-Shirt über und ging in die Küche. Alle Hoffnungen ruhten nun auf denjenigen, die gestern Kontakt mit Maria Grifo gehabt haben könnten, aber heute nicht anzutreffen gewesen waren. So sah es auch Kollege Scotto von der Mordkommission in Neapel, mit dem er nach seinen Ermittlungen im Hotel noch telefoniert hatte. Zum einen waren es die Gäste, die am Morgen abgereist waren (zwei Frauen aus Norditalien, eine Familie aus der Schweiz, zwei Pärchen aus Frankreich) – alles reguläre Abreisen, wie der Rezeptionist bestätigte, niemand hatte sich überstürzt aus dem Staub gemacht. Zum anderen waren da noch die Angestellten, die gestern gearbeitet und heute ihren freien Tag gehabt hatten. Das betraf fünf Leute. Ein Name auf der Liste war Rizzi sofort ins Auge gesprungen: Gabriella Greco, Kellnerin auf der Außenterrasse, und er hatte angeboten, diese Frau zu übernehmen. Die anderen Namen auf der Liste hatte der Kollege aus Neapel ihnen dann auch gleich aufs Auge gedrückt und dafür angeboten, dass seine Leute die Angehörigen der Verstorbenen informieren würden.

Rizzi zerpflückte den Salat, den er im Kühlschrank gefunden hatte, wusch die Blätter und schälte den Knoblauch. Bisher hatte er besagte Gabriella Greco nicht erreicht, aber ihr eine Nachricht hinterlassen. Die Warterei machte ihn nicht nervös, überhaupt nicht, er versuchte sich nur vorzustellen, was ihn erwartete, wenn er Gabriella dann an der Strippe hatte. Die schöne Gabriella Greco. Wie viele Jahre hatten sie sich nicht gesehen und nichts mehr voneinander gehört? War es wirklich alles schon zehn Jahre her?

Dass es damals so unschön mit ihnen auseinanderging, war schade, ließ sich damals aber leider nicht anders gestalten. Was war es eigentlich zwischen ihnen gewesen? Bloß eine Affäre oder doch schon eine Beziehung? Auf jeden Fall war sie damals seine Rettung gewesen. Er hatte seinen Sohn, den kleinen Vito, gerade zu Grabe getragen, und seine Ehe mit Matilda war dabei gewesen, sich aufzulösen. Ihre Liebe war in der Trauer und all den Tränen, die sie um ihr gemeinsames Kind vergossen hatten, einfach weggeschwommen. Die Tage, Wochen und Monate im Krankenhaus, als sie gemeinsam auf den kleinen Körper starrten, auf all die Schläuche, Dioden und Drähte, die ihr Kind am Leben erhielten, hatten sie nicht zusammengeschweißt, sondern merkwürdigerweise voneinander entfremdet. Und dann kam Gabriella.

Sie brach ohne Vorwarnung in sein Leben, riss ihn mit ihrer Lebenslust mit sich. Er hatte Mühe, sich heute noch an die Einzelheiten zu erinnern, es war eine Zeit im Rausch gewesen, und genau das hatte er anscheinend gebraucht.

Doch als er irgendwann wieder vom Kopf zurück auf die Füße fand, sah er keine Zukunft, keinen Plan, keine gemeinsame Basis. Er hatte Gabriella anscheinend benötigt wie eine Medizin, und als er genesen war, war es vorbei. Rückblickend war eine Logik darin, aber damals war es brutal gewesen, vor allem für Gabriella, die schon angefangen hatte, Zukunftspläne zu schmieden, und für die die Trennung aus heiterem Himmel kam.

»Enrico!« Ein Stockwerk tiefer, bei seinen Eltern, knallte die Tür, Gläser klirrten, und seine Mutter kam die Außentreppe herauf. »Weißt du, was der Dottore gesagt hat? Dein Vater hat wieder zugenommen«, rief sie. »Kannst du dir das vorstellen? Fast zwei Kilo!« Mit hochrotem Kopf und einem Korb in der Hand stand Marta in der Küchentür. »In einer Woche«, fügte sie kurzatmig hinzu. »Und zu mir sagt er, es sei alles in Ordnung.«

»Ist es ja auch!«, kam Vitos Stimme ein Stockwerk tiefer aus der Küche seiner Eltern. »Der Diätplan taugt einfach nichts.«

»Der Diätplan ist einwandfrei«, rief Rizzi zurück.

»Sag dem Dottore, er soll sich einen neuen überlegen«, antwortete Vito von unten. »Auf dich hört er vielleicht, und damit hat sich die Sache.« Eine Tür schlug zu, dann war Stille.

Rizzi legte die Pancetta auf dem Schneidebrett zurecht, während seine Mutter den Korb mit den Einmachgläsern voller Auberginen abstellte und erschöpft auf den Küchenstuhl sank.

»Was glaubt er eigentlich?«, fragte sie. »Dass sich die Pfunde von allein in Luft auflösen?«

»Halt dich einfach an den Diätplan«, sagte Rizzi zu seiner Mutter. »Und zwar akribisch. Der Dottore hat schließlich alle Mengenangaben genau ausgetüftelt.« Er schnitt den Speck in gleichmäßige Streifen. »Wenn da steht: ein Teelöffel Olivenöl – nimmst du eben auch nur einen Teelöffel und machst nicht irgendetwas aus dem Handgelenk.«

»Wieso glaubt ihr alle, dass ich die Schuldige bin?« Marta lehnte sich empört zurück. »Erst der Dottore, dann deine Schwestern – und jetzt du. Aber ich schwöre: Ich bereite jede Mahlzeit für euren Vater genau so zu, wie es auf dem Zettel steht.« Sie rang die Hände. »Dabei hat es in den ersten Wochen so gut angefangen. Du hast es selbst gesehen. Die Kilos sind nur so gepurzelt.«

»Du musst ihn besser im Auge behalten«, erklärte Rizzi. »Pack alles weg: Biscotti, Patatine, solches Zeug. Damit er gar nicht erst in Versuchung kommt.«

»Seid ihr da oben bald fertig?«, rief Vito wieder von unten herauf.

»Am besten, du schmeißt es einfach in den Müll«, sagte Rizzi laut.

Marta nickte bekümmert und ließ ihren Blick sorgenvoll über den Küchentisch wandern, den alten Laptop, Francescas Schulhefte und den zerfledderten Roman von Gina. »Dein Vater behauptet ja, er nascht nicht. Aber vielleicht hast du recht.« Mit lauter Stimme rief sie zum Fenster hinaus: »Zehn Kilo, sagt der Dottore, muss er abnehmen!« Und fuhr mit normaler Stimme fort: »Sonst kann er die Pfirsichblüten, die er noch erleben wird, an einer Hand abzählen.« Sie erhob sich seufzend. »Stimmt es, dass an der Via Pizzolungo jemand verunglückt ist? Loretta hat gesehen, wie du mit deiner Kollegin da oben herumgekraxelt bist und abgesperrt hast. Was ist passiert?«

»Eine Frau aus Neapel«, erklärte Rizzi. »Wir wissen noch nichts Genaues. Die Mordkommission übernimmt jetzt den Fall.«

»Überall Unglück und Verderben.« Marta rückte ihren Stuhl am Tisch zurecht, tätschelte Rizzi zerstreut die Wange und verschwand.

Rizzi stellte die große Pfanne auf den Herd und goss sich ein Glas Wein ein. Natürlich musste man die Sache ernst nehmen. Dass die Diät nicht anschlug und der Anfangserfolg schon wieder verpufft war, war ein Problem. Er gab Öl in die Pfanne, schob die gewürfelte Pancetta hinterher, und ein würziger Duft breitete sich in der Küche aus. Die dicken Bohnen, die Gina am Nachmittag gepult hatte, waren in einer Schüssel, mit einem Handtuch bedeckt, auf dem Terrassentisch. Er holte sie herein, gab sie in die Pfanne, löschte mit einem Schuss Weißwein, legte den Deckel darauf und fragte sich, wo eigentlich sein Telefon abgeblieben war. Er ging ins Schlafzimmer. Seine Gartenhose lag über dem Bett, und der Apparat steckte in der vorderen Tasche.

Zwei Textnachrichten waren angekommen, beide von Teresa Villa. In der ersten teilte sie mit, Ispettore Lombardi würde dem Fall – nach einer Videokonferenz mit dem Commissario in Neapel – höchste Priorität einräumen und erwarte Rizzi und Cirillo morgen früh um neun Uhr zum Rapport. In einer zweiten Nachricht schrieb Teresa, sie würde jetzt Feierabend machen. Außerdem war auf dem Display ein verpasster Anruf. Teilnehmer: unbekannt. Er ahnte, wer sich da gemeldet hatte, tippte auf die Rückruftaste, und je länger es am anderen Ende tutete, desto stärker wurde sein Herzklopfen.

»Hallo?«, fragte eine weibliche Person.

Ihre Stimme klang vertraut, und auch diesen speziellen, etwas verwunderten Unterton hatte sie immer noch drauf. Als wollte sie einem mit dem Hallo gleichzeitig sagen: Was willst du? Kennen wir uns?

»Ich bin's«, sagte Rizzi. »Erri.«

»Erri«, wiederholte Gabriella gedehnt.

»Wie geht's?«, fragte er, und seine Stimme klang plötzlich ein wenig heiser.

»Ich habe deine Nachricht bekommen«, antwortete sie knapp. »Meine Chefin hat auch schon eine Rundmail geschickt. Schreckliche Geschichte.«

»Ja, das ist es«, pflichtete Rizzi bei – und verstummte. Er hätte sie gerne gefragt, wie es ihr in den vergangenen Jahren ergangen war, wo sie lebte und seit wann sie wieder auf Capri war, aber das Geschäftsmäßige in ihrer Stimme hielt ihn davon ab. Stattdessen erklärte er in demselben Ton, dass er mit seinen Kollegen gerade dabei sei, das gesamte Umfeld der verstorbenen Maria Grifo zu durchleuchten, um sich ein Bild zu machen.

»Hattest du Kontakt mit ihr?«, fragte er.

»Ja«, sagte sie.

Die Antwort kam so unerwartet, dass Rizzi im ersten Moment dachte, er hätte sich verhört. »Wirklich?«, fragte er überrascht. »Wann?«

»Gestern Abend.«

»Gestern Abend«, wiederholte er und brauchte ein paar Sekunden, um sich zu sortieren. Nach all den Gesprächen, die er und Cirillo im Principessa geführt hatten, hatte er mit einer solchen Antwort schon gar nicht mehr gerechnet. »Wo hast du sie gesehen?« Er ging in die Küche und nahm die Pfanne vom Herd. »Und worum ging es dabei?«

»Erri«, erwiderte Gabriella am anderen Ende, »du weißt schon, dass ich in dem Laden bloß eine Kellnerin bin, oder? Und als Kellnerin ist es mein Job, zu den Leuten hinzugehen und sie nach ihren Wünschen zu fragen. Genau das habe ich getan. Nicht mehr und nicht weniger.«

»Und?«

»Nichts. Sie war wunschlos glücklich, und ich bin wieder gegangen. Ende der Begegnung.«

»Warst du bei ihr auf dem Zimmer?«

»Nein, sie saß im Hotelgarten. Der gehört mit der Terrasse zu meinem Terrain.«

»War sie allein?«

»Bingo.«

»Hat sie auf jemanden gewartet?«

»Woher soll ich das wissen?«

»Oder hat sie mit jemandem telefoniert?«

»Keine Ahnung. Erri, was willst du von mir?«

»Ein paar Auskünfte.«

»Was für Auskünfte? Ich kann dir keine geben. Ich habe nur dieses Bild im Kopf, wie sie die ganze Zeit dort mit geschlossenen Augen auf dieser Bank sitzt. Bestimmt eine Stunde lang. Zwischendurch hat sie, glaube ich, irgendetwas aufgeschrieben. Ich habe immer wieder nach ihr geschaut, ob sie vielleicht doch noch einen Negroni oder einen Hugo möchte. Aber sie saß einfach nur da und hat mich wahrscheinlich nicht einmal bemerkt. Keine Ahnung – vielleicht hat sie ja meditiert. Ich habe sie jedenfalls kein zweites Mal angesprochen. Und irgendwann war sie weg.«

»Wie spät war es, als du bemerkt hast, dass sie verschwunden war?«

»Mann, Erri, du stellst Fragen.« Am anderen Ende entstand eine Pause. »Ich schätze, zwanzig Uhr.«

»Aber du hast nicht gesehen, wohin sie gegangen ist oder ob sie von jemandem abgeholt wurde?«

»Nein.«

Rizzi machte sich auf Francescas Schulheft Notizen. »Ich möchte dich gerne treffen«, sagte er.

»Klar.« Sie lachte, aber es klang nicht besonders fröhlich. »Ich wusste, dass das jetzt kommt.«

»Du musst mir den Platz zeigen, an dem Maria Grifo gesessen hat«, sagte Rizzi. »Ich möchte die Stelle sehen.«

»Wozu? Es ist eine Bank, eine Stelle wie jede andere. Ich verstehe nicht, was das bringen soll.«

»Das musst du auch nicht verstehen.«

»Also gut. Wenn du meinst, dass es unbedingt nötig ist. Ich kann es dir ja nicht verbieten. Du bist der Cop.«

»Wann arbeitest du?«

»Ich bin bis vierzehn Uhr auf der Arbeit. Und ich sage dir gleich: Danach habe ich nicht viel Zeit. Ich muss eigentlich sofort weg.«

Nachdem Gabriella aufgelegt hatte, rückte er die Pfanne zurück auf den Herd, drehte die Flamme auf und gab noch einmal einen Schuss Weißwein zu den Bohnen und der Pancetta. Wie verrückt war das? Ein abscheuliches Verbrechen führte nicht nur dazu, dass er nach so vielen Jahren mit Gabriella Greco gesprochen hatte, sondern dass er sie nun auch noch wiedersehen würde. Er streute eine Handvoll Fenchelsamen über die Bohnen, gab noch ein paar Salbeiblätter dazu und stellte die Flamme kleiner. Mit seinem Glas trat er auf die Terrasse hinaus.

In der Ferne, zwischen den Zweigen der Olivenbäume, glitzerte das Meer, ein blauer Strich am Horizont, wie mit dem Lineal gezogen. Knapp darüber kräuselte sich ein Band aus Wolken, das von der untergehenden Sonne blassrosa gefärbt wurde. Ein leichter Wind kam auf und wehte vom Meer herüber, wirkte belebend und erfrischend und half ihm dabei, im Geiste die Fakten zusammenzutragen: Maria Grifo, Leiterin des Konservatoriums in Neapel. Mutter und Großmutter. Besitzerin einer Schusswaffe. In den Augen des Rezeptionisten ging sie als klassische Businessfrau durch, die auf Capri mutmaßlich Meetings hatte, während eine Kellnerin, Gabriella Greco, den Eindruck hatte, dass die Frau bald nach ihrer Ankunft im Hotelgarten meditierte. War das ein Widerspruch? Oder war sie nur eingenickt? Vielleicht hatte sie zu dem Zeitpunkt ja schon die Flaschen auf ihrem Zimmer geleert, in dem sie vorher so ein Chaos angerichtet hatte. Oder hatte es auf ihrem Zimmer Streit gegeben? Sosehr er sich auch anstrengte, es setzte sich in seinem Kopf kein stimmiges Bild zusammen. Er fand keine Schublade, in die er die Frau stecken konnte.

Die Mauer hinter ihm strahlte die Wärme des Tages ab, und der Wein war wunderbar erdig, der Geschmack der Gärten. Rizzi legte die Füße hoch, und seine Gedanken wanderten zurück zu Gabriella. Er sah sie vor sich, wie sie damals war, ihre schönen Haare, ihre dunklen Augen, die Grübchen, und erinnerte sich an ihre Lachanfälle, mit denen sie alle um sich herum ansteckte, aber auch an ihre unkontrollierten Zornesausbrüche. Wie oft war die Situation wegen irgendwelcher Nichtigkeiten von einem Moment auf den anderen eskaliert, hatte sie ihn in aller Öffentlichkeit angeschrien, ohne Vorwarnung stehenlassen? Und dann war er ihr hinterhergerannt, und immer war es auf Sex hinausgelaufen, meistens auf der Stelle. Auf dieser Ebene hatten sie sich am besten verstanden.

Er spürte warme Hände auf seinem Nacken. »*Amore*, wie geht's dir?« Ginas zärtliche Stimme. »Alles in Ordnung? Es tut mir so leid, was passiert ist.«

Er hatte weder ihren Motorroller gehört noch mitbekommen, wie sie die Wohnung betreten hatte. Francesca kam mit einer Limonade auf die Terrasse und sagte: »Ich habe bei Stefano ein Foto von dir im Internet gesehen.«

»Ein Bericht in der Inselzeitung«, ergänzte Gina. »Ganz Capri spricht von nichts anderem als von eurem Einsatz.«

»Hast du den Verbrecher inzwischen gefangen?« Francesca setzte sich ihm gegenüber.

»Nein.« Rizzi schüttelte den Kopf, und Ginas Miene sagte: Bitte keine Details.

»Warum nicht?« Francesca baumelte mit den Beinen. »Ist er zu schnell für dich?«

»Gut möglich. Aber vor allem war er zu schlau.«

»Warum hat er die Frau umgebracht?«

»Das wissen wir noch nicht.«

»War sie böse?«

»Die Frau? Ich glaube nicht. Und selbst wenn, wäre das kein Grund, sie umzubringen.«

»Was wäre denn ein Grund?«

»Es gibt keinen.«

»Überhaupt keinen?«

»Nein.«

»Genug jetzt.« Gina stellte Teller auf den Tisch und sagte zu Francesca: »Geh, wasch dir die Hände.«

Francesca gehorchte, und Gina fragte, während sie Besteck und Servietten platzierte: »Gibt es denn noch gar keine Spur?«

»Nicht wirklich.« Rizzi zog sie an sich. »Ehrlich gesagt, wissen wir noch gar nichts.« Er vergrub sein Gesicht an ihrem Hals. »Ich bin froh, dass du da bist«, sagte er leise. »Der Anblick dieser Frau, als ich den Koffer aufgemacht habe …«

»Koffer?«

»Wenn es stimmt und Cirillo die Stellen am Hals richtig deutet, wurde die Frau erwürgt. Verstehst du? Nicht stranguliert, sondern mit bloßen Händen erwürgt. Und dann über die Klippen entsorgt.« Rizzi starrte in die Ferne, während Gina ihm betroffen eine Locke aus der Stirn strich.

»Wir haben bei ihren Sachen ein Foto gefunden«, erklärte Rizzi. »Die Aufnahme ist ein Jahr alt. Sie ist darauf mit ihrer Enkeltochter zu sehen. Aufgenommen am siebten Geburtstag dieses kleinen Mädchens. Irgendjemand muss dem Kind jetzt erklären, dass es seine Nonna nie wieder sehen wird.«

»Das ist schrecklich.« Gina hatte Tränen in den Augen. »Hoffentlich findet ihr den Kerl.«

Beim Abendessen schaufelte Francesca das Essen in sich hinein, während Gina berichtete, dass die Eingabe beim Gemeinderat heute einstimmig abgelehnt worden war, trotz der Unterschriftenaktion. Immerhin waren fast hundert zusammengekommen. Damit sei es wohl endgültig: Die Musikschule würde zum ersten Oktober aus dem Haus an der Via San Francesco ausziehen. Und die Räume, die man ihnen – wohlgemerkt übergangsweise – an der Via Sopramonte zur Verfügung stellen wollte, waren ein schlechter Scherz: nicht nur zu klein, sondern auch noch feucht, was nicht nur für die Schülerinnen und Schüler, sondern auch für die Lehrpersonen und für die Instrumente unter normalen Umständen ein Ausschlusskriterium gewesen wäre. Aber im Moment hatten sie keine andere Wahl, als das Angebot der Gemeinde anzunehmen. Und was danach kam, stand ohnehin in den Sternen.

»Meine Oboe nervt«, sagte Francesca. »Ich will auf Schlagzeug umsteigen.«

»Erst Oboe, dann Schlagzeug.« Gina trank einen Schluck Wein. »Bevor du dich für etwas Neues entscheidest, musst du schon noch ein bisschen dranbleiben.«

»Papà sagt, ich soll alles ausprobieren.«

»Schön, dass Carlo das sagt. Er finanziert dir den Spaß ja auch nicht«, murmelte Gina verärgert und schaute darüber hinweg, wie Francesca ihre Augen verdrehte.

Während Gina dafür sorgte, dass ihre Tochter zu Bett ging, holte Rizzi seinen Tabak und die Blättchen heraus. Von irgendwoher wehte Schlagermusik herüber, Fledermäuse schossen über den Himmel, und irgendwo schaute der Mörder oder die Mörderin jetzt vielleicht in dieselben Sterne. Bereute er die Tat? Würde ihm Maria Grifo in der Nacht im Traum erscheinen, oder versuchte er bereits, die Tat von sich abzuspalten? Höchstens vierundzwanzig Stunden war es her, dass Maria Grifo getötet wurde. Wie groß mussten Wut und Hass sein, um eine solche Tat wirklich bis zum Ende durchzuziehen?

Gina stellte eine Schale mit Aprikosen und getrockneten Feigen auf den Tisch, goss Weißwein nach und fragte: »Was denkst du? Wie geht es jetzt weiter?«

»Mit der Musikschule?« Rizzi rollte die Zigarette und fuhr mit der Zungenspitze am Blättchen entlang. »Ich würde an deiner Stelle erst einmal versuchen, Edoardo Caruso auf meine Seite zu ziehen. Er ist zwar pensioniert, hat aber immer noch erstklassige Verbindungen in den Gemeinderat.«

»Ich meinte eigentlich eure Ermittlungen.« Gina legte ihre Füße auf seinen Schoß. »Liegt der Fall jetzt in den Händen von Neapel?«

Rizzi legte das Feuerzeug zur Seite und pustete den Zigarettenrauch in die Nachtluft. »Ohne uns sind die ziemlich aufgeschmissen.«

Gina seufzte. »Ich hasse deinen Job.« Sie nahm ihm die Zigarette aus der Hand. Die Musik war verstummt, und in der Ferne schrie ein Käuzchen. Gina paffte, rückte näher und lehnte ihren Kopf an seine Schulter. »Lass uns wegfahren«, sagte sie.

»Wohin?«

»Ich weiß nicht. Nach Amalfi. Mit deinem Cinquecento – wenn er irgendwann mal fährt.«

Rizzi strich Gina eine Strähne aus dem Gesicht. »Ich muss im Prinzip nur noch die Räder montieren. Und die Scheibenwischer reparieren.«

Sie küssten sich. »Komm ins Bett«, sagte Gina und nahm ihn bei der Hand.

Nachdem sie sich geliebt hatten, schaute Rizzi, Gina im Arm, durchs offene Schlafzimmerfenster, betrachtete den Mond und dachte, dass er vermutlich der glücklichste Mensch auf Erden war. Und dass die Lücke, die der kleine Vito hinterlassen hatte, zu seinem Leben dazugehörte.

Als hätte Gina seine Gedanken erraten, tastete sie, den Kopf auf seiner Brust, nach der Spalte in seinem Kinn, wo ihr Finger mahnend liegen blieb.

»Hör auf zu grübeln«, murmelte sie schon halb im Schlaf. »Es wird alles gut. Glaub mir.«

6

Rizzi parkte an der Rampe zum Polizeiposten, verstaute den Helm im Sattel und holte seine Polizeimütze aus dem Handschuhfach. Es war zwanzig vor neun Uhr, als Rizzi die Roxy Bar betrat und sich seinen Weg an Marco Sasso, Fortunata Parisi und den anderen Leuten vorbei zu seinem Stammplatz am Ende der Theke bahnte. Einen Tag nachdem die Leiche von Maria Grifo aufgefunden worden war, prangten in allen Online- und Printausgaben der Zeitungen das Porträt von Maria Grifo sowie eine Karte von Capri mit einem Pfeil auf die Stelle an der Ostküste, wo ihre Leiche gefunden worden war. Die unbekannte Bucht Cala del fico hatte traurige Berühmtheit erlangt.

»Stimmt es, was Savio sagt«, rief Edoardo Caruso, der pensionierte Finanzbeamte, »dass du als Erster bei der Leiche warst?«

»Ja, das stimmt.« Rizzi legte seine Polizeimütze und die Sonnenbrille ab, beugte sich über die Theke und gab Gina einen Kuss, während sie ihm schon eine Untertasse mit Löffel und ein kleines Glas Wasser bereitstellte.

»Und dass du zu dem Zeitpunkt noch vom Schlimmsten ausgehen musstest, weil es technisch gar nicht möglich schien, dass in so einem Koffer ein ganzer Mensch steckt?«

Rizzi trank das Wasser aus, schlug die Zeitung auf und

sagte: »Ich weiß nicht, was Savio hier noch alles erzählt hat, aber die Ermittlungen laufen noch und sind geheim.«

Während alle anfingen, durcheinander zu reden, las Rizzi in *Il Mattino,* das Opfer sei die Leiterin des Konservatoriums in Neapel und, davon abgesehen, auch eine hochangesehene Musikwissenschaftlerin gewesen. Die Musikwelt sei schockiert, und Kollegen berichteten, sie habe stets ihre ganze Kraft und Energie darauf verwandt, junge Künstler und Künstlerinnen zu fördern und dem Konservatorium San Francesco durch nimmermüden Einsatz zu Weltruhm zu verhelfen. In einem Kasten mit der Überschrift »Wir trauern« waren sogar Fotos mit kurzen Statements von Leuten abgedruckt, die einst das Konservatorium besucht und inzwischen eine Karriere als Musiker gemacht hatten. Die Namen sagten Rizzi alle nichts, aber ihm dämmerte, dass es sich bei Maria Grifo – eine ihm völlig unbekannte Frau – in einer gewissen Szene um ein prominentes und anscheinend hochgeschätztes Mitglied handelte.

»Aber deine ganz persönliche Einschätzung wirst du uns doch geben können.« Edoardo Caruso war vorgetreten, und um den Pensionär in seinem abgetragenen Sakko und Rizzi bildete sich ein Halbkreis.

»Einschätzung?«, fragte Rizzi. »Wovon?«

»Ob du zum Beispiel davon ausgehst«, dozierte Edoardo, »dass der Täter sich noch bei uns auf der Insel aufhält. Dass er vielleicht sogar mitten unter uns ist, auf unserer schönen Piazzetta, und da gerade seinen Espresso trinkt oder am Ende vielleicht bei uns in der Roxy Bar aufkreuzt und unsere Gespräche belauscht.«

»Klar, es ist alles möglich«, rief Alberto hinter der Bar

und servierte Rizzi seinen Espresso. »Sogar, dass der Täter hier lebt, wohnt und arbeitet und einer von uns ist. Habe ich recht?«

»Leute, hört auf zu spekulieren.« Rizzi riss das Zuckertütchen auf. »Es bringt doch nichts. Am Ende misstrauen wir uns noch alle gegenseitig. Ich sage es noch einmal: Wir ermitteln unter Hochdruck, und wenn jemand etwas weiß oder glaubt zu wissen oder etwas beobachtet hat oder glaubt, beobachtet zu haben, soll er sich an mich wenden. Jede Aussage wird vertraulich behandelt.«

Er nahm das noch warme Aprikosen-Cornetto, das Gina ihm hingestellt hatte, und biss hinein, als Edoardo neben ihm mit seiner schneidenden Stimme rief: »Los, Giuseppe! Erzähl Erri, wie du im Principessa warst und was du dort erlebt hast. Komm, nicht so schüchtern.«

»Du warst im Principessa?«, wandte Rizzi sich überrascht an den Blumenhändler. »Ich habe dich auf der Liste der Firmen gar nicht gesehen.«

»Er wurde ja auch von der Liste gestrichen!«, rief Fortunata Parisi hämisch.

»Ist das wahr?«

»Schon vergangene Woche!«

Giuseppe Ruffini trat mit gesenktem Kopf vor. »Von der neuen Chefin, dieser Norwegerin. Wie heißt sie noch mal? Eine furchtbare Person.«

»Signora Hallin.«

»Ich sage dir, Erri, sie ist ein Drachen.«

»Was ist passiert?«, fragte Rizzi.

Giuseppe winkte müde ab. »Nicht der Rede wert. Der Zug ist ohnehin abgefahren.«

»Komm schon, du warst am Boden zerstört«, stichelte Edoardo.

»Die Chemie zwischen mir und dieser Blondine hat von Anfang an nicht gestimmt«, erklärte Giuseppe und berichtete niedergeschlagen, wie er dort am vergangenen Freitag, da war die neue Chefin gerade mal drei Tage im Amt, einbestellt worden war. Keine fünfzehn Minuten habe der Termin gedauert, und er sei wieder draußen gewesen. So schnell ging das, dass er gar nicht wusste, wie ihm geschah. Die Hallin habe ihn wie einen Schuljungen behandelt und ihm klargemacht, dass sie mit dem Konzept, mit dem er seit sechs Jahren im Hotel für Blumenschmuck sorgte, nichts anfangen könne, weshalb sie die Zusammenarbeit mit ihm ab sofort beende. Ihr schwebe im Empfangsbereich, an der Rezeption, im Kaminzimmer, aber auch auf den Tischen des Restaurants etwas Reduziertes, Sachlich-Schlichtes vor, habe sie ihm erklärt, und nicht dieser kunterbunte Mischmasch, den er liefere.

Giuseppe rang die Hände. »Wie kann man denn bei Blumen von Mischmasch sprechen und von reduziert und sachlich?«, rief er. »Wir sind doch auf Capri.«

»Dir wird schon etwas einfallen, wie du sie umstimmen kannst«, tröstete Gina hinter der Theke, aber Giuseppe schüttelte mutlos den Kopf.

»Die Colasanti-Brüder aus Anacapri mit ihrem Japan-Gestrüpp haben jetzt den Auftrag«, klagte er. »Es ist schon das dritte Hotel, das sie mir abgenommen haben. Aber eins ist mir an dem Tag aufgefallen.« Er schaute in die Runde und rieb sich sein kratziges Kinn. »Die Leute, die im Principessa arbeiten, haben alle eine Scheißangst. Sie haben

Angst vor der neuen Chefin, vor den Gästen, davor, etwas Falsches zu sagen oder zu tun. Ich meine, das ist doch kein Leben! Wer will denn da arbeiten oder in einem solchen Klima Ferien machen? Ich habe jedenfalls schon zu Ludovica gesagt, dass wir unsere Silberhochzeit da auf keinen Fall feiern. Das kann sie sich abschminken.«

»Und was hat das mit dem Mord zu tun?«, fragte Alberto.

»Was weiß denn ich?«, bellte Giuseppe. »Ihr wolltet, dass ich das alles noch einmal erzähle und meine Wunden aufreiße. Ich bin durch damit. Nur mit den Colasanti-Brüdern bin ich noch nicht fertig.«

Rizzi legte Giuseppe einen Arm um die Schulter. »Genau solche Informationen brauche ich«, rief er in die Runde. »Jede scheinbar noch so unwichtige Kleinigkeit kann uns weiterhelfen. Habt ihr gehört? Jeder, der sich gestern im Hotel La Principessa oder in der Nähe aufgehalten hat, soll sich bei mir melden.«

Die Leute grummelten, manche nickten. Nur Marco Sasso vom Lebensmittelladen sagte kein Sterbenswörtchen und wich Rizzis Blick aus. Dabei wusste Rizzi, dass Marco regelmäßig das Principessa mit Getränken und Lebensmitteln belieferte und seine Mitarbeiter und er dort täglich ein und aus gingen. Marco Sassos Name stand auf der Liste der Lieferanten ganz oben.

»Wenn ich dir einen Tipp geben darf«, sagte Alberto, als Rizzi seine Mütze nahm, »halt dich an Salvatore. Als er hier heute Morgen mit seinem Besen gekehrt hat, hat er behauptet, er würde die Frau aus der Zeitung kennen. Keine Ahnung, ob er sich nur wichtigtut oder ob da etwas Wahres dran ist. Ich meine, er ist mehr auf den Gassen und Plätzen unterwegs als wir alle.«

»Danke«, sagte Rizzi zu seinem besten Freund. »Ich kümmere mich darum.«

*

Kurz darauf betrat er das Polizeigebäude, grüßte Tiziano Gatti am Empfang und ging weiter ins Büro. Dass – entgegen den Sicherheitsvorschriften – alle Eingangs- und Verbindungstüren sperrangelweit offen standen, war der vergebliche Versuch, hier so etwas wie Durchzug herzustellen. Die Hitze staute sich seit Monaten, und manchmal kam es Rizzi vor, als wäre dieser Zweckbau extra so konstruiert, dass er im Sommer als Sauna und im Winter als Eisfach funktionierte. Man nahm es hin wie die Kürzungen bei den Nacht- und Feiertagszuschlägen, versuchte sich im Sommer mit Ventilatoren und im Winter mit Gasöfen zu behelfen und fragte sich, spätestens wenn sie bei Starkregen wieder alle mit Lappen und Eimern parat standen und versuchten, den Wasserfluten beizukommen, die den Hang hinunter direkt ins Büro stürzten, was man hier eigentlich machte und warum man sich nicht einfach auf seine Arbeit konzentrieren durfte.

»Du bist spät dran«, stellte Teresa Villa fest, während sie mit klirrenden Armreifen die vertrockneten Blüten der Azalee auf ihrem Schreibtisch abzupfte. »Cirillo ist schon oben, und zwar seit einer ganzen Weile.«

»Gibt es etwas Neues«, fragte Rizzi, »irgendetwas, das ich wissen muss?«

»Na ja, hast du Padre Ivano gesehen?« Teresa hielt kurz inne bei ihrer Pflanzenpflege. »Die Leichenbittermiene, mit der er über die Piazzetta gezogen ist? Alles in Ordnung, Padre?, habe ich gefragt, aber er ist einfach weitergegangen. Ich sage dir: Da ist etwas im Busch. Und willst du wissen, was ich glaube?«

Rizzi war schon auf der Treppe, als sie ihm hinterherrief: »Dass es mit der alten Beatrice und ihrem Testament zu tun hat. Gott sei ihrer Seele gnädig, aber vielleicht war sie gar nicht so lammfromm und unserem Padre ergeben, wie wir alle immer dachten.«

Die Tür zum Büro seines Vorgesetzten war nur angelehnt. Rizzi warf einen Blick auf seine Armbanduhr, während er den kleinen Flur hinuntereilte – zwanzig Minuten war er über der Zeit –, als er hinter der Tür die Stimme des Ispettore hörte: »Natürlich nehmen Sie den Termin wahr, keine Frage«, sagte er. »Wegducken gilt nicht. Und meine Meinung kennen Sie ja, und dabei bleibe ich auch.«

Rizzi pflegte normalerweise nicht hinter Türen zu lauschen, und dass bei seiner Kollegin nicht immer alles rundlief, war ja auch nichts Neues: Gescheiterte Ehe, Sohn im Ausland beim Ex – und das war ja nur ihr Privatleben. Beruflich herrschte ein ähnliches Chaos, und dass sie nicht ganz freiwillig hier, sondern anscheinend strafversetzt worden war, war ein offenes Geheimnis. Über die Gründe konnte man nur spekulieren. Aber es dürfte keine Kleinigkeit gewesen sein, die sie sich hatte zuschulden kommen lassen. Eher war die Sache so groß, dass selbst Teresa, die, wenn sie wollte, fantastisch recherchieren konnte, in dieser Sache nicht weitergekommen war und überall nur gegen Mauern stieß.

Er klopfte – nicht zu energisch, aber auch nicht zu zaghaft – und trat ein. Cirillo lehnte an Lombardis Schreibtisch und löste sich so abrupt, dass die Situation nur noch vertraulicher wirkte.

»Schön, dass Sie auch noch kommen, Agente Rizzi!«, rief der Ispettore ihm entgegen und fand übergangslos vom verständnisvollen Mentor in den schnarrenden Ton des Vorgesetzten zurück. »Es gibt viel zu besprechen«, sagte er. »Wir haben keine Zeit zu verlieren.«

»Bitte um Verzeihung«, sagte Rizzi, während Cirillo sich abwandte und, ohne ihn angeschaut oder auch nur mit einem Nicken begrüßt zu haben, ans Fenster hinüber stellte.

»Können wir anfangen?« Der Ispettore zupfte unternehmungslustig an den graumelierten Büscheln, die aus seinen Nasenlöchern wuchsen, strich sich über seinen gefärbten Oberlippenbart und breitete dann die Arme aus, während er sagte: »Ich gratuliere, Agenti! Wie Sie das hier gestern ohne meine Hilfe geschaukelt und Nervenstärke bewiesen haben – alle Achtung. Ihre Einsatzbereitschaft und Ihre Umsicht verdienen größten Respekt. Es zeigt sich wieder einmal, was für ein starkes Team wir sind.« Er faltete zufrieden die Hände über seinem Bauch.

»Wie geht's jetzt weiter?«, fragte Rizzi. »Was sind die nächsten Schritte?«

»Haben Sie nicht gehört, Agente?« Lombardi schüttelte verständnislos den Kopf. »Das war ein Kompliment. Nehmen Sie das Lob doch mal an! Außerdem kann ich Ihnen verraten, dass der Commissario in Neapel, mit dem ich seit gestern in ständigem Kontakt stehe, dem Fall höchste Priorität einräumt und eine Sonderkommission, eine Soko Capri, einrichten will.« Lombardi lauschte seinen eigenen Worten verwundert hinterher, schüttelte plötzlich melancholisch den Kopf und murmelte mit Blick auf die italienische Fahne an der Wand: »Soko Capri? Ist das wirklich wahr? Gott im Himmel, was ist nur aus unserer Insel geworden?«

Rizzi setzte sich in den bequemen Sessel und erklärte: »Wenn die Soko dazu führt, dass wir von den Kollegen in Neapel besser in die Ermittlungen einbezogen werden, als es in der Vergangenheit der Fall war, habe ich nichts gegen eine solche Einrichtung.«

»Was wollen Sie damit sagen?«, fragte Lombardi überrascht. »Dass Sie freiwillig in die Soko wollen? Kommt gar nicht infrage. Als hätten wir hier nicht schon genug zu tun.«

»Darum geht es nicht, Ispettore«, antwortete Rizzi. »Wir alle wissen, dass wir hier jeden Tag ein kleines Wunder vollbringen. Aber der Obduktionsbericht würde mich trotzdem interessieren.« Er schaute zu Cirillo hinüber, ein Schattenriss vor blauem Himmel und den beiden Höckern des Vesuv. Sie scrollte auf ihrem Telefon.

»Wissen Sie was?« Lombardi lehnte sich überrascht zurück. »Commissario Serra erwähnte bei unserer Telefonkonferenz heute Morgen tatsächlich den Obduktionsbericht. Und sagte in diesem Zusammenhang, wenn ich mich recht erinnere, dass der Todeszeitpunkt in der Nacht von Sonntag auf Montag zwischen zweiundzwanzig Uhr nachts und zwei Uhr morgens liege.«

»Genauer können die es nicht eingrenzen?«, fragte Cirillo und ließ ihr Telefon in der Hosentasche verschwinden. »Und was ist mit der Todesursache?«

»Herzstillstand«, sagte Lombardi. »Tod durch Ersticken. Wie Sie schon vermutet haben.«

»DNA-Spuren am Koffer?«

»Jawohl«, erklärte Lombardi gedehnt, während er die Angaben auf seinem Zettel überflog. »Aber die ließen sich noch keiner Person zuordnen – außer der Toten natürlich.«

»Aber die Angehörigen wurden benachrichtigt?«, fragte Cirillo.

»Die Tochter identifiziert heute die Leiche«, meldete Lombardi, »und zur Stunde werden die Wohnung des Mordopfers, ein Zwei-Zimmer-Apartment auf dem Vomero – Via Migliaro, wenn ich mich nicht irre –, und ihr Büro im Konservatorium an der Via San Sebastiano durchsucht.«

»Was ist mit den Reifenspuren?«, fragte Rizzi.

»Reifenspuren?« Lombardi machte sich eine Notiz. »Wovon sprechen Sie? Wenn ich richtig informiert bin, wurde das Opfer auf einem Felsvorsprung gefunden.«

»Oberhalb von Cala del fico, auf dem Weg zur Villa Malaparte, haben wir beim Absperren eine solche Spur entdeckt und die Kollegen in Neapel darüber informiert.« Rizzi holte sein Smartphone hervor.

Lombardi setzte seine Brille auf und starrte auf die Aufnahme. »Vermutlich von einer Vespa«, meinte er und nahm die Brille wieder ab. »Die dort eigentlich gar nicht fahren dürfte.«

Die Aufnahme erlosch. »Wie soll das gehen?« Rizzi steckte das Telefon wieder ein. »Mit einer Leiche im Koffer auf der Vespa. Soll der Täter das Gepäckstück mit der Toten zwischen seine Füße aufs Trittbrett gestellt haben?

Oder hinten an den Roller gebunden? Halte ich alles für komplett unrealistisch.«

»Worauf wollen Sie hinaus?«, fragte Lombardi.

»Ich glaube, dass es sich bei dem Abdruck um den Reifen einer Schubkarre handelt.«

»Diese Fragen zu klären ist Aufgabe der Mordkommission in Neapel.« Lombardi fuchtelte mit seiner Brille in der Hand herum. »Die haben dafür die Experten und den ganzen Tag nichts anderes zu tun. Wir dagegen sind wie immer chronisch unterbesetzt und müssen die Aufregung dämpfen, die hier auf der Insel um sich greift. Wollen Sie mal hören?« Lombardi nahm ein Schriftstück zur Hand und begann: »Sechsunddreißig vorzeitige Abreisen, dazu Stornierungen im mittleren zweistelligen Bereich – sowohl in Capri-Stadt wie in Anacapri –, nicht zu reden von den Leuten, die es sich aufgrund der Berichterstattung in den Medien anders überlegt haben und gar nicht erst buchen.« Er schüttelte die goldene Armbanduhr an seinem Handgelenk. »Die wirtschaftlichen Schäden für unsere Insel sind jetzt schon immens, die Folgen in all ihren Ausmaßen noch gar nicht abzusehen. Also, Agenti, darf ich bitten? An die Arbeit.« Er wedelte mit der Hand. »Zeigen Sie auf den Straßen Präsenz. Geben Sie den Leuten ein Gefühl von Sicherheit und Ordnung.«

»Mit Verlaub, Ispettore.« Rizzi schaute hinüber zu Cirillo, die hinter Lombardis Rücken bereits gehorsam ihre Mütze aufsetzte. »Ich würde lieber noch einmal ins Principessa gehen.«

»Wozu?«, rief Lombardi. »Dafür gibt es keinen Grund.«

»Wir haben noch die Liste abzuarbeiten.«

»Was für eine Liste?«

»Mit den Angestellten und Gästen, die gestern nicht vor Ort waren. Außerdem zeigt die Erfahrung, dass den meisten, wenn man sie ein zweites Mal konfrontiert, doch noch etwas einfällt, Details, die sie in der ersten Aufregung nicht nannten. Kurzum: Ich möchte da noch einmal nachhaken.«

»Bei wem zum Beispiel?«, fragte Cirillo.

»Bei der Kellnerin auf der Terrasse, Gabriella Greco«, erklärte Rizzi. »Ich habe gestern Abend noch kurz mit ihr telefoniert. Dabei kam heraus, dass sie am Sonntagabend tatsächlich Kontakt mit Signora Grifo hatte.«

»Also gut«, sagte Lombardi. »Das eine schließt das andere ja nicht aus. Zeigen Sie Präsenz, und sprechen Sie mit dieser Kellnerin.« Er schaute Rizzi und Cirillo fragend an. »Worauf warten Sie, Agenti? An die Arbeit. Sie können gehen.«

*

Die Feriengäste, die auf der Via Roma auf den Bus warteten, waren mit Bastmatten, Schwimmtieren und Kühltaschen bepackt. Eine dreirädrige Ape, mit einer Waschmaschine beladen, knatterte vorbei und hüllte die Straße in eine blaue Wolke aus Abgasen. Es roch nach Zweitaktergemisch, nach Asphalt und Kokosöl, und Cirillo sagte zu Rizzi, während sie nebeneinander hergingen: »Wir müssen uns das klar vor Augen halten. Der Täter hat sein Opfer mit bloßen Händen erwürgt, wie es aussieht, ohne Hilfsmittel, Tuch oder Gürtel. Wir haben es also mit einer kräftigen

Person zu tun, wahrscheinlich männlich, und es muss unglaublich viel Hass im Spiel gewesen sein.«

Die Taxifahrer am Europaplatz polierten die Windschutzscheiben ihrer Cabriolets – Spezialanfertigungen mit schattenspendenden Sonnensegeln –, spielten auf der Motorhaube Karten, während sie auf Kundschaft warteten, und plauderten. Rizzi grüßte von Weitem und fragte: »Können wir wirklich ausschließen, dass es sich bei dem Täter um eine Frau handelt?«

»Ausschließen können wir noch gar nichts«, antwortete Cirillo, während sie die Straßenseite wechselten. »Aber es ist unwahrscheinlich. Einer erwachsenen Frau mit bloßen Händen die Luft abdrücken – dafür braucht es sehr viel Kraft, zumal sie sich gewehrt haben wird.« Cirillo überlegte. »Es sei denn, sie wurde vorher betäubt.«

»Oder besoffen gemacht.«

»Wir brauchen den Obduktionsbericht.« Cirillo ballte die Faust.

Rizzi musterte seine Kollegin von der Seite und dachte, dass in den vergangenen vierundzwanzig Stunden eine kleine Verwandlung mit ihr vorgegangen war. Ihre Haltung war plötzlich so aufrecht, sie hatte eine ganz andere Körperspannung, und sogar ihre Lippen, so kam es ihm vor, waren voller und nicht mehr dieser schmale, zusammengepresste Strich. Wer weiß, vielleicht weil sie es seit gestern nicht mehr nur mit Falschparkern oder irgendwelchen Ordnungswidrigkeiten zu tun hatten.

An der Piazza Martiri d'Ungheria rangierten Busse in die überdachte Haltestation. Die Leute standen am schmiedeeisernen Geländer Schlange, getrennt nach den Destinationen Marina Grande, Marina Piccola und Anacapri, und Cirillo sagte: »Weißt du, worüber ich mich im Nachhinein wirklich ärgere?« Sie blieb stehen und nahm ihre Sonnenbrille ab. »Dass wir den Koffer, in dem die Leiche war, nicht genauer angesehen haben. Was war das? Ein ganz normaler Reisekoffer?«

Rizzi grüßte Marco Sasso, der auf seinem *carrello* mit dem elektrischen Surren vorbeifuhr und Fortunata Parisi eine Mitfahrgelegenheit gab, und sagte: »Setz es auf die Liste der Dinge, die wir mit Neapel besprechen. Zusammen mit dem Obduktionsbericht.«

Es waren noch ein paar Schritte bis zur Piazzetta. Cirillo betrachtete im Vorbeigehen die Auslagen beim Juwelier, als ihr Telefon zu klingeln begann. Widerwillig holte sie den Apparat aus der Tasche, starrte sekundenlang auf das Display und drückte schließlich entschlossen auf Annehmen.

»Was gibt's?«, fragte sie in den Hörer und wandte sich ab. »Schieß los. Ich hab nicht viel Zeit.«

Rizzi schlenderte weiter, ließ seinen Blick über die Piazzetta schweifen, über cremefarbene Markisen, Sonnenhüte und Sonnenbrillen und wechselte auf die Schattenseite. Kellner balancierten Tabletts, rückten Stühle zurecht und verscheuchten die Hunde, die zwischen den Tischen streunten. Kinder spielten Fangen, und Salvatore kehrte die Kirchentreppe so gemächlich, dass sich alles, was hier passierte, seinem Tempo und seinem Takt anzupassen schien.

An der Bar Tiberio bestellte Rizzi einen doppelten Espresso und blätterte durch sein Notizbuch. Fast vierundzwanzig Stunden war es her, dass die Nachricht von dem seltsamen Gepäckstück in Cala del fico eingegangen war.

Und was hatten sie seither herausgefunden? Er ließ den Zucker vom Löffelchen in den Kaffee rieseln und beobachtete, wie die weißen Körner in der Crema versanken. Sie hatten noch immer keinen Schimmer, warum Maria Grifo nach Capri gekommen war, ob sie sich bedroht gefühlt hatte oder selbst etwas im Schilde führte.

Cirillo telefonierte noch immer auf der anderen Seite der Piazzetta und hackte dabei die Luft in Stücke. Auch Rizzi wurde abgelenkt – zwei Australierinnen baten ihn um ein gemeinsames Foto vor dem Uhrenturm –, als plötzlich ein durchdringender Schrei über den Platz hallte. Rizzi fuhr herum und sah, wie Salvatore oben auf der Kirchentreppe den Besen fallen ließ und seine Arme hochriss. »Mörder!«, schrie er, und seine Stimme überschlug sich. »Mörder!«, und die Tauben um ihn herum flatterten auf. »Das ist der Mann«, rief er und ruderte mit den Armen. »Das ist der Kerl, den du suchst, Rizzi!«

Die Passanten und die Leute in den Cafés drehten ihre Köpfe, und ein Raunen ging über die Piazzetta. Rizzi folgte dem ausgestreckten Finger von Salvatore und sah, wie sich hinter den Koniferen eine Gestalt in gelben Sneaker Richtung Torbogen schob.

»Bleiben Sie bitte stehen«, rief er dem Unbekannten zu, aber der Typ hörte nicht oder wollte nicht hören, im Gegenteil, er legte noch einen Schritt zu.

»Aus dem Weg!«, sagte Rizzi und lief hinterher. *»Permesso!«* Er schob die Leute auf der Via le Botteghe beiseite, die Schaufenster guckten, Eis schleckten und ihre Handykameras zückten, als handelte es sich hier um eine zur allgemeinen Belustigung inszenierte Veranstaltung.

»Bleiben Sie stehen!«, rief er noch einmal, aber der Mann reagierte nicht.

Gefolgt von Cirillo, bahnte Rizzi sich einen Weg, den Blick immer nach vorne gerichtet, um den Kerl nicht aus den Augen zu verlieren. Was ihm dabei half, war die Farbe seiner Sneaker, ein Signalgelb, das in der Gasse zwischen den Leuten immer wieder aufleuchtete.

»Bleib dran«, rief er Cirillo über seine Schulter zu. »Ich versuche es über die andere Seite.« Er drückte die Pforte mit dem Schild *Privato – accesso vietato* auf und sprang die bunt geflieste Treppe hinauf. Wenn er mit seiner Vermutung richtig lag, war der Unbekannte auf dem Weg zur Via Sopramonte, um dann über die Gassen in Moneta aus dem Getümmel zu verschwinden.

Rizzi rannte durch den schattigen Laubengang an Wohnungstüren vorbei, nahm die nächste Treppe, tauchte unter Wäscheleinen hindurch, bog noch einmal um die Ecke – und stand vor einer hohen Pforte, die er leider überhaupt nicht auf dem Schirm gehabt hatte. Er rüttelte am Griff, verlor wertvolle Sekunden und schaute sich um.

Die Mauer war zu hoch, um mit einem Klimmzug rüberzukommen, und eine Leiter gab es nicht. Aber ein Stück weiter stand eine Tonne. Er umfasste das sperrige Ding mit den Geranien darauf, schob es zur Pforte, stieg drauf, wälzte sich über Pforte und Mauer – und landete auf der anderen Seite in einem Hof, der zu allen Seiten geschlossen war. Vielleicht hatte er in dem Labyrinth aus Treppen, Terrassen und Laubengängen irgendwo den falschen Abzweig genommen. Aber er wusste, er musste nur noch geradeaus, hinter dieses Haus, und zwar schnell.

»Polizei!«, rief er, während er den Messingklopfer betätigte, und bemerkte, dass die Tür nur angelehnt war. Er trat in die Diele, blickte in die Küche, wo ein Fernseher lief. Eine offene Fenstertür führte auf eine Terrasse, und dort stand eine Frau.

»Was wollen Sie?«, rief sie erschrocken, in einer Hand ein Schälmesser, in der anderen eine Kartoffel. »Mein Mann wird jeden Moment hier sein!«

»Ein Notfall, Signora.« Rizzi trat zu ihr und beugte sich über das Geländer.

Die Höhe betrug drei Meter, vielleicht etwas weniger. Er kletterte über die Brüstung, ließ sich fallen und landete auf allen vieren zwischen den Mülltonnen. Eine Katze fauchte und machte einen Buckel. Noch eine Pforte, noch eine Treppe, und er war auf der Via Sopramonte.

Keine Menschenseele war zu sehen. Nur ganz am Ende, wo eine Glyzinie an der Hauswand emporwuchs, kam eine Gestalt die Gasse heraufgerannt.

Rizzi zog seine Pistole. »Stehen bleiben!«, rief er und entsicherte.

Der Mann in den gelben Sneaker verlangsamte seinen Schritt, und seine ganze Körperhaltung drückte eine Fassungslosigkeit aus, als könne er nicht glauben, was er sah: Der Polizist, von dem er glaubte, dass er ihn gerade abgeschüttelt hatte, stand wie vom Himmel gefallen plötzlich vor ihm.

»Hände über den Kopf!« Rizzi ging mit erhobener Waffe auf den Mann zu. Am Ende der Gasse tauchte nun auch Cirillo auf.

Rizzi konnte im Gegenlicht schwer einschätzen, ob der

Mann dabei war, in letzter Sekunde panisch nach einem Ausweg zu suchen und in Gedanken die ihm verbleibenden Fluchtmöglichkeiten durchspielte, oder ob er aufgab und sich widerstandslos festnehmen lassen würde. Keine zehn Schritte trennten Rizzi von dem Mann, als über ihnen mit einem lauten Knall ein Fensterladen aufgestoßen wurde.

Er ließ ihn nur für die Dauer eines Wimpernschlags aus den Augen, aber das genügte dem Typen, um sich blitzschnell zu bücken, auszuholen – und schon sah Rizzi einen Gegenstand auf sich zufliegen. Er duckte sich – und hinter ihm zerschellte ein Blumentopf an der Wand.

»Was ist da los?«, gellte von oben eine Stimme.

Mit dem zweiten Topf zielte der Mann besser – oder Rizzi reagierte zu spät. Das Wurfgeschoss traf ihn an der Schulter. Ein Schmerz durchfuhr ihn, er ließ fluchend seine Pistole sinken, bekam im nächsten Moment einen Stoß in die Magengrube und sackte zusammen, bevor ihn ein Tritt gegen das Schienbein vollkommen außer Gefecht setzte.

»Stehen bleiben!« Cirillo setzte dem Mann nach, der schon eine schmale Treppe zwischen den Häusern hinaufsprang.

Rizzi sah den großen alten Kinderwagen auf dem Absatz vor dem Hauseingang stehen und rief Cirillo noch zu: »Pass auf!«, als das Gefährt bereits mit lautem Getöse die Stufen herunterpolterte. Cirillo wich zurück, fiel zu Boden, der Kinderwagen überschlug sich und kam ein paar Meter hinter ihr zum Stillstand. Dann war es gespenstisch ruhig, nur die rostige Federung des Wagens quietschte noch leise.

Der Mann war längst am oberen Ende der Treppe um die Ecke verschwunden. Cirillo rappelte sich wieder auf und strich sich den Staub von den Hosen, als die Frau am Fenster loslegte: »Sind jetzt alle verrückt geworden? Wer ersetzt mir die Blumentöpfe, und wer trägt mir den Kinderwagen wieder hoch?«

7

Rizzi war noch zittrig auf den Beinen, und seine Schulter schmerzte, als er mit Cirillo wieder auf die Piazzetta trat. Eine knappe halbe Stunde hatte die Verfolgungsjagd gedauert – doch hier schien es, als seien sie gar nicht weg gewesen. Um den Straßenkehrer scharte sich ein Pulk von Menschen, als wäre Salvatore, der kleine, dünne Mann mit den Leuchtstreifen auf der Arbeitsweste, ein Star. Und da auf Capri auch die Paparazzi nie weit weg waren, musste es niemanden verwundern, dass aus der Menge heraus auch schon eine Stange ragte, an dessen Ende ein Mikrofon befestigt war. Ein Mann mit großen Kopfhörern und schweren Akkus am Gürtel angelte die Töne, die vor allem Fortunata Parisi und Edoardo Caruso lieferten, aber auch andere Anwesende von der Sorte, die immer über alles Bescheid wissen. Salvatore selbst öffnete und schloss nur den Mund, ohne dass ihm ein Wort oder gar zusammenhängende Sätze über die Lippen kamen. Wie paralysiert starrte er auf die Kamera, die ein zweiter Typ auf ihn richtete, während der dritte, ein Journalist im schneeweißen Sakko, ihn mit Fragen bombardierte.

»Jetzt sagen Sie schon«, rief der Mann, ohne darauf zu achten, dass über Salvatores angstverzerrtes, vom Alkohol aufgedunsenes Gesicht in Sturzbächen der Schweiß rann.

»Was war Ihr erster Gedanke, als Sie dem Mörder gegenüberstanden? War er bewaffnet? Würden Sie ihn auch ein zweites Mal wiedererkennen? Fürchten Sie um Ihr Leben?«

Während Cirillo vermutlich das einzig Richtige tat und sofort ihr Telefon zückte, um am Polizeiposten Verstärkung und einen Streifenwagen anzufordern, versuchte Rizzi noch, sich mit Worten Gehör zu verschaffen und an die Vernunft der Leute zu appellieren.

»Ende der Erzählstunde«, rief er. »Alle gehen jetzt nach Hause. Bitte, Leute, wird's bald!« Er klatschte in die Hände, versuchte, sich einen Weg zu Salvatore zu bahnen – und erregte damit die Aufmerksamkeit des Kameramanns, der unausgesetzt auf Salvatores Gesicht hielt, gierig auf neue Bilder und darauf, dass endlich Bewegung in die Sache kam. Es war nichts Ungewöhnliches, dass Fernsehteams nach Capri kamen und wie die Schmeißfliegen um Leute herumschwirrten, aber üblicherweise um irgendwelche Celebritys und nicht um den Straßenkehrer. Es war ein ungeschriebenes Gesetz, dass Paparazzi und Prominente unter sich blieben, eine Parallelwelt, in der alle Beteiligten das Drehbuch kannten und sich an ihre Rolle hielten. Meistens war das Theater so schnell vorbei, dass man als Außenstehender nichts oder nur am Rande etwas davon mitbekam. Aber hier wurde mit den Spielregeln gebrochen, und wenn Salvatore, der Straßenkehrer, es in die überregionalen Abendnachrichten schaffte, wäre das ein Super-GAU, den der Ispettore ihnen noch über Jahre vorhalten und dabei Schnappatmung bekommen würde.

Die Kamera schwenkte auf Rizzi. Michele Pellicano,

der Inseljournalist, sah seine Stunde gekommen und rief in einer Lautstärke, als würde Rizzi auf der anderen Seite der Piazzetta und nicht direkt vor ihm stehen: »Stimmt es, Agente Rizzi, was Salvatore sagt, dass es sich bei dem Täter um einen Ausländer handelt? Konntest du – ich meine: Konnten Sie, also die Polizei von Capri, Ihrer Verantwortung nachkommen? Hast du den Täter festgenommen, und sind Sicherheit und Ordnung auf unserer schönen Insel wiederhergestellt?«

Rizzi blickte Michele Pellicano fest in die Augen, holte tief Luft, doch bevor er ihn vor laufender Kamera anbrüllen konnte, er solle mal halblang machen, nicht so geschwollen daherreden und sich im Übrigen seine Fragen sonstwohin stecken, ging Cirillo dazwischen.

»Kein Kommentar«, sagte sie und drängte Pellicano beiseite.

»Was heißt das?«, schrie Pellicano aus dem Abseits. »Heißt das: Der Täter ist entwischt? Was für ein Desaster!« Seine Stimme überschlug sich. »Wie geht es jetzt weiter, Agenti? Was haben wir zu befürchten?«

Cirillo nahm Salvatore am Arm und sagte: »Ich muss Sie bitten, zur Klärung eines Sachverhalts mit auf die Wache zu kommen.«

Vielleicht fasste sie ihn zu hart an, oder es war der offizielle Ton, der Salvatore Angst machte, während gleichzeitig die Polizeisirene ertönte und der Streifenwagen mit Blaulicht auf die Piazzetta gefahren kam. Jedenfalls versuchte Salvatore, sich loszumachen, schlug um sich, und das Glas Wasser, das ihm jemand zur Erfrischung reichen wollte, denn Salvatore schwitzte immer noch wie verrückt, fiel im

Handgemenge klirrend zu Boden. Wie hypnotisiert blieb der Straßenkehrer stehen und schaute mit gehetztem Blick um sich.

»Er hat nichts getan!«, rief Edoardo Caruso, und andere pflichteten lautstark bei: »Lasst ihn in Ruhe! Salvatore ist unschuldig.«

»Es ist alles in Ordnung«, sagte Rizzi leise zu Salvatore und führte ihn, begleitet von der Kamera, zum Streifenwagen. »Wir haben nur ein paar Fragen.«

Tiziano Gatti war ausgestiegen, rannte um das Auto herum, riss die Tür auf und rief, die Kamera im Blick: »Die Kollegen von der Kriminalpolizei sind ordnungsgemäß informiert!«

Rizzi verfrachtete Salvatore auf den Rücksitz. »Tu mir einen Gefallen«, sagte er zu Gatti. »Erzähl keinen Blödsinn, und schalt das verdammte Blaulicht aus.«

*

Am Polizeiposten bekam Salvatore ein großes Glas Wasser und, als das nicht reichte, auf Rizzis Wink, ein Glas Ramazzotti. Die beruhigende Wirkung trat insofern ein, als er immerhin zu schwitzen aufhörte, aber zu einer Aussage war Salvatore erst nach dem dritten Glas in der Lage. Dann gab er Folgendes zu Protokoll.

In der Nacht von Sonntag auf Montag sei er, wahrscheinlich gegen dreiundzwanzig Uhr, auf seinem Nachhauseweg von der Osteria auf ein Pärchen aufmerksam geworden, das im dunklen Winkel hinter der Kirche eng beieinandersaß.

Beide, Mann und Frau, seien keine Teenager mehr gewesen, sondern eher etwas ältere Semester.

Als Salvatore an dem Paar vorbeiging, habe die Frau aufgeschaut, und in diesen Sekunden habe sich bei Salvatore ihr Gesicht für immer eingebrannt. Es sei die Frau aus der Zeitung gewesen, die später umgebracht wurde, Salvatore war sich hundertprozentig sicher. Die Visage des Mannes habe er nicht erkennen können, nur die Sneaker, die im Dunkeln leuchteten, wie der gelbe Textmarker auf Teresas Schreibtisch. Und noch etwas habe er beobachtet.

Salvatore wartete, bis Teresa sein Glas noch einmal aufgefüllt hatte, und berichtete, der Mann hätte versucht, die Frau zu küssen, und sie, obwohl sie sich ein wenig zierte, hätte gekichert – ungefähr in der Art, wie die Ausländerinnen vom Festland kicherten, wenn Alberto ihnen in der Roxy Bar Komplimente machte.

Während Teresa Notizen fürs Protokoll machte, ergaben sich für Cirillo aus Salvatores Aussagen eine Reihe von Fragen. Erstens: Warum war Salvatore so spät überhaupt hinter der Kirche, wo doch der Weg von der Osteria zu ihm nach Hause ganz woanders verlief? Zweitens: Wieso war er sich so sicher, dass es sich bei der Frau um Maria Grifo, die Person aus der Zeitung, handelte, wenn es so dunkel war, dass er vom Mann nur die Turnschuhe erkennen konnte? Drittens: Wieso glaubte Salvatore, den Mann auf der Piazzetta wiedererkannt zu haben, wenn er sich nur an die Farbe seiner Schuhe erinnerte und nicht ans Gesicht? Und letzter Punkt: Warum war er, nachdem er das Bild von Maria Grifo in der Zeitung gesehen hatte, mit seinen Beobachtungen nicht unverzüglich zur Polizei gekommen, statt auf der Piazzetta seelenruhig die Stufen zu fegen?

Salvatore brauchte noch ein Glas Ramazzotti, ein frisches Taschentuch für seine Schweißtropfen und ein Kissen für seinen Rücken, bevor er in der Lage war, sich so weit zu konzentrieren und seine Gedanken zu sortieren, dass er Cirillo antworten konnte. Es sei überhaupt nicht ungewöhnlich, dass er auf seinem Nachhauseweg den Schlenker hinter die Kirche mache, sagte er. Er habe dort einen Besen deponiert und fege regelmäßig, gewissermaßen als letzte Amtshandlung, die Flaschen, Kronkorken, Zigarettenkippen und Präservative zusammen, um Padre Ivano den Anblick all dieser Zeugnisse eines liederlichen Lebenswandels zu ersparen, wenn er am Morgen, auf dem Weg zur Frühmesse, dort entlangkam.

Dass er sich allein an das Gesicht der Frau erinnerte und nicht auch an die Visage des Mannes, könne er sich im Nachhinein nur so erklären, dass in dem Moment, als er vorbeiging, das Mondlicht wahrscheinlich nur auf das Antlitz der Frau gefallen war und dass ihn dieses in irgendeiner Weise berührt hatte. Vom Mann hatte er nur die Gestalt wahrgenommen, kräftig, beinahe quadratisch sei sie gewesen, exakt so wie bei dem Mann heute Vormittag auf der Piazzetta.

Und was Cirillos letzten Punkt angehe: Er habe in der Tat zur Polizei gehen wollen, als er am Morgen das Bild der Frau in der Zeitung gesehen habe, und er sei deshalb auch sofort in die Roxy Bar geeilt. Aber Rizzi sei nicht dort gewesen. Deshalb habe er bei Alberto eine Nachricht für ihn hinterlassen.

»Also gut.« Cirillo nickte. »Eine allerletzte Frage«, sagte sie, »und bitte denken Sie genau nach, bevor Sie antworten: Hätten Sie den Mann auf der Piazzetta auch wiedererkannt, wenn er keine gelben Sneaker angehabt hätte, sondern, sagen wir, schwarze Halbschuhe? Oder Sandalen mit Socken?«

Salvatore schaute hilfesuchend zu Rizzi. »Wie soll ich das wissen?«, fragte er. »Er hatte ja keine Halbschuhe an. Und auch keine Sandalen. Er trug die gelben Sneaker, die er auch vorgestern Abend trug.«

Nach einem allerletzten Ramazzotti geleitete Rizzi Salvatore hinaus, legte ihm einen Arm um die Schulter und fragte: »Kannst du dich vielleicht erinnern, was die Frau angehabt hat?«

Salvatore zögerte, runzelte nachdenklich die Stirn – und schüttelte den Kopf.

»War es vielleicht ein Kleid?«, fragte Rizzi.

»Ein Kleid?« Salvatore nickte. »Stimmt«, sagte er. »Du hast recht. Es war ein Kleid.«

»Und konntest du vielleicht, als du an ihr vorbeigegangen bist und das Mondlicht auf sie fiel, so von oben herunter in den Ausschnitt schauen?« Rizzi nahm Salvatores kratziges Kinn in seine Hand und zwang den Straßenkehrer mit sanfter Gewalt, ihm in die Augen zu gucken. »Weißt du, Salvatore, warum ich das frage? Weil mir eine Sache nicht in den Kopf will. Du hast erzählt, die Frau hätte gekichert wie ein Teenager. Und gleichzeitig hätte sie sich geziert, als der Mann sie küssen wollte.«

Salvatore nickte ängstlich. »So war's, Erri. Ich schwör's.«

»Ich kriege es aber nicht zusammen«, sagte Rizzi. »Schau

mich an, Salvatore. Könnte es sein, dass die Frau, als sie zu dir aufgeschaut hat, sich in einer Notlage befand? Dass sie deine Hilfe brauchte, aber du hast nur auf ihre Glocken gestarrt?«

»Ich weiß nicht«, nuschelte Salvatore und versuchte, Rizzis Blick auszuweichen. »Wenn ich so darüber nachdenke: Ja, ich habe auch auf ihre Glocken geschaut. Aber dass sie meine Hilfe brauchte – nein, das habe ich nicht bemerkt. Wirklich nicht.«

Rizzi ließ Salvatore los. »Wenn du den Typ noch einmal sehen solltest«, sagte er, »schrei nicht gleich los. Verhalte dich ruhig, nimm dein Telefon, und ruf mich sofort an. Hast du mich verstanden? Ob du mich verstanden hast? Salvatore, was sollst du tun, wenn dir der Typ über den Weg läuft?«

»Ich soll kein Geschrei machen.«

»Und?«

»Dich anrufen.«

»Richtig. Kannst du dir das merken?«

»Jawohl.«

»Dann hau ab. Und halt die Augen auf.«

8

Es war schon weit nach vierzehn Uhr, als sie die Via Tragara zum Hotel La Principessa hinuntereilten und Cirillo zu bedenken gab, Salvatores Aussagen seien natürlich mit großer Vorsicht zu betrachten. Und auch der Mann, der vor ihnen geflüchtet und leider entkommen war, sei zwar verdächtig, aber noch lange nicht mehr als das.

Sie hasteten an den Leuten vorbei, die – umsorgt von Kellnern in langer Schürze – Pasta und Fischgerichte zu sich nahmen, aber an ein Mittagessen war jetzt nicht zu denken. So schnell rannten sie, dass Rizzi die Frau im Rollstuhl mit dem riesigen Strohhut auf dem Kopf nur am Rande wahrnahm. Und wie eine Frau, ganz in Arztweiß gekleidet, mit weißblondem, sportlichem Kurzhaarschnitt, den Hut bei der alten Frau zurechtrückte und fürsorglich das Seidentuch ordnete, das auf mädchenhafte Art darum herumgeschlungen war.

»Muss ich über Gabriella Greco etwas wissen?«, fragte Cirillo, als sie nebeneinander die Treppe zum Hotel hinaufsprangen.

»Nur, was ich dir bereits erzählt habe«, antwortete Rizzi. Sie steuerten auf die Rezeption zu. »Dass sie bisher, abgesehen vom Empfangschef, die einzige Person im ganzen Hotel ist, die Maria Grifo gesehen und mit ihr gesprochen hat.«

»Das ist alles?«

»Ja.«

Der Rezeptionist schaute Rizzi und Cirillo im ersten Moment an, als hätte er den Namen »Gabriella Greco« noch nie gehört.

»Sie arbeitet hier als Kellnerin«, fügte Rizzi hinzu. »Wir sind um zwei Uhr mit ihr verabredet.«

»Natürlich.« Der Mann griff zum Telefon und fragte, während er einen Knopf drückte: »Sie wissen, dass ein Kollege von Ihnen ebenfalls im Haus ist?«

»Nein, das wussten wir nicht.« Rizzi schaute am Blumenbouquet vorbei ins Restaurant, wo ein Kellner Geschirr von den Tischen räumte.

»Ein gewisser Signor Scotto von der Mordkommission Neapel«, ergänzte ein Mann, der neben Rizzi an den Tresen getreten war und gebügelte Bermudas, braune Halbschuhe und ein Hemd mit Button-down-Kragen trug. Es war derselbe Gast, der gestern noch abreisen wollte, weil der Pool außer Betrieb gewesen war. »Der Mann hat alles gefragt, was Sie gestern auch schon gefragt haben«, sagte er zu Rizzi. »Ihr müsst euch besser untereinander absprechen. Mehr Effizienz, nicht immer nur Dolce Vita. Das müsst ihr hier in Italien einfach irgendwann mal lernen.« Er nahm vom Rezeptionisten zwei Ausdrucke entgegen, Tickets für die Blaue Grotte, Abfahrt fünfzehn Uhr, drehte sich um und ging zum Fahrstuhl.

»Agenti, es tut mir leid«, erklärte der Rezeptionist. »Ich kann Signora Greco nicht finden.«

In diesem Moment war zu hören, wie Kartons krachend zu Boden fielen. Mit hochrotem Kopf begann der Mitarbeiter im Shirt mit der Aufschrift *Hotel La Principessa,* die Schachteln wieder auf die Sackkarre zu stapeln.

»Antonio!«, rief der Rezeptionist. »Hast du Gabriella gesehen?«

»Gabriella?«, wiederholte der Mann und wandte ihnen den Rücken zu, während er fortfuhr, die Schachteln zusammenzusammeln. »Am Pool.«

»Sie finden den Weg?«, wandte sich der Rezeptionist an Rizzi und Cirillo. »Gerade durch, über die Terrasse und dann gleich die Treppe hinunter.«

Auf dem Weg schaute Cirillo auf die Uhr und fragte: »Meinst du, wir sollten uns mit dem Kollegen aus Neapel, diesem Scotto, kurzschließen? Vielleicht will er bei der Vernehmung dabei sein.«

»Ich will Signora Greco nicht länger warten lassen«, entgegnete Rizzi.

»Bist du nervös?«, fragte Cirillo.

»Nein«, antwortete Rizzi. »Warum sollte ich?«

Der Pool lag zwischen Rhododendren und Hortensien, und das Wasser leuchtete so hellblau wie die Farbe der Fliesen, mit denen das Becken gekachelt war. In einer elliptischen Ausbuchtung hatte sich ein Schwimmtier verfangen, ein rosafarbener Gummischwan, und auf der spiegelglatten Wasseroberfläche trieben ein paar Blätter des Olivenbaums, der mit seiner riesigen Krone Teile des Pools und der Terrasse verschattete und hier wahrscheinlich schon gestanden hatte, als es die Hotelanlage noch gar nicht gab. Um das Becken herum waren kleine Tische, Sonnenschirme und Liegestühle aufgestellt, von denen manche mit weißen Handtüchern und Zeitschriften belegt waren. Von irgendwoher wehte klassische Musik herüber, ein Klavierkonzert, aber zu sehen war niemand.

»Verdammt noch mal, Erri!«, rief eine wütende weibliche Stimme. »Ich habe dir doch gesagt: Ich muss um zwei weg.«

Gabriella Greco saß, vom Garten und der Poolanlage durch Zypressen abgeschirmt, auf einer Bank zwischen Bougainvillea und Flammenblumen. Sie trug ihr Kellnerinnen-Outfit, schwarzen Rock und weiße Bluse, und ihre Augen sprühten noch genauso angriffslustig wie früher.

»Jetzt sei nicht sauer«, sagte Rizzi. »Es ging nicht früher. Wir hatten noch zu tun.« Er stellte seine Kollegin Antonia Cirillo vor und dachte, dass es unglaublich war, wie wenig Gabriella sich in den vergangenen zehn Jahren verändert hatte. Saß da, als wäre nichts gewesen und gar keine Zeit vergangen. Nur ihre Haare waren kürzer und auch nicht mehr ganz so dunkel.

»Schießt los«, sagte sie. »Was wollt ihr wissen? Die Signora saß genau hier, wo ich jetzt sitze. Ich habe sie gefragt, ob sie einen Wunsch habe. Dafür werde ich bezahlt, und mehr gibt es dazu nicht zu sagen. Kann ich jetzt gehen?«

»War sie müde?«, fragte Rizzi. »Wirkte sie erschöpft? Oder war sie vielleicht angetrunken?«

»Keine Ahnung.« Gabriella verschränkte die Arme vor der Brust. »Wie gesagt, sie hat einfach nur hier gesessen. Tut mir leid. Ich bin wahrscheinlich keine gute Beobachterin, aber ich weiß nicht, wie ich es anders beschreiben soll.«

Die Klaviermusik war verstummt, und Rizzi schaute zum Nachbarhaus, wo im ersten Stock die Türen zur Terrasse offen standen und sich eine weiße Gardine im Wind bauschte.

»Und sie saß genau hier, wo Sie jetzt sitzen?«, fragte Cirillo. »Nicht mehr in der Mitte oder weiter rechts?«

»Nein, genau hier.«

»Darf ich?«

»Natürlich.« Gabriella stand auf.

»Am Telefon hast du gesagt, sie hätte zwischendurch etwas aufgeschrieben«, sagte Rizzi. »Hast du gesehen, was?«

»Nein.«

»Und zeitweilig hätte es auch ausgesehen, als ob Signora Grifo meditieren oder schlafen würde.«

»Und?«, fragte Gabriella. »Sag ich doch: Alles ganz normal.«

»Wissen Sie, was ich nicht verstehe?« Cirillo war auf die andere Seite der Bank gerutscht. »Wenn sie hier gesessen hätte, auf diesem Platz, hätte sie einen traumhaften Blick aufs Meer gehabt. Aber von hier« – Cirillo rutschte wieder zurück – »konnte sie nur auf die Zypressen und diese Thujen starren, kein Meerblick, nichts, eine grüne Wand. Ist das normal für jemanden, der extra für einen Tag nach Capri kommt?«

Gabriella zuckte die Achseln. »War's das?«, fragte sie. »Dann gehe ich jetzt. Weiter viel Erfolg.«

»Danke, dass Sie sich Zeit für uns genommen haben«, sagte Cirillo.

Gabriella Greco nickte ihr zu und verschwand hinter den Zypressen.

»Warte doch mal.« Rizzi ging ihr hinterher. »Wieso hast du es überhaupt so eilig? Wo willst du hin?«

Ohne sich auch nur zu ihm umzudrehen, sagte sie: »Ich wüsste nicht, was dich das angeht.«

»Komm schon.« Er berührte sie am Arm. »Jetzt sei nicht so. Erzähl doch mal: Wo wohnst du überhaupt?«

Sie blieb stehen, sah an ihm vorbei und sagte, eine Hand in die Hüfte gestemmt: »Ich wohne in Neapel. Okay? Lässt du mich jetzt bitte durch?«

»Und?«, fragte er. »Bist du verheiratet?«

»Nein.«

»Jetzt erzähl mir nicht, dass niemand zu Hause auf dich wartet.«

Gabriella ging weiter. »Mein Sohn wartet auf mich. Und bevor du fragst: Er ist zehn Jahre alt, wächst mir bald über den Kopf und wird mit Sicherheit ein richtiger Macho. Zufrieden?«

»Hast du ein Foto?«, fragte Rizzi. »Zeig doch mal.«

»Weißt du was, Erri? Lass mich in Ruhe. Ich muss mich umziehen.« Sie ließ ihn stehen und ging davon.

Rizzi sah ihr hinterher, wie sie die Treppe hochlief und über die Terrasse im Gebäude verschwand. Aus dem Nachbarhaus war Musik zu hören, ein Violinkonzert.

»Ich weiß, es geht mich nichts an«, sagte Cirillo, als Rizzi zu ihr zurückkam. »Und dein Liebesleben interessiert mich nicht. Aber wenn du die Frau kennst und wir sie gleichzeitig als Zeugin vernehmen, musst du mich vorher aufklären. Kapierst du das? Ich muss wissen, woran ich bin. Anders funktioniert es nicht.«

»Hör auf, mir Vorwürfe zu machen«, entgegnete Rizzi und ließ sich neben ihr auf die Bank fallen. »Das ist alles so lange her, das kannst du dir gar nicht vorstellen. Zehn Jahre.« Rizzi verschränkte die Hände am Hinterkopf. »Ich verstehe es nicht. Ich meine, sie hat Capri damals Hals über

Kopf verlassen und den Kontakt zu mir abgebrochen. Es gibt nach all den Jahren also überhaupt keinen Grund, immer noch sauer zu sein.« Er verstummte und schaute zum Hotel hinauf.

»Was ist los?«, fragte Cirillo.

»Ich bin wirklich ein Vollidiot«, sagte Rizzi und stand auf. »Warte hier. Ich muss das klären.«

»Was musst du klären?«, rief sie ihm hinterher.

Der erste Mitarbeiter, dem er begegnete, sagte, die Personalräume befänden sich im Keller. Und die Treppe sei gleich hinter dem Fahrstuhl.

Rizzi öffnete eine Feuertür und trat in einen neonbeleuchteten, gelb gestrichenen Gang, lief an Getränke- und Süßigkeitenautomaten vorbei, an Wäschewagen, Wäschesäcken und einer Schuhputzmaschine und rief: »Gabriella!«

»Die ist schon weg.« Eine Frau in Kellnerinnenkluft eilte an ihm vorbei. »Ihre Schicht ging bis zwei.«

»Sie wollte sich umziehen«, rief Rizzi ihr hinterher.

»Umkleideräume sind ganz am Ende des Flurs.«

Der Raum hinter der letzten Tür war voller nummerierter Metallspinde. Davor verliefen Holzbänke, unter denen vereinzelt Taschen, Tüten und Schuhe standen. In der Mitte des Raumes parkten fahrbare Kleiderstangen, an denen Kochjacken, Kittel und Portiersuniformen hingen, manche Stücke waren mit durchsichtiger Schutzfolie überzogen.

»Kann ich Ihnen helfen, Agente?«, fragte ein Mann, der mit tropfnassen Haaren und einem Handtuch um die Hüften aus dem Nebenraum kam, wo sich anscheinend die Personalduschen befanden.

»Ich suche Gabriella Greco«, sagte Rizzi.

»Die Ladys sind gegenüber.«

Rizzi trat in den Gang zurück, und im selben Moment ging gegenüber die Tür auf.

Gabriella trug weiße Leinenhosen, ein buntes T-Shirt und suchte etwas in der Basttasche, die ihr über der Schulter hing. Überrascht schaute sie hoch. »Was willst du denn noch?«, fragte sie, während sie fortfuhr, in ihrer Tasche zu wühlen.

»Ich muss dich das fragen«, begann Rizzi, und seine Stimme hörte sich in diesem Keller seltsam hohl an.

»Ich habe keine Zeit, Erri«, sagte Gabriella. »Komm zur Sache.«

»Du hast gesagt, dein Sohn ist zehn Jahre alt. Zehn Jahre. Ich meine, wie lange sind wir getrennt? Es liegt doch auf der Hand, oder? Ich meine, wäre es nicht möglich?«

»Erri, bitte drück dich klar aus.«

»Dass dein Sohn«, stammelte Rizzi. »Dass er – von mir ist.«

Gabriella legte den Kopf zurück, und für einen Moment dachte er, sie würde gleich loslachen. Aber sie lachte nicht. Sie schaute zur Decke, wo riesige Lüftungsröhren verliefen, und Rizzi glaubte zu sehen, wie sich die Gedanken in ihrem Kopf überschlugen.

Er nahm sie bei den Schultern und zwang sie, ihn anzusehen. »Sag mir die Wahrheit«, bat er. »Ist dein Junge unser gemeinsames Kind?«

Gabriella schaute ihm fest in die Augen. Er sah ihre blaue Iris und ein verdächtiges Schimmern, als wäre jetzt der Moment der Wahrheit gekommen, vor dem sie sich immer gefürchtet und den sie gleichzeitig herbeigesehnt hatte.

»Er ist nicht von dir«, sagte sie und machte den Verschluss ihrer Basttasche zu. »Er ist von einem anderen. Um genau zu sein: vom Erstbesten, der mir damals über den Weg gelaufen ist.« Sie trat einen Schritt von ihm zurück. »Nachdem du das, was wir zusammen hatten, einfach so beendet hast! Als wäre es nichts gewesen, unsere Beziehung, außer ein großes Missverständnis. Und das war es wohl auch. Aber weißt du was?« Sie setzte ihre Sonnenbrille auf, und die schwarzen Gläser bedeckten fast ihr ganzes Gesicht. »Ich muss mich bei dir bedanken. Mein Gianluca ist das Beste, was mir in meinem Leben passiert ist.«

Als Rizzi in den Hotelgarten zurückkam, saß Cirillo immer noch auf der Bank, auf dem Platz von Maria Grifo, und es sah aus, als hätte sie sich in der ganzen Zeit keinen Millimeter von der Stelle bewegt.

Rizzi setzte sich wieder, und Cirillo sagte, als wäre er gar nicht weg gewesen: »Ich glaube, ich weiß jetzt, warum Maria Grifo hier so lange gesessen hat.« Sie schaute hinüber zur Villa, die mit Efeu bewachsen war und ganz verwunschen aussah, wie aus einer anderen Zeit.

»Erzähl«, bat Rizzi.

»Sie hat der Musik von nebenan gelauscht«, sagte Cirillo.

»Oder sie hat ein Nickerchen gemacht«, sagte er.

Am Pool hatten sich Leute eingefunden. Eine Frau auf der Sonnenliege war am Lesen, ein Mann im Wasser hielt ein Kind mit orangen Schwimmflügeln an den Ärmchen, zog es quer durchs Becken, und das Kind kreischte dabei vor Vergnügen. Am Poolrand lagen ihre Flipflops, die großen des Vaters schwarz, die des Kindes knallrosa.

»Die gelben Sneaker«, sagte Rizzi plötzlich.

Cirillo sah ihn fragend an. »Was ist damit?«

Rizzi fluchte. »Ich habe sie gesehen.«

»Verstehe ich nicht. Wo hast du sie gesehen?«

»Im Umkleideraum.«

*

Sie standen immer noch an derselben Stelle unter der Bank, zwischen Trekkingsandalen, Tüten und Old-School-Turnschuhen und leuchteten modisch Textmarker-gelb.

»Wem gehören diese Schuhe?«, fragte Rizzi den Mann, der dabei war, seinen Spind abzuschließen und seinen Rucksack zu schultern.

»Keine Ahnung«, antwortete er mit einem Seitenblick, während er die Kabel seiner Kopfhörer entwirrte. »Ich glaube, die sind von Kabaciński.«

»Kabaciński«, wiederholte Cirillo. »Glauben Sie oder wissen Sie es?«

»Nein, ich bin mir sicher. Die sind von ihm.«

»Wo ist der Mann?«, fragte Cirillo, während Rizzi die Plastiktüten durchsuchte. Flipflops waren darin, Schwimmzeug und anderes wertloses Zeug. »Als was arbeitet er hier?«

»Warum fragen Sie? Hat er etwas ausgefressen?«

»Antworten Sie einfach.«

»Er ist hier Mädchen für alles.«

»Und wo finden wir ihn?«

»Schwer zu sagen.« Der Mann steckte sich die Stöpsel in

die Ohren. »Das Mädchen für alles ist ja immer überall und nirgends. Halten Sie sich am besten an die Chefin, die kann ihn jederzeit anfunken.«

Der Rezeptionist sagte, die Chefin sei im Restaurant, und tatsächlich saß Signora Hallin am Ende des Raums und war an ihrem blonden Dutt sofort zu erkennen. Über einen Salatteller gebeugt, hörte sie zu, was der Mann, der ihr gegenübersaß, so eindringlich erklärte. Es war niemand anderes als der Kriminalbeamte Andrea Scotto aus Neapel, mit dem er schon einmal die Bekanntschaft gemacht hatte. Sein helles Sommersakko hing über der Stuhllehne, seine Sonnenbrille hatte er sich in die Stirn geschoben, und über dem weißen Hemd trug er einen Pistolengürtel.

»Wenn Sie mir ein Zimmer zur Verfügung stellen«, sagte Scotto, ohne zu bemerken, dass Rizzi und Cirillo hinter ihm an den Tisch getreten waren, »könnte es für den Fortgang der Ermittlungen unter Umständen sehr hilfreich sein. Falls ich, zum Beispiel, Nachtschichten schieben muss oder – was sicherlich auch vorkommen wird – hier mal am Wochenende ermittele.«

»Buongiorno«, grüßte Rizzi in die Runde und stellte die Sneaker auf den Tisch. »Wir suchen einen gewissen Kabaciński«, sagte er zu Signora Hallin. »Er muss uns dringend ein paar Fragen beantworten. Wo finden wir den Mann?«

»Antonio?«, entgegnete Signora Hallin überrascht. »Worum geht es?«

»Antonio heißt der Mann?« Cirillo schaute Rizzi vielsagend an. »Der vorhin in der Hotelhalle mit den Kartons und Schachteln um sich geschmissen hat, der Hypernervöse.«

»Wovon reden Sie?« Scotto legte seine Serviette neben den Teller mit einem Stück Tiramisù. »Wer ist dieser Kabaciński, und was werft ihr ihm vor? Fakten, bitte. Los, raus damit.«

Bevor Rizzi etwas sagen konnte, erklärte Signora Hallin: »Antonio Kabaciński ist ein sehr zuverlässiger Mitarbeiter.« Sie strich mit ihrer gepflegten Hand behutsam über das weiße Tischtuch. »Die Gäste lieben ihn. Er ist immer freundlich, immer zur Stelle. Die meisten meiner Mitarbeiter kenne ich noch nicht richtig, aber für ihn würde ich jetzt schon meine Hand ins Feuer legen.«

»Wir müssen ihn sprechen«, sagte Rizzi. »Ein Zeuge hat ihn in der Tatnacht zusammen mit Maria Grifo gesehen und ihn heute auf der Piazzetta wiedererkannt. Als wir ihn befragen wollten, ist er abgehauen und uns leider entkommen.«

»Warum erfahre ich davon erst jetzt?«, fragte Scotto, und Rizzi wurde das Gefühl nicht los, dass er den Kommandoton vor allem anschlug, um Signora Hallin zu demonstrieren, wer hier das Sagen hatte.

»Ein Kollege hat die Kollegen in Neapel heute Mittag schon informiert«, sagte Rizzi – und wandte sich an die Hotelchefin: »Wo finden wir den Mann?«

»Er repariert die Klimaanlage in der 215.« Signora Hallin holte ihr Telefon hervor. »Es wird sich alles aufklären.«

»Tut mir leid, aber es besteht vielleicht Fluchtgefahr.« Rizzi nahm ihr das Telefon aus der Hand. »Es ist nur vorübergehend«, sagte er und übergab Scotto den Apparat. »Ich schlage vor, wir gehen jetzt unverzüglich in die 215.« Wieder wandte er sich an Signora Hallin: »Sie bleiben besser hier.«

»Vielleicht sollten wir Verstärkung rufen«, schlug Cirillo vor.

»Um Gottes willen«, entfuhr es Signora Hallin, »bitte kein Polizeiaufgebot. Wenn es irgendwie geht, seien Sie diskret.«

»Machen Sie sich keine Sorgen.« Scotto nahm sein Sakko vom Stuhl. »Wir regeln die Sache, wie ich sie immer regle: schnell, leise und effizient.«

Die Suite 215 bestand aus vier nebeneinanderliegenden Räumen, die durch Türen miteinander verbunden waren. Der Gast, ein Jordanier, zum ersten Mal auf Capri, hatte sich über ein Klappern beschwert und darum gebeten, dass die Sache im Laufe des Tages, solange er mit seiner Familie unterwegs war, behoben würde. In welchem der vier Räume der Defekt war, konnte Signora Hallin bei dem Briefing, das sie ihnen in aller Eile gab, nicht sagen, aber Kabaciński sei sich sicher gewesen, dass es sich um die Klimaanlage handelte, die da wieder mal verrücktspielte. Man könne davon ausgehen, dass er, gewissenhaft, wie er war, die Sache jetzt in allen Zimmern durchprüfte.

Der Eingang zur Suite war am Ende des Flurs. Die Tür stand offen, wie es üblich war, wenn sich ein Mitarbeiter in Räumen aufhielt, die von Gästen belegt waren – auch das hatte Signora Hallin ihnen gesagt. Irgendwo, ganz leise, war ein elektrisches Gerät zu hören, Rizzi tippte auf einen Akkuschrauber.

Den Fahrstuhl hatten sie mit einem Knopfdruck für die Dauer des Einsatzes stillgelegt. Scotto bestimmte, dass Rizzi auf dem Flur bleiben und die Tür zum Treppenhaus sichern sollte, damit er Kabaciński gegebenenfalls den

Fluchtweg abschneiden und außerdem dafür sorgen konnte, dass Gäste – sollte sich jemand zeigen – fernblieben. Scotto selbst wollte mit Cirillo rein, den Überraschungsmoment nutzen und den Mann festnehmen – »kurz und schmerzlos«, wie er sagte.

Cirillo hatte bereits ihre Waffe gezogen und wartete mit ausdrucksloser Miene in der Tür, bis Scotto seine Sonnenbrille in der Innentasche seines Sakkos verstaut hatte.

Die Pistolen im Anschlag, Scotto vorneweg, verschwanden die beiden im Zimmer, während Rizzi auf dem Flur zurückblieb. Er horchte in die Stille. Außer einem Rauschen, wahrscheinlich der Lüftung, war kein Laut zu hören. Kein Akkuschrauber, kein Poltern, kein Rufen, nichts.

Er hasste es, den Türsteher zu geben und sich den Anweisungen von Scotto zu beugen, der bei einem solchen Einsatz als Vertreter der Mordkommission aber nun einmal das Sagen hatte. Und dass Scotto den Einsatz benutzte, um bei Signora Hallin Eindruck zu schinden und für sich und seine Wochenend-Ermittlungen auf Capri ein schönes Hotelzimmer herauszuschlagen – geschenkt. Klar wollte der Mann aus der Stadt die Gelegenheit nutzen und es sich auf der Insel gutgehen lassen.

Fast fünf Minuten waren schon verstrichen, als Rizzi beschloss, seinen Posten zu verlassen, um nachzusehen, ob nicht seine Unterstützung an anderer Stelle gefragt war. Der Typ war schließlich gefährlich.

Er zog seine Pistole, setzte einen Fuß in den halbdunklen kleinen Korridor, als er, nicht weit entfernt, ein Geräusch vernahm, ein leises, verstohlenes Klicken. Er machte einen halben Schritt zurück, schaute über seine Schulter um die

Ecke und sah, wie vier Türen weiter eine Gestalt auf den Hotelflur hinausschlüpfte. Rizzi sah den Mann nur von hinten, eine kleine, kräftige Gestalt, dunkelblaue Shorts, weißes Shirt mit dem Schriftzug des Hotels. Der Mann bewegte sich ohne Hast und entsprach ziemlich genau dem Kerl, den sie heute Mittag durch die Gassen verfolgt hatten, und erst recht dem Mann, der vorhin in der Hotelhalle das Getöse veranstaltet hatte, vor Schreck vermutlich, weil er plötzlich die beiden Polizisten am Empfang stehen sah, die er doch gerade erst – ein, zwei Stunden zuvor – abgeschüttelt hatte.

»Stehen bleiben«, rief Rizzi.

Der Mann erstarrte und drehte sich nicht nach Rizzi um.

»Hände über den Kopf.«

Kabaciński gehorchte, hob artig seine Arme, als wäre er schlau genug zu wissen, dass seine Reise jetzt zu Ende war und er keine Chance mehr hatte.

»An die Wand«, befahl Rizzi. »Langsam. Beine auseinander.«

Es war schon merkwürdig. Nach der Verfolgungsjagd, bei der der Mann alle Register gezogen hatte, ließ er sich jetzt plötzlich so widerstandslos festnehmen? Rizzi hätte gewarnt sein müssen. Und doch steckte er seine Pistole ein, um den Mann routinemäßig nach Waffen abzuklopfen. Erst als er den gehetzten Blick des Mannes bemerkte, als dieser ganz kurz den Kopf nach hinten drehte und ihm für den Bruchteil einer Sekunde in die Augen schaute, verstand er: Dieser Mann hatte nichts zu verlieren und war zu allem bereit.

»An die Wand, habe ich gesagt!«, befahl Rizzi noch einmal, aber es war zu spät. Der Kerl schlug nach hinten aus, traf Rizzi schon wieder mit voller Wucht am Schienbein, nutzte den Überraschungsmoment und trat noch einmal weiter oben zu. Rizzi bekam den Fuß erst zu fassen, als er ihn schon zwischen den Beinen hatte. Er fluchte und krümmte sich vor Schmerz.

Kabaciński riss sich los und verschwand durch die Tür im Treppenhaus, die Rizzi eigentlich hätte bewachen sollen. Er rappelte sich hoch, stürzte hinterher und sah, als er die Stufen hinunterhumpelte und dabei über die Brüstung schaute, Kabacińskis Finger am Handlauf entlanggleiten, hörte ihn springen, im Erdgeschoss die Tür aufstoßen und nach draußen verschwinden.

9

Unten angekommen, schaute Rizzi nach rechts und links, aber Kabaciński war weg. Stattdessen kam ein Mann in schmutziger Kochjacke um die Ecke, der sich eine Zigarette anzündete und behauptete – nachdem er in Ruhe inhaliert, den Rauch ausgepustet und sich mit dem Finger einen Tabakkrümel aus den Zähnen geholt hatte –, er habe niemanden gesehen und den Namen Kabaciński noch nie gehört.

»Oder meinen Sie Antonio?«, rief er Rizzi hinterher. »Arbeitet der denn überhaupt noch hier?«

Rizzi nahm den Weg geradeaus durch die Büsche, zwischen Kirschlorbeer und Rhododendron hindurch. Linker Hand, zwischen den Zweigen, waren die Leute am Pool zu sehen, aber wie sie sich dort auf den Liegestühlen fläzten und im Wasser planschten, deutete nichts darauf hin, dass dort gerade jemand durchgerannt war.

Wenn Kabaciński sich nicht in Luft aufgelöst hatte, gab es eigentlich nur eine Möglichkeit: Der Mann war über die Mauer auf das Nachbargrundstück verschwunden.

Die Steine waren noch von den Altvorderen übereinandergeschichtet und ohne Zement zusammengefügt worden. In den Zwischenräumen fanden Hände und Füße Halt, fast wie bei den Sprossen einer Leiter. Trotzdem brauchte Rizzi mit seinem verletzten Schienbein und seiner angeschlagenen Schulter mehrere Versuche, bis er oben angekommen war und über den Rand schauen konnte.

Auf der anderen Seite war ein Garten zu sehen, struppiger Ginster, das Gras kniehoch, Mandarinenbäume, an denen teilweise noch die vertrockneten Früchte des vergangenen Winters hingen. Weiter hinten standen eine Tischtennisplatte, die mit den Blättern einer Magnolie übersät war, und ein Schuppen. Die verwunschene Villa mit der Terrasse auf dem Erker verschwand fast vollständig hinter Palmen und dichten Baumkronen. Bäuchlings über der Mauer hängend, zog Rizzi sein Telefon aus der Tasche.

Cirillo war sofort dran. »Wo bist du, verdammt noch mal?«, fragte sie am anderen Ende mit konspirativ gedämpfter Stimme.

Rizzi berichtete, dass Kabaciński ihm entwischt war und er ihn auf dem Nachbargrundstück vermutete, wo die alte Villa stand.

»Kann ja wohl nicht wahr sein!«, zischte Cirillo am anderen Ende.

»Sag Scotto, er soll den Zugang an der Via Tragara sichern«, bat Rizzi. »Und komm her.«

Er steckte sein Telefon ein, ließ sich auf der anderen Seite der Mauer herunterfallen – und landete weich im Gartenabfall. Wenn er es richtig sah, war er nicht der Erste, der diesen Weg nahm, auch wenn sich die Spur zwischen den plattgetretenen Gräsern nach wenigen Metern verlor. Theoretisch hätte Kabaciński den Hang hoch- und am Haus vorbeilaufen und über die Via Tragara verschwinden können, aber so schätzte er den Mann nicht ein. Kabaciński würde vielleicht versuchen, sich erst einmal zu verstecken, bis die Aufregung sich gelegt hatte und die Luft wieder rein war. Zwei Mal war er schon entkommen, ein drittes Mal durfte das auf keinen Fall passieren.

Es gab am Schuppen kein Vorhängeschloss, nur eine Vorrichtung dafür, die nagelneu aussah. Die Tür stand offen. Rizzi vergrößerte den Spalt, bis er den ganzen Raum einsehen konnte – dann steckte er die Pistole wieder ein.

Der Schuppen sah aus, als wäre er gerade erst aufgeräumt und ausgefegt worden. Neben ein paar Kisten standen darin ein Tisch mit vier Stühlen, ein altertümlicher Arzneischrank wie aus dem vergangenen Jahrhundert und ein Klavier. Es war warm hier drinnen, noch wärmer als draußen, und es roch nach Holz, als hätte hier vor nicht allzu langer Zeit noch ein Schreiner gearbeitet. Manche Dielen sahen tatsächlich neu aus, aber es gab keinen zweiten Boden, kein Versteck, nur ein Fenster mit einer verstaubten Scheibe, durch die das milde, von grünen Blättern gefilterte Licht der Nachmittagssonne fiel.

Er wollte den Schuppen verlassen, Cirillo anrufen, seine Niederlage eingestehen und beratschlagen, was zu tun war, als er ganz in der Nähe ein Rascheln hörte. Dann war es wieder still. Hatte er sich verhört? Nein, da war es wieder, ein leises, helles Prasseln, wie rieselndes Wasser – dann plötzlich etwas Dumpfes, wie Schläge auf einen weichen Gegenstand, ein Kopfkissen oder eine Matratze. Es war auf jeden Fall kein Tier, eher jemand, der mit Tüten knisterte. War jemand dabei, etwas zu verpacken? Oder mit bloßen Händen ein Loch zu graben?

Rizzi lauschte und versuchte zu orten, woher das Geräusch kam, zuerst drinnen, dann starrte er durchs Fenster hinaus ins Grüne. Eine Pinie war, vom Sturm entwurzelt, gegen den Olivenbaum gekippt und schon halb überwachsen – das sichere Zeichen, dass der Baum am Sterben oder bereits tot war. Plötzlich wusste Rizzi, woher das Geräusch kam.

Er verließ den Schuppen, schob sich draußen, mit gezogener Waffe, die Umgebung im Blick, an der Außenwand entlang, am Fenster vorbei und schaute vorsichtig um die Ecke. Wie er vermutet hatte, gab es auf der Rückseite noch eine Tür, der Schuppen war zweigeteilt. Rizzi presste sich an die Wand. Es war still, kein Laut zu hören. Nur über dem Olivenbaum flatterte ein Vogel auf, warnte zwitschernd seine Artgenossen und flog davon. Aber zu sehen war niemand.

Die Tür stand offen, als wäre gerade jemand hier gewesen. Der Raum ging über die gesamte Breite, war aber nicht besonders tief und hatte kein Fenster. Ein Schlafsack lag auf dem Boden, und mehrere Tüten waren ordentlich nebeneinandergestellt. Was war das? Ein Schlafplatz?

Plötzlich bemerkte Rizzi neben sich einen Schatten an der Holzwand, wo eben noch keiner gewesen war. Der Schatten wuchs, wurde größer – und Rizzi fuhr herum. Er sah eine Holzlatte, zwei muskulöse Arme und Kabacińskis Gesicht mit einem vor Anstrengung verzerrten Mund und weit aufgerissenen Augen.

Rizzi duckte sich sofort, tauchte unter der Latte hindurch und verpasste dem Mann mit seinem Ellenbogen einen gezielten Stoß. Das Holzstück streifte Rizzi irgendwo, flog aber über seinen Kopf hinweg gegen die Schuppenwand und landete krachend auf dem Boden. Kabaciński taumelte, suchte die Balance, und Rizzi warf sich mit seinem ganzen Körpergewicht auf ihn, ohne Rücksicht auf Verluste. Kabaciński schrie und zappelte wie ein Fisch, während Rizzi ihm die Arme auf den Rücken drehte und die Handschellen hervorholte.

»Das war's, mein Freund«, keuchte er. »Du bist vorläufig festgenommen.«

Der Verschluss rastete ein, und Rizzi ließ ein wenig von Kabaciński ab, worauf der Kerl sich zu ihm herumdrehte und einen wütenden, langgezogenen Ton ausstieß. Gleich darauf fühlte Rizzi, wie sich eine Fontäne aus kleinen Tropfen über sein Gesicht legte und etwas Dickflüssiges an seinem Kinn herunterglitt.

Rizzi wischte sich mit dem Ärmel den übelriechenden Speichel ab und umfasste mit einer Hand wütend Kabacińskis Unterkiefer. »Was hast du mit ihr gemacht?«, schrie er. »Los, sag schon! Hast du sie erwürgt? Hast du mit deinen Händen zugedrückt?«

Selbst wenn Kabaciński gewollt hätte – er bekam die Zähne nicht auseinander, konnte nichts sagen, nur winseln. Aus seinem Mund lief der Speichel, und in seinem Gesicht, das durch Rizzis Schraubstockgriff grotesk verzerrt war, traten die Augen hervor. Rizzi war schon dabei, mit der freien Hand auszuholen, dem Mann eine zu verpassen, mitten in die Fresse hinein, für alles, was er getan hatte, auch für den Tritt vors Schienbein und in seine Weichteile, als ihn von hinten jemand fest packte.

»Hast du den Verstand verloren?« Cirillo zog ihn von Kabaciński herunter. »Es reicht«, sagte sie. »Wir haben ihn. Glückwunsch. Und jetzt versau es nicht.«

Rizzi schaute auf den Mann hinunter, sah den kompakten, kräftigen Körper, die grauen Schläfen, die Aknenarben und sagte: »Was hast du mit ihr gemacht?«

»Nichts«, stieß Kabaciński hervor. »Gar nichts.«

»Du lügst! Du warst in der Mordnacht mit ihr zusammen. Dafür gibt es Zeugen.«

Cirillo hielt Rizzi auf Distanz, während sie Scotto am Telefon die Festnahme meldete und den Standort durchgab.

»Sag ihm, wir brauchen die Spurensicherung.« Rizzi massierte sein schmerzendes Handgelenk und säuberte mit einem Taschentuch sein Gesicht. »Wer bist du überhaupt?«, fragte er Kabaciński. »Wieso wohnst du hier wie ein Penner? Kennst du die Leute in der Villa?«

»Scotto lässt ausrichten: Gute Arbeit.« Cirillo steckte ihr Telefon ein und half Kabaciński auf die Beine.

»Antworte!«

»Lass ihn.«

»Warum?«, fragte Rizzi. »Er soll auspacken und sagen, warum er sie umgebracht hat!«

Aber Kabaciński schwieg und starrte stur zu Boden.

»Ich bring ihn mit Scotto hinunter nach Marina Grande«, erklärte Cirillo. »Du wartest hier auf die Spurensicherung. Savio ist unterwegs. Ihr müsst absperren.«

»In Ordnung«, sagte Rizzi.

Die Hände auf dem Rücken, trottete Kabaciński an Cirillos Seite davon. Rizzi hatte ein flaues Gefühl im Magen. Ein Triumphgefühl oder wenigstens ein Gefühl der Erleichterung wollte sich nicht einstellen.

*

Rizzi zog sich Schutzhandschuhe über und nahm sich im Schuppen die Tüten vor. Kleidungsstücke waren darin, Proviant, vor allem Kekse, ein Schweizer Messer, ein Hotelhandtuch – aber nichts, was auf den ersten Blick darauf hindeutete, dass es Maria Grifo gehört hätte, und auch nichts, was auf eine Verbindung von Kabaciński zum Mordopfer hätte schließen lassen.

Er untersuchte den Schlafsack, klopfte systematisch die Dielenbretter ab, ohne Ergebnis, und erteilte Savio, der inzwischen zusammen mit Gatti eingetroffen war und mit dem Absperren begonnen hatte, die Anweisung, zum Hotel rüberzugehen, sich das Schließfach von Kabaciński zeigen zu lassen, es zu versiegeln und alle persönlichen Gegenstände von Kabaciński sicherzustellen, die sonst noch irgendwo zu finden waren, um sie der Mordkommission von Neapel zu übergeben.

»Wird gemacht«, sagte Savio.

»Was ist los?«, fragte Rizzi, als er Savios seltsamen Blick bemerkte, mit dem der Kollege sonst nur Ispettore Lombardi musterte.

»Siehst mitgenommen aus«, sagte Savio. »Geht's dir gut?«

»Alles bestens«, antwortete Rizzi, obwohl ihn gerade alles schmerzte.

Als Savio abgezogen war, ging Rizzi hinauf zur Villa, die einen fast unheimlichen Eindruck machte, so verlassen und einsam und mit Efeu und wildem Wein bewachsen, wie sie da stand. Es gab keine Tür, die von hier direkt ins Haus geführt hätte, und die Fenster im ersten Stock waren aus Milchglas oder mit Folie zugeklebt. Seitlich, auf dem Erker, befand sich die Terrasse, aber auch dort: niemand zu sehen.

Auf der Vorderseite sah plötzlich alles anders aus. Statt Wildwuchs war hier ein Garten angelegt, eine richtige kleine Anlage, die von einem Seidenbaum mit federleichten rosa-gelbfarbenen Blüten dominiert wurde. Ein Kiesweg führte an Hortensien und Stockrosen entlang, um einen Brunnen herum, über dem die Spatzen flatterten.

Auf der Veranda standen Korbsessel und kleine Tische. Ein Schachspiel war mitten in der Partie unterbrochen worden, jemand hatte Walnüsse geknackt, und ein paar Zeitungen lagen herum. Aber das einzige Lebewesen hier schien eine Spinne zu sein, die sich gemächlich vom Kronleuchter abseilte. Neben der Espressomaschine hing ein Schlüsselbrett, und auf der Theke stand ein handgeschriebenes Schild: *Suonare il campanello, per favore* – bitte klingeln. Aber ein Knopf oder eine Glocke war nicht zu sehen.

Eine kleine Rampe führte neben zwei Treppenstufen zu einem Fahrstuhl und einer Tür mit Scheiben, auf die ein Jugendstilmuster geätzt war. Die Klinke war so locker, dass Rizzi sie beinahe in der Hand hatte, als er sie herunterdrückte.

»Kann ich Ihnen helfen?« Eine Frau, jünger als Rizzi, kam über den knirschenden Kies die Stufen zur Veranda herauf. Sie trug eine weiße Hose, ein weißes Poloshirt, hatte kurze, weißblonde Haare, und Rizzi überlegte, wo er sie schon einmal gesehen hatte.

»Agente Rizzi ist mein Name«, sagte er. »Ich wollte Ihnen mitteilen –«

»Dass die Türklinke repariert werden muss?« Sie schaute ihn herausfordernd an, aber Rizzi ging nicht darauf ein.

»Dass wir auf Ihrem Grundstück einen Mann festgenommen haben«, sagte er.

»Einen Mann festgenommen?«, wiederholte die Frau überrascht.

»Antonio Kabaciński. Jetzt sagen Sie nicht, dass Sie ihn nicht kennen. Er hat sich hinter Ihrem Haus im Schuppen eingerichtet.«

»Der Mann, der drüben im Hotel arbeitet?« Sie schaute hinüber zum Nachbargebäude, das hinter den Büschen und Bäumen fast vollständig verschwand, und ihre dunklen hochgezogenen Augenbrauen passten eigentlich gar nicht zu den weißblonden Haaren. »Ich kenne ihn kaum. Was hat er denn angestellt?«

»Er steht unter Mordverdacht.«

»Was?« Sie starrte ihn an, als hätte sie sich verhört. »Er ist ein Mörder?«

»Das habe ich nicht gesagt. Wir sind noch ziemlich am Anfang der Ermittlungen.«

Sie trat plötzlich näher, streckte ihre Hand aus, berührte vorsichtig Rizzis Locken und betrachtete eine Stelle an seiner Kopfhaut. »Sie bluten«, stellte sie fest.

»Ist das alles, was Ihnen dazu einfällt?«, fragte er.

»Kommen Sie mal mit.« Es klang wie ein Befehl. »Keine Angst, dauert auch nicht lange.«

Er folgte ihr widerspruchslos durch die Tür mit der kaputten Klinke in einen Korridor, der mit alten Möbeln, Kartons und Aktenordnern zugestellt war, als ob ein Umzug bevorstehen würde oder gerade stattgefunden hätte, die

Kisten waren jedenfalls nicht leer. An den Wänden hingen Aquarelle, die ein wenig düster wirkten, was aber vielleicht auch am Licht lag, das nur spärlich durch ein schießschartengroßes Fenster fiel.

Die knarrende Treppe führte in den ersten Stock und einen Bereich mit einem runden, verfilzten Teppich und einer Sitzgruppe, die wohl Behaglichkeit verströmen sollte, die aber mit ihren kleinen Lehnen, kleinen Sitzflächen und verschossenen Farben nur an eine Zeit erinnerte, als Cocktails noch als Aufbruch in eine neue Zeit zelebriert wurden und man hinter vorgehaltener Hand sagte, dass unter Mussolini auch nicht alles schlecht gewesen sei.

»Sie sind hier in guten Händen«, erklärte die Frau, und was beruhigend klingen sollte, weckte in Rizzi mehr als einen leisen Argwohn. Sie öffnete die Tür zu einem Raum mit hohen Milchglasfenstern und machte sich an einem Arzneischrank zu schaffen – das gleiche Modell, das Rizzi auch unten im Schuppen gesehen hatte.

»Setzen Sie sich, Agente.«

Die Liege aus schwarzem Leder mit Nackenrolle war ein Design-Klassiker und passte nicht so recht zum Laminat und dem Regal aus Pressspan. Aber auch der scharfe Geruch von Desinfektionsmitteln passte nicht zum Ambiente des ganzen Hauses, und diese Frau in ihrer Arzthose kam ihm vor wie verkleidet.

»Was machen Sie eigentlich?«, fragte Rizzi. »Bin ich hier in einer Klink? Machen Sie Lidstraffungen und all so was?«

»Sie sind in der *Accademia per corpo e anima* – in der Akademie für Körper und Seele«, erklärte die Frau und klimperte mit Besteck in einer Schublade.

»Und was macht man in einer Akademie für Körper und Seele?«

Sie zog sich einen Hocker heran. »Man kommt zur Ruhe. Und Sie sollten sich jetzt auch beruhigen. Es ist keine große Sache, und ich mache das auch nicht zum ersten Mal.«

»Das heißt, Sie sind Ärztin?« Rizzi lehnte sich zurück.

Sie beugte sich mit einer Pinzette über seinen Kopf. »Ich bin in erster Linie Musikerin. Halten Sie still.«

Rizzi sah winzige blaue Sprenkel in ihren grauen Augen. »Wie heißen Sie?«, fragte er.

Ohne ihren Blick von der Wunde zu nehmen, sagte sie: »Stefania.«

»Jetzt weiß ich, wo ich Sie schon einmal gesehen habe.« Rizzi spürte einen brennenden Schmerz und zog kurz die Luft durch die Zähne. »In der Via Tragara«, sagte er. »Heute Mittag. Mit der Dame im Rollstuhl.«

»Gut möglich.« Sie tupfte noch ein paarmal und fragte: »Sind Sie in eine Schlägerei geraten?«

»Was denken Sie denn? Das war der Kerl bei Ihnen hinten im Garten, dieser Antonio Kabaciński.«

»Wo ist der Mann jetzt?«

»Die Kollegen bringen ihn nach Neapel, und dort wird er befragt.«

Sie schaute ihn nachdenklich an. »Ich sollte Ihnen einen Kopfverband machen«, sagte sie.

»Nicht nötig.« Rizzi erhob sich, und für ein paar Sekunden wurde ihm schwindelig vor Augen.

»Dann versprechen Sie mir, dass Sie es für den Rest des Tages etwas ruhiger angehen lassen.«

»Ist schon in Ordnung. Danke.« Rizzi nahm seine

Mütze. »Wenn Sie sagen, Sie sind Musikerin – welches Instrument spielen Sie eigentlich?«, fragte er.

Sie schaute an ihm vorbei, und Rizzi drehte sich um, folgte ihrem Blick und sah in der Tür einen Mann, der ebenfalls Arzthose und Poloshirt trug und mit seinen dunklen Ringen unter den Augen ziemlich übernächtigt aussah.

Wie er dort stand, an den Türrahmen gelehnt, die Hände in den Hosentaschen, war er wohl schon seit geraumer Zeit Zuschauer und Zuhörer, ohne dass er es für nötig gehalten hätte, sich bemerkbar zu machen.

»Habe ich das gerade richtig verstanden?«, fragte er ungläubig. »Antonio hat Sie zusammengeschlagen und wird nach Neapel zur Vernehmung gebracht? Warum?«

Rizzi setzte seine Mütze auf. »Sie haben noch nicht von dem Mord erfahren?«

»Nein.«

»Auf dieser Insel, die zwar die schönste, aber nicht die größte Insel der Welt ist, passiert ein Mord«, sagte er, »und mir ist schleierhaft, wie man so derart hinter dem Mond leben kann, dass Sie das noch nicht mitbekommen haben.« Mit der Hand zeigte er aufs Fenster. »Der Verdächtige hat sich hier hinter Ihrem Schuppen mit seinem Schlafsack eingerichtet, und das Mordopfer saß nebenan im Hotelgarten und hat womöglich der Musik gelauscht, die aus Ihrem Haus immer so schön herüberschallt. Wir wissen nicht, ob die beiden sich kannten, wir wissen nicht, was passiert ist.« Rizzi nahm seinen Notizblock in die Hand. »Sind Sie hier der Dottore? Wie lautet Ihr Name?«

»Paolo Orlando, und was ich Ihnen zu Antonio sagen kann, ist nicht viel. Genauer gesagt: gar nichts. Wir kennen den Mann nicht.« Er trat ans Fenster und starrte gegen das Milchglas. »Unsere Politik war immer: Solange er uns in Ruhe lässt, niemanden stört und keinen Ärger macht, tun wir so, als würden wir ihn nicht bemerken, und lassen ihn da unten wohnen. Unser Beitrag zum sozialen Frieden, wenn Sie so wollen.« Er drehte sich zu Rizzi herum. »Ich weiß, es klingt in Ihren Ohren seltsam, aber wir brauchen diese Abgeschiedenheit für unsere Arbeit. Es ist ein Luxus, den wir uns unter allen Umständen erhalten möchten.«

Rizzi schaute von seinem Notizbuch auf: »Um was genau zu tun?«

»Wir versuchen, Menschen gesund zu machen, bei denen die Schulmedizin versagt oder an ihre Grenzen stößt. Und die Ruhe dieses Hauses und das Ambiente von Capri tragen zum Genesungsprozess bei.«

»Ich verstehe es immer noch nicht ganz, Dottore. Was ist nun Ihre Aufgabe?«

Orlando wechselte einen Blick mit Stefania, der ganz offensichtlich besagte, dass Leute wie Rizzi wirklich gar keine Ahnung hatten. Resigniert sagte er: »Ich bin Therapeut.«

»Und hat es irgendetwas mit der klassischen Musik zu tun, die man bei Ihnen ständig hört?«

»Richtig.« Orlando lächelte nachsichtig. »Wir arbeiten, unter anderem, mit den heilenden Kräften der Musik.«

»Verstehe.« Rizzi überlegte. »Dann kannten Sie die Frau vielleicht. Bei dem Mordopfer handelt es sich um die Direktorin des Konservatoriums San Francesco in Neapel, Maria Grifo.«

»Das Konservatorium ist mir natürlich ein Begriff. Aber die Frau kannte ich nicht.« Orlando trat näher und schaute nachdenklich auf die Notizen, die Rizzi sich gemacht hatte. »Ich überlege, was ich für Sie tun kann. Sie erwähnten doch gerade, dass die Frau nebenan im Hotelgarten saß. Unsere Patientin, Madame Bergé, verbringt einen Teil ihrer Zeit auf der Terrasse vor dem Musikzimmer und hat, seit dort die Pinien nicht mehr stehen, einen freien Blick auf die Anlage.«

»Genau das ist mein nächster Punkt«, sagte Rizzi und klappte sein Notizbuch zu. »Ich würde gern mit Ihrer Patientin sprechen.«

Orlando wandte sich an Stefania. »Ich glaube, das können wir ihr ruhig zumuten«, sagte er. »Stefania wird Sie zu ihr bringen.«

*

Madame Bergé, erfuhr Rizzi, war Witwe und Alleinerbin eines großen Kosmetikkonzerns, litt an Multipler Sklerose und kam regelmäßig zur Behandlung in die Akademie nach Capri.

»Zurzeit hat sie keine gute Phase«, berichtete Stefania, während Rizzi ihr über den Korridor folgte, »und ich möchte Sie bitten, gerade bei einem solchen Thema, rücksichtsvoll zu sein. Sie ist sehr sensibel.« Sie öffnete eine hohe Flügeltür.

Der Raum, den Rizzi betrat, war lichtdurchflutet und hell und mit drei Design-Liegen möbliert, wie die, die im Arztzimmer stand, dazu eine Massagebank. Am Fenster stand ein weißer Flügel, auf dem Podest daneben eine

Harfe, die – wie Stefania auf Nachfrage berichtete – ihr Instrument sei, neben der Violine, während Dottor Orlando ausschließlich auf dem Flügel spiele.

Kammermusik habe – gerade wenn live vorgetragen – einen Effekt auf das seelische Wohlbefinden und damit auch auf die Gesundheit, sagte Stefania. »Um es mal auf einen einfachen Nenner zu bringen.«

Sie führte Rizzi auf die Terrasse, die kleiner war, als er gedacht hätte, und hier stand nichts, nicht mal ein Tisch.

»Warten Sie bitte«, befahl Stefania. »Ich schaue, ob Madame Bergé wach ist und ob es ihre Verfassung erlaubt, mit Ihnen zu reden.«

Rizzi trat an die Brüstung. Tatsächlich konnte man von hier oben fast den ganzen Hotelgarten überblicken. Ein Angestellter war dabei, die Platten am Pool abzuspritzen, während einige Gäste bewegungslos auf den Sonnenliegen lagen, manche auf dem Bauch, andere auf dem Rücken, teilweise eingeölt, und brieten. Die weißen Umkleidekabinen, die schlanken Zypressen, die grüne Bank, die Blumenrabatten und die Treppe zur Terrasse – alles lag wie ein Bühnenbild vor ihm. Und irgendwo dort, im ersten Stock, wo all die Balkone waren, war auch das Zimmer, in dem Maria Grifo sich eingemietet hatte.

»Was habe ich denn verbrochen?«, fragte eine helle Stimme, begleitet von einem elektrischen Surren.

Madame Bergé rumpelte im Rollstuhl über die Schwelle, hielt auf Rizzi zu, und als er schon dachte, sie würde ihn gleich anfahren, stoppte sie abrupt. »Mit der italienischen Polizei«, rief sie, »hatte ich noch nie zu tun. Aber ich bin sehr gespannt. Schießen Sie los.«

Überrascht von der Energie, die diese Frau verströmte, nahm Rizzi seine Sonnenbrille ab. »Ich bin Agente Rizzi«, sagte er. »Vom Polizeiposten Capri.«

Wegen der breiten Krempe und weil sie bis auf einen Meter an ihn herangefahren war, musste sie den Kopf weit in den Nacken legen, um ihn ansehen zu können. In den schwarzen Gläsern ihrer Sonnenbrille erblickte Rizzi sich selbst – und noch ein wenig von ihrem Gesicht drumherum, eingefallene Wangen und schmale Lippen, die sie rosa angemalt hatte. Ein Mundwinkel hing etwas tiefer als der andere, was dem Gesicht einen verbitterten Zug gab. All das kontrastierte mit der Stimme, die sich anhörte wie die einer jungen Frau, die alles andere als todkrank war und noch ganz viel vorhatte.

»Haben Sie einen Ausweis?«, fragte sie. »Zeigen Sie her.«

»Bitte.« Er zog das Dokument aus seiner Gesäßtasche.

Sie studierte die Angaben mit bewegungsloser Miene. »Geboren auf Capri«, sagte sie. »Zweiunddreißig Jahre.« Sie gab ihm den Ausweis zurück. »Sternzeichen Stier. Mein Mann ebenfalls. Und der war nicht zum Aushalten. Aber wenigstens habe ich ihn überlebt.«

»Ich weiß nicht, ob Sie es mitbekommen haben.« Rizzi steckte den Ausweis wieder ein. »Aber auf Capri ist ein Mord passiert. Das Opfer hat hier drüben im Hotel gewohnt. Sie sind möglicherweise eine wichtige Zeugin für uns.«

»Sie brauchen nicht so laut zu sprechen, Monsieur Rizzi. Ich bin nicht schwerhörig.«

»Was ich wissen möchte: Haben Sie am vergangenen Sonntagnachmittag, ungefähr zwischen neunzehn und zwanzig Uhr, auf dieser Terrasse gesessen und dabei in den Hotelgarten hinübergeschaut?«

»Ob ich hier gesessen habe? Gut möglich. Aber dass ich rübergeschaut habe – nein. Das ist nahezu ausgeschlossen.«

»Mit Verlaub, Madame: Sie haben hier einen Logenplatz.«

»Sagen Sie das noch mal.«

»Wie bitte?«

»Wie Sie ›Madame‹ sagen. Na, los.« Sie legte ihren Kopf etwas schräg.

»Betrachten Sie die Angelegenheit bitte mit dem nötigen Ernst.«

»Ich mag es, wenn ihr Italiener auf weltläufig macht, was ihr definitiv nicht seid, schon gar nicht auf Capri.« Ihre Lippen standen ein bisschen offen, als erwarte sie eine Reaktion oder wenigstens einen kleinen Schlagabtausch. Aber Rizzi beschloss, sich nicht provozieren zu lassen.

»Was ich sagen will«, erklärte er, »wenn Sie hier sitzen, liegen Pool und Garten vor Ihnen wie eine Bühne.«

»Das haben Sie schön gesagt.«

»Und?«

»Was?«

»Ich nehme Ihnen nicht ab, dass Sie nicht auf diese Bühne schauen«, erklärte Rizzi. »Außerdem habe ich Sie von drüben gesehen. Ich habe gesehen, wie Sie hier sitzen und die ganze Zeit rübergucken.«

Madame Bergé schwieg, und auf eigentümliche Weise versteinerte sich ihre Miene. Es war dieselbe Miene, mit der sie auch in den Garten geschaut hatte.

Er holte sein Telefon hervor. »Also«, sagte er. »Es geht

um folgende Person.« Er scrollte nach dem Foto von Maria Grifo und sah bei der Gelegenheit, dass sein Vater schon zweimal versucht hatte, ihn zu erreichen.

»Wenn ich hier sitze, schaue ich in die Pinien«, erklärte Madame Bergé. »Die Leute sehe ich gar nicht.«

»Pinien?«, fragte Rizzi, ohne von seinem Telefon aufzusehen. »Von welchen Pinien sprechen Sie?«

»Große Bäume mit breiten, ausladenden Kronen. Im Mai haben sie hier alle noch gestanden.«

»Ich weiß, was Sie meinen.« Rizzi zog das Foto von Maria Grifo über die gesamte Größe des Displays. Das große Piniensterben. Nach dem dritten regenarmen Winter in Folge bekamen die Bäume mit ihren flachen Wurzeln einfach zu wenig Wasser und vertrockneten reihenweise.

»Zwölf wunderschöne Bäume. Ich habe jeden einzelnen von ihnen gekannt.« Madame Bergé öffnete ihre Hände. »Sie haben mir Schatten gespendet, haben geduftet und mich gegen die Menschen da drüben abgeschottet.«

»Aber jetzt sind sie weg«, stellte Rizzi fest, »und Sie konzentrieren sich bitte.«

»Glauben Sie mir, es war schlimm zuzusehen, wie die Bäume gefällt wurden. Sie haben hier gestanden, solange ich denken kann. Von jedem einzelnen habe ich mich verabschiedet.«

»Das kann ich sehr gut nachvollziehen«, sagte Rizzi. »Bäume sind wie gute Freunde.«

»Genau so ist es.«

Rizzi ließ nicht locker. »Aber jetzt ist der Blick frei, und drüben saß am Sonntag, am frühen Abend, eine Frau auf der Bank, die kurz darauf ermordet wurde. So sah die

Dame aus. Maria Grifo heißt sie.« Er präsentierte ihr die Porträtaufnahme von der Website des Konservatoriums.

»Sie haben mir nicht zugehört.« Madame Bergé schlug mit der flachen Hand auf die Armlehnen ihres Rollstuhls. »Ich schaue dort nicht rüber. Die Frau kenne ich nicht, und sie interessiert mich auch nicht.«

»Den Pinien weinen Sie hinterher, aber der Tod dieser Frau interessiert Sie nicht?«, sagte Rizzi. »Sehen Sie sich die Aufnahme doch wenigstens mal an.« Er beugte sich vor, und sein Gesicht in den schwarzen Gläsern wurde riesig.

»Was erwarten Sie?« Madame Bergés Miene versteinerte wieder. »Jemandem, den ich nicht kenne, weine ich natürlich keine Träne hinterher.«

»Ist es das, was Dottor Orlando Ihnen in der Therapie beibringt?«, fragte er verärgert. »Immer wegzuschauen? Darin scheint ihr hier in der Akademie ja wahre Meister zu sein. Oder wussten Sie von dem Mann, der drüben im Hotel als Mädchen für alles arbeitet und hier bei Ihnen im Garten campiert? – Dachte ich mir. Aber dann beantworten Sie mir wenigstens eine Frage: Wie sieht Ihre Behandlung aus? Was tun Sie hier den ganzen Tag?«

»Sie spielen für mich.« Madame Bergé nahm ihre Brille ab und schloss gleichzeitig die Augen. »Und dann geht die Musik in meinen Körper, und ich werde ganz leicht.«

»Und Sie werden auf diese Weise wieder gesund?«

»Gesund?« Ihre Mundwinkel zuckten. Ohne die Augen zu öffnen, wandte sie ihr weißes Gesicht Rizzi zu. »Sie meinen, dass ich wieder laufen und mich bewegen kann? Nein.« Sie setzte ihre schwarze Brille wieder auf. »Aber eines weiß ich sicher.«

»Was?«

»Ohne Paolo und seine Kunst wäre ich schon lange tot.«

*

Die Sonne war hinter dem Monte Solaro verschwunden, und der Himmel im Westen stand in Flammen – mit aufgerissenen Wolken, die an den Rändern ausfransten und in all den Orange- und Rottönen leuchteten, wie sie nur die Natur hervorbringen konnte. Das Wolkenwirrwarr könnte sich weiter aufbauen und zu einer Front werden, die in der Nacht Regen brachte. Dagegen sprach allerdings das gleichmäßige Wolkenband darunter, das an eine geflochtene pfirsichfarbene Kordel erinnerte und gutes Wetter versprach. Und das Meer lag schweigend da, schimmerte wie Öl und verriet gar nichts.

Rizzi fuhr Slalom um die Schlaglöcher, von denen er jedes einzelne so gut kannte wie die Löcher in seinem Gartenpullover, bog hinter dem großen Stein um die Ecke, fuhr durchs Gartentor und schaltete auf dem abschüssigen Weg den Motor ab. Vor dem Schuppen rollte er aus und hielt neben der Ape und einem Stapel leerer Transportkisten.

Romeo sprang kläffend um seinen Motorroller herum, und Vito rief aus dem Schuppen: »Kommst genau richtig. Die Hundert machen wir voll – und dann ist Feierabend!«

Rizzi nahm seinen Helm ab, tätschelte Romeo die Flanke und kickte auf dem Weg zum Schuppen den Fußball weg, mit dem Francesca immer spielte, wenn sie hier war, auch wenn Marta immer sagte: Die Gärten sind kein Spielplatz!

Vito hatte den großen Aluminiumtopf auf die elektrische Herdplatte gestellt. Unter dem Tisch stand der Eimer für die Haut der Tomaten, die in brodelndes Wasser getaucht und nach dem Blanchieren durchs Sieb gedrückt wurden. Das pure, reine Tomatenfleisch ergab die besten und intensivsten Soßen. Mehrere Dutzend 0,33-Liter-Flaschen waren schon befüllt, ungefähr zwanzig Flaschen standen noch bereit, fein säuberlich aufgereiht.

»Warum bist du ganz alleine?«, fragte Rizzi und hängte seine Uniformjacke über den Stuhl. »Wo ist Mamma? Und hätte dir nicht auch Francesca helfen können?«

Vito presste die Tomaten durchs Sieb. »Deine Mutter musste noch in die Kirche, und das Kind hat auch Wichtigeres zu tun.«

Rizzi streifte seine Arbeitshose über und zog sein Hemd aus. »Ich verstehe nicht, was diese Eile soll. Es hätte doch Zeit bis zum Wochenende.« Er ging raus zur Pumpe.

»Vielleicht kannst du den Basilikum übernehmen«, rief Vito ihm hinterher.

Rizzi pumpte Wasser, spritzte es sich ins Gesicht und dachte, dass es schon seltsam war, wie viele Menschen auf Capri die absonderlichsten Sachen machten, ohne dass man etwas davon mitbekam. Akademie für Körper und Seele. Er hatte noch nie davon gehört.

Vito kippte eine letzte Ladung Tomaten in den Metallkorb, hängte ihn ins kochende Wasser und setzte den Trichter auf die Flasche. »Stimmt es, dass du heute jemanden festgenommen hast?«, fragte er. »Bedeutet das, der Fall ist gelöst?«

»Der Mann wird in Neapel vernommen, und dann sieht

man weiter.« Rizzi begann missmutig, die Blätter vom Basilikum zu zupfen. Statt dieser Fleißarbeit hätte er eigentlich die Erde unter den Weinstöcken lockern müssen. Der Boden war hart wie Beton, und wenn es regnete, versickerte kein Tropfen darin.

»Dann bist du jetzt erst mal raus aus der Sache?«, fragte Vito.

Rizzi schob Basilikumblättchen für Basilikumblättchen in die Flaschenhälse. »Wir warten ab, was Neapel sagt. Aber wenn du mich fragst, haben die keinen Durchblick und sind mit dem Fall überfordert.«

Vito holte aus seiner Brusttasche die Schachtel mit den Zigarillos hervor. »Du hast deine Arbeit getan. Ich bin stolz auf dich.« Er legte Rizzi eine Hand auf den Nacken, schien noch etwas sagen zu wollen – und ging vor die Tür.

Rizzi räumte nachdenklich den Tisch auf, schob die Flaschen zusammen und zog den Stecker von der Elektroplatte.

In der Dämmerung flatterten die Fledermäuse, und am Himmel, im Dunkelviolett, leuchteten die ersten Sterne. Die Luft roch würzig, und zum ersten Mal hatte Rizzi das Gefühl, dass das Ende des Sommers vor der Tür stand.

Er setzte sich zu Vito auf die Bank, holte seinen Tabak heraus, spürte im Rücken die Wärme der Holzwand und neben sich den schweren Atem seines Vaters. Eine Wehmut schien Vito erfasst zu haben, als hätte der Dottore mit seinem Anruf etwas in ihm ausgelöst, von wegen Diät nicht einhalten und Pfirsichblüte an einer Hand abzählen.

»Im Grunde ist es ganz einfach.« Rizzi verteilte gleichmäßig den Tabak auf dem Blättchen. »Du musst dich nur an das halten, was der Dottore in den Ernährungsplan schreibt, und das essen, was Mamma dir vorsetzt.«

Vitos Zigarillo glühte in der Dunkelheit. »Ich habe nachgedacht«, sagte er. »Über dich, über mich. Über uns. Was war und was vielleicht bleiben wird. Lass mich ausreden. Und ich bin wieder mal zu dem Schluss gekommen, dass Matilda eben doch die Richtige für dich war.«

»Papà, das Thema ist wirklich vom Tisch.«

»Ihr hättet euch damals wieder zusammenraufen müssen. Statt einfach voreinander davonzurennen.«

»Das ist lange vorbei.«

»Und das Leben geht weiter, richtig. Es war ein Schicksalsschlag, von dem man sich nicht so schnell erholt. Aber man kann noch mal neu anfangen.«

»Papà, ich liebe Gina. Ich will ohne sie nicht leben.«

»Gina ist ein klasse Mädchen, aber sie hat ihre eigene Geschichte. Und die passt nicht zu deiner.« Vito legte ihm eine Hand aufs Knie. »Ich weiß nicht, wie viele Jahre ich noch lebe, aber ich ahne, dass alles ganz plötzlich vorbei sein kann. Und wenn ich mir eins wünsche, dann ist es zu sehen, dass du glücklich wirst, dass du heiratest und ein gesundes Kind in die Welt setzt, vielleicht ja sogar einen Sohn.« Vito drückte seinen Zigarillo aus. »Ich weiß, Gina hat ihre Gründe, aber du bist ein toller Typ, und das weiß sie. Lass dich von ihr nicht länger hinhalten. Stell sie vor die Wahl: Heiraten und Kinder – und sonst ziehst du weiter. Vergiss nicht: Die Zeit rast, und das sind jetzt deine besten Jahre.«

10

Die Nachricht kam mitten in der Nacht. Der Regen rauschte hinter den geschlossenen Läden, und das Geräusch war eine Wohltat. Die Gärten sogen das Wasser ein, und die Dachrinne gluckste und gurgelte.

Der Signalton kam von irgendwo in der Wohnung, wahrscheinlich aus der Küche, und war so durchdringend, dass Rizzi sofort senkrecht im Bett stand. 2.30 Uhr zeigte seine Armbanduhr. Gina murmelte etwas, während Rizzi das Laken zurückschlug, im Dunkeln über den Flur tappte und am Herd das Licht anknipste.

Auf dem Display leuchtete eine Textnachricht von Commissario Serra, dem Leiter der Mordkommission. Er schrieb, Rizzi solle sich um neun Uhr bei ihm in Neapel, Zimmer 301, einfinden. »Alles Weitere persönlich«, schrieb Serra.

Rizzi legte das Telefon zurück auf den Tisch und öffnete den Kühlschrank. Entweder war der Commissario ein Nachtmensch, der es völlig normal fand, seinen Leuten um diese Uhrzeit Textnachrichten zu schreiben, oder es handelte sich wirklich um etwas Ernstes, das ihn nicht schlafen ließ. Aber warum kontaktierte er ausgerechnet ihn, den Capri-Polizisten, wo doch sein natürlicher Ansprechpartner Ispettore Lombardi war? Rizzi trank Milch aus der Tüte, löschte das Licht und kroch zurück ins Bett.

Er lauschte Ginas Atem und dem nachlassenden Regen. Die Nachricht konnte eigentlich nur eins bedeuten: Er wurde in die Soko Capri berufen. Klar. Wahrscheinlich war durchgesickert, wie er bei der Verhaftung von Antonio Kabaciński zu jedem Zeitpunkt die Übersicht und Nerven behalten und im richtigen Moment das Richtige getan und zugegriffen hatte, während der Kollege Scotto … ja, wo hatte der Mann eigentlich die ganze Zeit gesteckt? Jedenfalls, Scotto hatte eben nicht das Richtige getan oder den richtigen Riecher bewiesen. Und das war vielleicht auch Teil des Problems, dass Scotto als Ortsfremder sich auf Capri nicht zurechtfand, weshalb Rizzi es jetzt richten sollte.

»Was ist los?«, nuschelte Gina verschlafen und seufzte.

»Hör mal zu.« Rizzi streckte seine Arme aus, zog Gina an sich und erzählte ihr von Serras Nachricht und seiner Vermutung mit der Soko Capri.

»Kann schon sein«, gähnte sie. »Soko Capri. Liegt ja irgendwie nahe. Warum nicht?«

»Kannst du dir auch vorstellen, dass der Commissario mir die Leitung überträgt?«

Sie hob ihren Arm in die Höhe und ließ ihn von oben herunterfallen. »Ja, kann ich mir vorstellen«, sagte sie. »Zufrieden?«

Sie bettete ihren Kopf auf seine Brust und zeichnete mit dem Finger die Behaarung nach, die auf einem schmalen Grat hinunter zum Bauchnabel verlief. »Ich wusste gar nicht, dass du so scharf darauf bist, nach Commissario Serras Pfeife zu tanzen«, sagte sie. »Und in Neapel Führungsaufgaben übernehmen willst.«

»Nur in diesem speziellen Fall«, korrigierte Rizzi sie und

fügte hinzu, während er den Duft ihrer Haare einatmete: »Ich will, dass dieser Fall aufgeklärt wird. Nicht irgendwann, sondern möglichst bald.«

»Ich find's sexy, wenn du ehrgeizig bist«, flüsterte sie ihm ins Ohr und ließ ihre Hand wandern. »Und allen zeigst, dass du der Größte bist. Bist du doch, oder?«

Rizzi nahm ihr Gesicht in seine Hände und schaute ihr in die Augen, in dieses tiefe Grün, das er so liebte, und küsste sie zärtlich.

Verschlafen erwiderte sie seinen Kuss – und hatte nichts dagegen, als er sich an sie drängte, im Gegenteil, auch sie schmiegte sich an ihn und zog dabei langsam zuerst mit den Fingern, dann mit dem Fuß ihr Höschen herunter.

*

Als er aufwachte, schien die Sonne durch die Läden, und die Lamellen malten schwarze Streifen an die Wand. Eine Amsel zwitscherte vor dem Fenster, und die Luft schien ganz klar. Rizzi tastete neben sich, aber das Laken war leer, Gina war schon weg.

Er schaute auf die Uhr – und fuhr erschrocken hoch. Fluchend sprang er aus dem Bett, riss den Schrank auf und zerrte eine saubere, gebügelte Uniform unter der Schutzfolie hervor. Noch während er in die Hose stieg, humpelte und hüpfte er in die Küche, nahm sein Telefon, scrollte durch die Nummern, wählte und rief, als die Verbindung hergestellt war: »Fabrizio? Bist du auf dem Acht-Uhr-*aliscafo*? Warte! Leg ja nicht ab. Bin in zehn Minuten da.«

Sechzehn Minuten später kam er mit dem Roller die Mole hinuntergerast und hielt direkt bei Dario an der Gangway. Während er den Helm abnahm und zur Tüte griff, winkte er zur Kapitänsbrücke hinauf, und Fabrizio mit seinen goldenen Epauletten auf dem kurzärmeligen weißen Hemd grüßte zurück. Die Motoren fuhren hoch, schwarzer Diesel kam aus dem Schornstein, und das Wasser im Hafenbecken begann zu schäumen. Kaum war Rizzi im Boot, schob Dario an der Mole die Gangway weg, der Steward verriegelte die Kabinentür, und das *aliscafo* legte ab.

Die Sitzreihen waren um diese Zeit nicht mal zur Hälfte besetzt. Rizzi grüßte rechts und links, nahm an der Snackbar seine Polizeimütze und die Sonnenbrille ab, atmete auf und bestellte einen Espresso. Hinter den schmutzigen Fenstern zogen die Hafenausfahrt und die korinthische Säule vorbei. Das Schnellboot nahm an Fahrt auf, und Rizzi entdeckte, während er das Zuckertütchen schüttelte, in der hintersten Sitzreihe eine uniformierte Person, die angestrengt aus dem Fenster hinausstarrte.

Er nahm den Plastikbecher und ließ sich neben Cirillo in den Sessel fallen.

»Auch eine Nachricht von Commissario Serra bekommen?«, fragte er. »Ich hätte es mir denken können.«

»Was hast du in der Tüte?«, fragte Cirillo, den Blick auf die Kopfstütze vom Vordersitz gerichtet.

»Tomaten und eingelegte Auberginen«, antwortete Rizzi. »Für meine Schwester.«

»Ist dir eigentlich klar«, fragte Cirillo, »wie viele Leute deinetwegen jetzt vielleicht zu spät in Neapel ankommen?

Ich meine, wir sind doch nicht die Einzigen, die einen Termin haben.«

Rizzi winkte ab. »Die paar Minuten holt Fabrizio wieder rein.« Er lehnte sich zurück. »Was denkst du?«, fragte er. »Warum zitiert uns der Commissario nach Neapel? Was soll die Aktion?«

Cirillo antwortete nicht und schaute an ihm vorbei aus dem Fenster. Boote kreuzten – kleine Kutter, die auf den Wellen schaukelten und immer wieder nach oben und unten aus dem Fensterausschnitt verschwanden. Das Meer war nach dem nächtlichen Unwetter aufgewühlt, und Rizzi konnte zusehen, wie aus Cirillos Gesicht mit jeder Sekunde mehr und mehr die Farbe wich.

Er legte ihr eine Hand auf den Arm. »Alles okay?«

Sie schüttelte den Kopf.

»Komm.« Er nahm die Tüte und stand auf.

Accesso vietato – Zutritt verboten – stand an der Tür, die er mit zwei Handgriffen entriegelte und aufstieß. Der Wind schlug ihnen ins Gesicht und zerrte an ihren Mützen. Das *aliscafo* zog eine weiße Schleppe hinter sich her, die auf der Wasseroberfläche wogte und schnell vom Meer zerfressen wurde. Am Geräusch der Motoren war zu hören, dass Fabrizio auf der Kapitänsbrücke entschieden hatte, nicht mit voller Kraft zu fahren. Rizzi demonstrierte, wie Cirillo an der Reling zu stehen hatte: breitbeinig, mit beiden Händen festhalten, einen Punkt am Horizont fixieren und den nicht aus den Augen lassen.

Cirillo gehorchte. Sie hatte die Mütze abgenommen, und der Fahrtwind wirbelte ihre Haare durcheinander und ins Gesicht, so dass sie die Umrisse von Capri kaum sehen konnte, den Tiberio-Felsen auf der einen Seite, Anacapri auf der anderen und dazwischen den Monte Solaro. Sie schaute mit glasigen Augen durch alles hindurch und fragte: »Warst du gestern noch in der Villa?«

»Allerdings.« Rizzi lehnte sich rücklings an die Reling, schob die Hände in die Hosentaschen und berichtete, dass dort ein Musiktherapeut residierte, ein gewisser Paolo Orlando, den er nach der kurzen Begegnung schwer einschätzen konnte. So würde er sich einen Modearzt vorstellen, der reiche Leute therapierte, denen langweilig war und die nicht wussten, wohin mit ihrem Geld. Aber der Eindruck konnte falsch sein – zumal er sich mit Musiktherapie überhaupt nicht auskannte. »Hast du mal davon gehört?«, fragte er. »Ist das ernst zu nehmen oder eher Hokuspokus?«

Cirillo wusste es nicht. Sie starrte dorthin, wo Sorrent lag, und sah aus, als würde sie das Mittelmeer und alle Inseln und Überfahrten zum Teufel wünschen, und Rizzi fuhr fort zu berichten, wie er zuerst an die Arzthelferin Stefania geraten war, die sich selbst eher als Musikerin bezeichnete und die ihm ziemlich geradeaus und zupackend vorkam, und dass er zum Schluss noch die Gelegenheit hatte, mit der Frau im Rollstuhl zu sprechen, einer Patientin aus Frankreich, Madame Bergé, die an Multipler Sklerose erkrankt war. Abgesehen von der Atmosphäre in dieser Akademie, die er mit »entrückt« beschreiben würde, hatte er sonst leider keine Informationen zu Antonio Kabaciński oder zu dem bekommen, was am Sonntagabend nebenan im Hotelgarten vor sich gegangen war. Dabei war anscheinend bekannt gewesen, dass Kabaciński hinten im Garten campierte. Es hatte sich nur nie jemand für den Mann interessiert.

Die Höcker des Vesuvs waren von Wölkchen umgeben. Ein *aliscafo* aus Neapel preschte mit Kurs auf Capri an ihnen vorbei und transportierte neben den ersten Tagesgästen vor allem die Saisonkräfte, die den Inselbetrieb am Laufen hielten. Sie passierten an der Hafeneinfahrt den Schutzheiligen Gennaro und kamen in ruhigeres Fahrwasser. Möwen kreisten über einem rostigen Tanker mit libanesischer Flagge und segelten um das Kreuzfahrtschiff herum, eine bunt angemalte, als Spaßdampfer verkleidete schwimmende Bettenburg. Die Gebäude mit den altehrwürdigen Fassaden an der Via Posillipo, unterhalb des Vomero, zogen vorbei, und mit Molo Beverello rückte auch die Festung immer näher, das Castel dell'Ovo, während im Nordosten, wo die Flugzeuge in den Himmel starteten, die modern verspiegelten Fassaden der Hochhäuser des Finanzdistrikts glitzerten.

Cirillo trank Wasser, betrachtete erschöpft die Leute am Anleger, die im Pulk zusammenstanden und darauf warteten, aufs Schiff und nach Capri zu kommen, und sagte: »Es will mir einfach nicht in den Kopf. Eine Frau wird ermordet, und kein Mensch kann oder will eine Aussage machen. Als ob niemand Interesse an der Aufklärung hätte. Aber warum?« Sie schraubte den Verschluss auf die Flasche, rückte die Mütze auf ihrem Kopf zurecht und sagte: »Aber eins steht fest: Zur Questura nehmen wir ein Taxi.«

*

Der Mann an der Pforte wollte keinen Ausweis sehen, ihre Uniformen reichten ihm. Einen Zahnstocher zwischen den

Zähnen, winkte er sie durch und fuhr fort, auf den kleinen Fernsehapparat zu starren, der die Pförtnerloge mit dem Geplapper irgendeiner Talkshow erfüllte.

Wie immer hatte Rizzi zwiespältige Gefühle, wenn er die Questura betrat. Einerseits beeindruckten ihn die Architektur und die Materialien, der rotbraune Marmor, der schwarze Granit, die schlanken Säulen im Treppenhaus, die ganze Inszenierung mit dem indirekten Lichteinfall. Andererseits fühlte er sich ganz klein, und es ärgerte ihn, dass sie immer noch so gut funktionierte, diese Demonstration staatlicher Macht aus der Zeit Mussolinis. Rizzi würde es sich jedenfalls dreimal überlegen, seinen Arbeitsplatz am Polizeiposten Capri aufzugeben, um hier als kleines Rädchen im Getriebe seinen Dienst zu tun. Andererseits wäre eine Berufung in die Soko mal eine gute Gelegenheit, die Arbeit in einem solchen Apparat für eine zeitlich begrenzte Dauer auszuprobieren und sich die Vorurteile, die er gegen diesen Laden hatte, einmal bestätigen zu lassen – oder auch eines Besseren belehrt zu werden. Vor der Tür von Zimmer 301 stellte er sein Telefon stumm, und Cirillo klopfte. Es war kurz nach halb zehn Uhr.

»Herein!«, rief eine männliche Stimme, und Cirillo öffnete.

Unter der Decke brannte die Neonröhre, und das Fenster zum Lichthof war geöffnet. Das Gurren und Flattern von Tauben war zu hören und die Stimme von Scotto nebenan, der telefonierte.

»Buongiorno.« Commissario Serra erhob sich von seinem Platz. Er war einen halben Kopf größer als Rizzi und fast so groß wie Cirillo, trug einen modischen hellblauen

Anzug mit Einstecktuch, ein dunkelblaues Hemd und duftete nach teurem Rasierwasser.

»Sie sind spät.« Er gab Cirillo und Rizzi die Hand und zeigte auf den Stuhl neben seinem Schreibtisch. Die Aktenstapel waren übersichtlich angeordnet und gerade so hoch, dass es aussah, als würde hier viel, aber effizient gearbeitet. Private Gegenstände, Fotos zum Beispiel, gab es keine, nur das Porträt des Staatspräsidenten an der Wand und einen Plan von Neapel, in dem bunte Fähnchen steckten. Die Karte hörte dort auf, wo Capri anfing, und das sagte eigentlich schon alles. Cirillo setzte sich.

»Was gibt es so Dringendes?«, fragte Rizzi und schaute sich nach einem zweiten Stuhl um.

»Holen Sie sich einen von nebenan«, sagte Serra mit einer Kopfbewegung und ließ sich auf seinem Sessel hinter dem Schreibtisch nieder.

Rizzi hängte die Tüte für seine Schwester an den Garderobenständer und öffnete die Tür zum Nebenzimmer. »Alles gut gelaufen?«, fragte er und nahm den Stuhl, der am nächsten stand.

Scotto, der gerade dabei war, sich am Waschbecken die Hände abzutrocknen, antwortete in den Spiegel: »Alles bestens. Danke der Nachfrage.«

»Ich würde gerne einen Blick in den Obduktionsbericht werfen«, sagte Cirillo, als Rizzi sich neben sie setzte. »Und der Bericht der Spurensicherung würde uns natürlich auch sehr interessieren«, fuhr Cirillo fort. »Es kann doch nicht sein, dass wir auf Capri, wo wir mit dem Fall zu tun haben, nicht den neuesten Stand der Ermittlungen kennen. Finden Sie nicht?«

»Genau darüber wollte ich mit Ihnen sprechen.« Serra lehnte sich zurück. »Ihnen beiden eilt ja mittlerweile schon ein gewisser Ruf voraus. Das muss man erst mal schaffen, und ich will das auch gar nicht bewerten. Betrachten Sie es also ruhig als Kompliment.«

»Mein Ruf ist mir ziemlich egal«, sagte Cirillo. »Haben Sie inzwischen mit den Angehörigen von Maria Grifo gesprochen und einen Hinweis bekommen, was die Frau auf Capri wollte? Hatte sie Probleme? Und was haben die Leute am Konservatorium gesagt? Haben Sie ihre Wohnung unter die Lupe genommen, ihren Arbeitsplatz, ihren Terminkalender, ihren Mail-Verkehr?«

»Sind Sie fertig?«, unterbrach Serra und stützte sich mit einem Arm bequem am Schreibtisch ab. »Wir haben nicht die Zeit und nicht die Kapazitäten, euch persönlich über jeden Ermittlungsschritt auf dem Laufenden zu halten. Ihr seid die Capri-Polizei. Alles, was ihr wissen müsst, teilen wir Ispettore Lombardi mit. Lassen Sie mich ausreden, Agenti. Natürlich brauchen wir euch. Ohne euch wären wir aufgeschmissen, und vor Ort ginge gar nichts. Aber ihr könnt nicht agieren, wie es euch passt, und uns dabei ins Handwerk pfuschen. Nein, Agenti, verdammt noch mal. Jetzt rede ich! Ihr habt am Montag, vor dem Eintreffen der Spurensicherung, das Hotelzimmer von Maria Grifo im Principessa betreten, und wie mir zu Ohren gekommen ist, habt ihr es bei der Gelegenheit auch gleich auf eigene Faust durchsucht.«

»Wir haben uns nur kurz umgeschaut«, korrigierte Rizzi.

»Das meine ich«, sagte Serra. »Wann versteht ihr es endlich? Um es noch einmal ganz deutlich zu sagen: Ihr habt nur dann aktiv zu werden, wenn wir es euch sagen.« Serra betrachtete seine Fingernägel. »Wenn ich richtig informiert bin, Agente Cirillo, waren Sie in Bergamo ja selbst in leitender Position. Ich weiß nicht, was passiert ist, dass Sie jetzt als Streifenpolizistin unterwegs sind, und dann auch noch auf Capri.« Er schaute Cirillo fragend an.

Sie erwiderte seinen Blick, ohne dabei mit der Wimper zu zucken, schwieg beharrlich, und Serra fuhr dann fort: »Eine Degradierung ist sicher keine angenehme Erfahrung, und ich kann mir lebhaft vorstellen, was es für eine Umstellung ist, sich plötzlich wieder unterordnen zu müssen. Aber es führt kein Weg daran vorbei. Sie müssen damit zurechtkommen.«

»Danke für den Hinweis, aber was in Bergamo passiert ist, hat mit dieser Sache und unseren Ermittlungen auf Capri überhaupt nichts zu tun«, erklärte Cirillo.

»Beruhigen Sie sich«, sagte Serra.

Cirillo wollte aufstehen, aber Rizzi legte ihr eine Hand auf den Arm.

»Zur Erinnerung, Commissario«, sagte Rizzi, »wir waren es, die Antonio Kabaciński geschnappt haben. Wenn wir nicht gewesen wären –«

»Sie haben sich den Anweisungen des Kollegen Scotto widersetzt«, unterbrach Serra, »und den Erfolg des ganzen Einsatzes aufs Spiel gesetzt.«

»Hat Kabaciński gestanden?«, fragte Cirillo.

»Einen Scheißdreck hat er.« Serra rieb sich mit beiden Handballen die Augen und strich sich müde übers Gesicht. »Oder gesagt, warum er auf dem Nachbargrundstück im Schuppen campiert? Und was er mit Maria Grifo in der Nacht auf Montag hinter der Kirche gemacht hat?«

»Kabaciński sagt gar nichts und stellt stattdessen Forderungen«, erklärte Serra.

»Welche?«, fragte Cirillo.

Serra kniff ein Auge zusammen und schaute Cirillo prüfend an. »Er will nur mit Ihnen reden.«

»Mit mir?«, fragte Cirillo überrascht.

»Das war, unter anderem, der Grund, warum ich Sie herbestellt habe. Wären Sie bereit, ihn zu vernehmen?«

»Selbstverständlich bin ich bereit«, antwortete Cirillo, als hätte Serra sie gefragt, ob sie freiwillig den Jackpot im Lotto ausschlagen würde. Sie holte ihr Notizbuch hervor. »Aber vorher brauche ich noch ein paar Informationen.«

»Schießen Sie los.« Serra lehnte sich zurück.

»Haben Sie DNA-Spuren von Antonio Kabaciński gefunden?«

»Jede Menge.«

»Wo?«

»An der Kleidung der Toten. Das reicht allerdings nicht, damit der Staatsanwalt einen Haftbefehl ausstellt, zumal Kabaciński auch gar nicht abstreitet, mit Maria Grifo zusammen hinter der Kirche gewesen zu sein, wo euer Straßenkehrer sie gesehen hat.«

Cirillo notierte und fragte: »Hatte Maria Grifo vor ihrem Tod Geschlechtsverkehr? Oder gibt es Spuren von äußerer Gewaltanwendung?«

Serra schüttelte den Kopf. »Nur Alkohol im Blut. Wir gehen von einem Bereich zwischen null Komma fünf und null Komma acht Promille aus, also nicht besonders viel.«

»Was ist mit der Waffe, die Maria Grifo im Gepäck hatte?«, fragte Rizzi. »Ist sie inzwischen aufgetaucht?«

Serra drehte sich zu seinem Computer, klickte und schaute in den Bildschirm. »Die Kollegen von der Spurensicherung nehmen heute noch einmal das Areal unter die Lupe, auf dem sich der Unterschlupf von Kabaciński befand. Sie wissen ja, der Schuppen im Garten dieser Villa. Haben aber noch nichts gefunden.« Serra schaute auf die Uhr. »Das sind die Fakten.« Er nickte Cirillo zu. »Sind Sie bereit? Dann sollten wir jetzt keine Zeit mehr verlieren. – Scotto!«

Die Tür des Nebenraums ging auf. »Ja, Chef?«

»Agente Cirillo nimmt sich Kabaciński vor. Lass dir einen Raum geben, und dann kann es losgehen.«

Scotto verschwand, ließ die Tür aber offen. Während zu hören war, wie er nebenan telefonierte, fragte Rizzi: »Heißt das, ich bin bei der Vernehmung gar nicht dabei? Wozu bin ich dann überhaupt hergekommen?«

»Sie sind hergekommen«, erklärte Serra, »damit ich Ihnen beiden einmal die Modalitäten unserer Zusammenarbeit in Erinnerung bringen kann. Und bei der Vernehmung sind Sie selbstverständlich dabei – wenn auch nur auf der Zuschauerbank.«

Rizzi hob den Stift auf, der Cirillo heruntergefallen war. »Eine Frage habe ich noch«, sagte er. »Was ist mit der Soko Capri?«

»Was soll damit sein?«, fragte Serra. »Scotto hat die Leitung, und Sie tun, was er sagt.«

*

Auf dem Weg zum Fahrstuhl war Cirillo mit ihren Gedanken wahrscheinlich schon bei der Vernehmung, während Scotto vorwegging, als wollte er die Sache so schnell wie möglich hinter sich bringen. Es lag nicht nur an seiner Rückenansicht und dem Pistolengürtel, dass hier alles so abweisend und unfreundlich wirkte, auch die Kollegen auf dem Flur schauten kaum auf, wenn sie an ihnen vorbeigingen, geschweige denn grüßten sie. Hier herrschte eben ein ganz anderer Druck, und es schien, als hätten sie alle, wie Rizzi und Cirillo, heute schon einen auf den Deckel bekommen.

»Agente Cirillo wird Kabaciński schon zum Reden bringen«, sagte Rizzi zu Scotto, als sie nebeneinander vor dem Fahrstuhl warteten und stumm auf die Zahlen starrten, die nacheinander in der Anzeige aufleuchteten. »Und danach sind wir schlauer.«

Scotto antwortete nicht. Erst als sie im Fahrstuhl waren, die Türen sich hinter ihnen geschlossen hatten und sie zu dritt ins Untergeschoss fuhren, erklärte er: »Wenn es nach mir gegangen wäre, hätte ich euch beide bis auf Weiteres von den Ermittlungen ausgeschlossen. Und ganz bestimmt hätte ich Kabaciński nicht nachgegeben und zugelassen, dass dieses Arschloch Forderungen stellt und einer von euch jetzt meinen Job macht. Nur dass ihr es wisst: Es ist allein die Entscheidung des Commissario.«

Rizzi und Cirillo wechselten einen Blick, ließen Scotto zuerst aussteigen und folgten ihm den neonbeleuchteten Flur hinunter.

»Kabaciński ist nach meiner Einschätzung hochintelligent«, wandte Scotto sich an Cirillo und klang schon eine Spur versöhnlicher. »Und er wird alles daran setzen, Sie um den Finger zu wickeln. Seien Sie also auf der Hut.«

»Das werde ich sein«, antwortete Cirillo.

»Lassen Sie ihm nicht zu viel Zeit zum Nachdenken«, fuhr Scotto fort. »Seien Sie forsch, haken Sie immer wieder nach, und lassen Sie sich nicht mit Allgemeinplätzen abspeisen. Die hat er nämlich besonders gut drauf.«

»Danke für die Belehrung«, sagte Cirillo.

Sie passierten einen Getränkeautomaten mit dem Schild FUORI SERVIZIO – außer Betrieb – und gelangten über eine kleine Treppe an eine Feuertür. Dahinter ging es weiter. Sie waren nun anscheinend im Keller des Nachbargebäudes, bogen um mehrere Ecken und stoppten schließlich vor einer Tür, in der ein kreisrundes Fenster eingelassen war.

Im Vernehmungsraum gab es drei Stühle, einen Tisch und statt eines Fensters einen großen Spiegel an der Wand. Cirillo legte ihr Notizbuch ab.

»Es ist ja wahrscheinlich nicht Ihre erste Vernehmung, oder?«, fragte Scotto. »Sie haben so etwas doch hoffentlich schon einmal gemacht?«

»Ist schon vorgekommen«, sagte Cirillo und inspizierte das Pult mit der Aufnahmetechnik.

»Haben Sie noch Fragen?« Scotto rückte die Stühle zurecht.

»Nicht an Sie«, antwortete Cirillo, ohne aufzuschauen. »Ihr könnt gehen. Alle beide.«

Der Raum nebenan war mit fünf Sesseln möbliert, die wie in einem kleinen Kinosaal angeordnet waren: drei Sessel in der ersten Reihe, zwei – etwas erhöht – in der zweiten. Nur dass man nicht auf eine Leinwand, sondern durch ein Fenster in den Vernehmungsraum schaute, wo Cirillo in ihrem Notizbuch blätterte.

Rizzi stellte seine Tüte mit den Einmachgläsern ab und setzte sich neben Scotto. Drüben, auf der anderen Seite der Scheibe, ging die Tür auf. Antonio Kabaciński wurde von einem Vollzugsbeamten hereingeführt. Rizzi sah den Mann, wie er mit gesenktem Kopf und hängenden Schultern zum Tisch trottete, gegenüber von Cirillo Platz nahm, und konnte kaum glauben, dass das der Kerl war, der sie attackiert, bespuckt und über so viele Stunden in Atem gehalten hatte. Eine Nacht in U-Haft, und er wirkte wie jemand, der neben sich zu stehen schien, der resigniert hatte und nur noch hoffte, dass dieser Albtraum bald vorbei war.

Der Vollzugsbeamte nahm ihm die Handschellen ab, zog sich in die Ecke zurück, und Cirillo begann die Befragung, eine Szene wie im Stummfilm – bis Scotto neben seinen Sessel griff, einen Knopf drückte und der Ton anging.

»... will ich gleich zur Sache kommen«, sagte Cirillo. Ihre Stimme über Lautsprecher klang voll und so raumfüllend, als wäre das da hinter dem Fenster ein Hollywoodstreifen und Rizzi und Scotto säßen im Kino und nicht im Keller der Questura an der Via Medina.

Kabaciński referierte seine Personalien. Alter: zweiundvierzig. Geboren auf Elba. Wohnhaft in einem Dorf in der Nähe von Kattovice, Polen. Verheiratet, drei Kinder.

»Ihr Vater ist aus Polen?«, fragte Cirillo.

»Richtig. Meine Mutter ist Italienerin.«

Scotto wippte nervös mit dem Bein. »Hat sie die Protokolle nicht gelesen?«, fragte er. »Wenn das so weitergeht« –

Rizzi wollte nicht schon wieder Streit anfangen, aber es war doch klar: Cirillo musste einen Zugang zu Kabaciński finden. Der Mann hatte sich von ihr abgewandt und sich auf seinem Stuhl so weit herumgedreht, dass es aussah, als würde er Rizzi und Scotto hinter der Scheibe sehen und fixieren. In Wirklichkeit jedoch schaute er in den Spiegel, betrachtete sich selbst und sah dabei vielleicht seinen eigenen Film: Antonio Kabaciński in einer polizeilichen Vernehmung mit einer extra für ihn angereisten hochgewachsenen brünetten Polizistin. Als könne er es selbst nicht fassen, dass er, Mädchen für alles im Hotel La Principessa, eher der Fußabtreter unter den Saisonkräften, in die Situation gekommen war, selbst einmal Hauptperson zu sein und zu erleben, wie ein ganzer Apparat sich nur um ihn drehte. Hatte er überhaupt den Ernst der Lage erkannt? Seine Stimme klang heiser – als hätte er sich dazu durchgerungen, reinen Tisch zu machen. Aber vielleicht war das auch reines Wunschdenken von Rizzis Seite.

»Warum wollen Sie mit mir sprechen, Signor Kabaciński?«, fragte Cirillo und traf für Rizzis Geschmack genau den richtigen Ton: freundlich, aber nicht anbiedernd. »Was möchten Sie mir sagen?«

»Ich weiß nicht, wo ich anfangen soll.« Kabaciński massierte den Ringfinger an seiner rechten Hand, der gerötet war, als hätte er sich dort den Ehering mühsam abgezwängt. »Die Sache ist kompliziert.«

»Am besten, Sie fangen einfach von vorne an.« Cirillo

lehnte sich zurück, war die Ruhe in Person. »Erzählen Sie: Seit wann sind Sie auf Capri?«

»Sie meinen, wann ich zum ersten Mal auf die Insel gekommen bin?« Kabaciński nickte verblüfft über die Frage, die ihm anscheinend noch nie jemand gestellt hatte, und schien selbst erst einmal nachdenken zu müssen. »Das war vor sechs Jahren«, sagte er, »kurz bevor mein Jüngster geboren wurde. Ich war von Anfang an, auch damals schon, im Principessa. Habe im Laufe der Zeit viele Kollegen kommen und gehen sehen, das können Sie mir glauben. Leute, die faul waren, kein Benehmen hatten oder sogar geklaut haben. Aber wenn man eine gute Kinderstube hat, anständig ist und einen vernünftigen Job macht, hat man gute Chancen, in der nächsten Saison wieder genommen zu werden. Mir jedenfalls wurde jedes Jahr aufs Neue ein Vertrag angeboten.« Und nach einer Pause fügte er mit etwas zitternder Stimme hinzu: »Ich hoffe, dass das so bleibt.«

Für einen Moment sah es aus, als würde er die Fassung verlieren, während Cirillo fortfuhr, ihn interessiert anzuschauen. Vielleicht dachte sie dasselbe, was auch Rizzi durch den Kopf schoss: dass dieser Mann, der verdächtigt war, einen Menschen getötet zu haben, vor allem sich selbst leidtat.

»Okay«, sagte Kabaciński, schien sich unter Cirillos Blick zu besinnen und zur Ordnung zu rufen. »Wo waren wir? Richtig. Also, jedes Jahr im April, wenn die Saison losgeht, rücke ich ein, und Ende Oktober, wenn die Saison vorbei ist, haue ich wieder ab. Im Winter bin ich bei meiner Familie. So ist das, das ist der Rhythmus.«

»Kein leichtes Leben, dieses Hin und Her«, stellte Cirillo fest.

»Das ist wahr. Aber ich kenne Menschen, die schlechter dran sind.«

»Und Ihre Frau?«, fragte Cirillo.

»Arbeitet in Deutschland in der Altenpflege. Wir verdienen gutes Geld. Bei uns im Dorf pendelt mittlerweile bald jeder Zweite und arbeitet im Ausland, eine ganze Generation auf Achse, die nie zu Hause ist. Aber was sollen wir machen, wenn daheim kein Geld zu verdienen ist? Wir müssen unsere Familien ernähren und dafür sorgen, dass unsere Kinder es vielleicht einmal besser haben. Und meine sind bei den Schwiegereltern gut aufgehoben. Nein, es funktioniert alles sehr ordentlich.«

»Ihre Chefin, Signora Hallin, ist ja erst seit einer Woche im Amt und hält bereits große Stücke auf Sie. Auch bei den Gästen sind Sie beliebt.«

»Allerdings.« Kabaciński nickte stolz. »Ich habe mir nie etwas zuschulden kommen lassen. Bitte notieren Sie das. Ich bin höflich. Ich tue, was man mir sagt, und ich bin handwerklich geschickt. Ich kann alles reparieren – oder fast alles.«

»Können Sie mit einer Pistole umgehen?«

»Ich habe sie nicht getötet.«

»Das ist keine Antwort auf meine Frage.«

»Ich war zwei Jahre beim Militär.«

»Wie haben Sie die Bekanntschaft mit Maria Grifo gemacht?«

Plötzlich huschte ein Lächeln über sein Gesicht, in dem ein bestimmter Ausdruck lag, Spott oder Selbstgefälligkeit, vielleicht auch beides. »Im Hotelgarten«, sagte er. »Ich war dabei, Blätter aus dem Pool zu fischen, und sie saß ganz allein auf der Bank. Außer uns niemand da, nur wir zwei. Da habe ich sie angesprochen.«

»Was haben Sie zu ihr gesagt?«

»Was man so sagt.«

»Nämlich?«

Kabaciński breitete die Arme aus: »Was macht eine so schöne Frau bei einem so wunderbaren Sonnenuntergang ganz allein auf einer Bank?« Er sackte wieder nach vorne und ließ kraftlos die Schultern hängen. »So in etwa. Frauen lieben solche Sätze.«

»Wie hat Signora Grifo reagiert?«

»Gar nicht.« Kabaciński winkte ab. »Ich habe ihr dann ein Kissen gebracht. Da hätten Sie mal ihr Gesicht sehen sollen: ein Volltreffer. Von einer Sekunde auf die andere hat es sich komplett verändert. Das dankbarste Lächeln hat sie mir geschenkt, und aus einer einsamen, verschlossenen Person wurde eine wunderschöne Frau.« Kabaciński schaute Cirillo herausfordernd an. »Ab einem gewissen Alter werden Frauen ja nicht gerade mit Aufmerksamkeit und Komplimenten überschüttet. Habe ich in den vergangenen Jahren oft beobachtet. Dabei reicht meistens eine kleine Geste, und die Ladys schmelzen dahin. Wenn mir das gelingt, das sind so Momente – ich weiß gar nicht, wie ich es sagen soll.« Er schaute an Cirillo vorbei in sich hinein. »Da denke ich dann: Okay, es lohnt sich zu leben.«

Scotto erhob sich neben Rizzi aus seinem Sessel und trat an die Scheibe. »Was faselt der da?«, fragte er, und es fehlte nicht viel, und er hätte mit der flachen Hand gegen die Scheibe geschlagen. »Warum hört sie sich dieses Geschwafel an? Sie soll ihn ins Kreuzverhör nehmen, verdammt noch mal, und sich von diesem angeblichen Frauenversteher nicht einlullen lassen. Ist das der Grund, warum er unbedingt mit ihr reden wollte?«

Rizzi war sich nicht sicher, aber auch er war irritiert. Unter normalen Umständen – wenn er nicht von der Vernehmung ausgeschlossen worden wäre – hätte er hier eingegriffen, Kabaciński auf den Kopf zu gesagt, dass er Maria Grifo umgebracht hatte, und dann geschaut, ob und wie er sich in Widersprüche verwickelt. Aber Cirillo drehte nachdenklich den Stift zwischen ihren Fingern und schien den Worten von Kabaciński hinterherzulauschen. Schwer zu sagen, ob sie wirklich beeindruckt war oder ob sie über etwas ganz anderes nachdachte.

Plötzlich schaute sie in den Spiegel, ein kurzer Blick, als würde sie Rizzis Irritation und die Verärgerung von Scotto hinter der Scheibe spüren.

Sie räusperte sich und fragte: »Was ist in der Nacht von Sonntag auf Montag passiert?«

»Wir haben uns verabredet«, erklärte Kabaciński bereitwillig. »Ich habe ihr gesagt, dass ich um neun Feierabend habe, und bin mit ihr zum Belvedere Cannone spaziert.« Er starrte auf Cirillos Notizbuch. »Sie hat mir viel von ihrer Enkelin erzählt, Maria, acht Jahre alt. Sie hatte an dem Tag Geburtstag. Das Mädchen war ihr Liebling, ihr Augenstern.«

»Wenn ihr das Enkelkind so wichtig war, warum hat sie sich dann ausgerechnet an ihrem Geburtstag auf Capri aufgehalten? Hatte sie Termine? Wollte sie jemanden treffen?«

»Keine Ahnung.«

»Und Sie haben auch nicht gefragt?«

»Ich habe ihr einfach zugehört.«

»Tatsächlich?« Cirillo legte den Stift zwischen die Seiten. »Wir wissen, dass Sie versucht haben, sie zu küssen. Dafür gibt es Zeugen. Also versuchen Sie nicht, mich für dumm zu verkaufen. Was wollten Sie von Maria Grifo?«

Er hob abwehrend beide Hände.

»Waren Sie mit ihr im Hotel auf dem Zimmer?«

»Ich habe sie nach unserem Spaziergang bis vors Hotel gebracht, habe mich in aller Form verabschiedet und bin nach Hause.«

»In Ihren Schuppen.«

»Ja, und? Wissen Sie überhaupt, was jemand wie ich, eine ungelernte Saisonkraft, verdient?« Kabaciński wurde laut. »So viel kann ich Ihnen sagen: Man wird davon nicht reich. Warum sollte ich also während der Hochsaison für eine Unterkunft, für irgendeine kleine, stickige Kammer, mein halbes Gehalt zum Fenster rauswerfen? Die Nächte sind lau. Die Leute in der Villa nebenan sind nett und tun so, als würden sie nicht bemerken, dass ich mir da hinten bei ihnen eine Ecke im Schuppen eingerichtet habe. Ich falle niemandem zur Last, hinterlasse keinen Schmutz, benutze im Hotel die Personalwaschräume und sanitären Anlagen und kann dort sogar meine Wäsche waschen.«

Cirillo lehnte sich zurück und verschränkte die Arme vor der Brust. »Warum wollten Sie unbedingt mit mir sprechen und nicht mit einem meiner männlichen Kollegen?«

»Ich weiß, ich bin der Tatverdächtige Nummer eins. Ich habe kein Alibi, und ich kann mir auch nirgendwoher eines beschaffen. Aber ich hatte gehofft, dass Sie mir vielleicht am ehesten eine Chance geben.«

Cirillo runzelte die Stirn. »Was verheimlichen Sie mir?«

»Zwischen Maria Grifo und mir hinter der Kirche – das war eine total unschuldige Geschichte. Bitte glauben Sie mir, und lassen Sie mich gehen.«

Cirillo klappte ihr Notizbuch zu. »Signor Kabaciński: Gehen Sie anschaffen?«

»Wie bitte?«

»Arbeiten Sie als Escort? Sind Sie Callboy?«

Er starrte Cirillo an, als hätte sie ihm ein unseriöses Angebot gemacht. »Wie kommen Sie darauf?«

»Ja oder nein?«

Sein Blick irrte durch den Raum, und seine Gedanken schienen sich zu überschlagen. »Wie soll ich es erklären?«, sagte er leise.

»Sagen Sie einfach, wie es ist.«

Er räusperte sich. »Es hat sich in den vergangenen Jahren manchmal etwas ergeben. Die eine oder andere Geschichte. Alleinreisende Frauen.« Er war rot angelaufen. »Aber damit eins klar ist: Es handelt sich ausschließlich um Frauen. Und ich verlange kein Geld. Ich nehme nur, was man mir freiwillig gibt.«

»Sind Sie mit Maria Grifo ins Geschäft gekommen?«

»Bitte«, flehte Kabaciński, »meine Familie darf niemals etwas davon erfahren. Das müssen Sie mir versprechen.«

»Sie sind nicht in der Position, immer wieder Forderungen zu stellen«, erklärte Cirillo sachlich. »Also, los: Was ist in der Nacht von Sonntag auf Montag passiert? Nachdem Sie am Pool Kontakt mit Maria Grifo aufgenommen hatten.«

Kabaciński starrte auf Cirillos Notizbuch und berichtete

mit monotoner Stimme: »Ich bin mit ihr zum Belvedere Cannone spaziert. Den Weg nehme ich immer, die Route hat sich bewährt. Die Strecke ist wunderschön, man kann sich im Gehen gut unterhalten und am Belvedere sitzen, kann auch mal schweigen und einfach die Aussicht genießen. Und in der Regel bekomme ich dann recht schnell ein Gefühl dafür, was die Frau will und von mir erwartet.«

»Was hat Maria Grifo erwartet?«

»Sie war speziell und nicht so leicht zu durchschauen.« Er strich sich nervös über die Arme. »Ich weiß nicht, wie ich es sagen soll: Als hätte sie eine Mauer um sich herum errichtet, die niemand durchdringt.«

»Bitte sprechen Sie lauter.«

»Was mich total verwirrt hat: Sie hat immer wieder auf die Uhr geschaut. Mir war nicht klar, ob ihr langweilig war, ob sie nur Zeit überbrücken wollte, weil sie vielleicht noch etwas vorhatte, oder ob sie nicht doch auf ein Abenteuer aus war.«

»Worüber hat sie mit Ihnen gesprochen?«

»Ich habe es doch gerade erzählt: Sie hat die ganze Zeit von ihrer Enkeltochter geredet. Und zu meinen Prinzipien gehört, keine Fragen zu stellen. Ich will nur wissen, was man mir freiwillig erzählt.«

»Sie haben versucht, sie hinter der Kirche zu küssen.«

»Das war nur ein Angebot.«

»Hat Maria Grifo Sie von sich gestoßen? Oder hat sie sich über Sie lustig gemacht?«

»Lassen Sie mich ausreden. Ich merke, wie weit ich gehen darf oder soll. Und wenn die Grenze erreicht ist, höre ich auf. Wie ich bei Maria aufgehört habe. Sie wollte nicht, und ich habe damit überhaupt kein Problem, im Gegenteil. Ich habe so viele Frauen, die extra wegen mir anreisen – ich bin mehr als ausgelastet.« Er verstummte, rieb seinen Finger und fuhr mit gesenkter Stimme fort: »Etwas ganz anderes macht mir im Nachhinein zu schaffen, etwas, das ich in der Situation einfach nicht verstanden habe.«

»Und? Sprechen Sie weiter.«

Er blickte Cirillo direkt in die Augen. »Mitten in der schönsten Unterhaltung – und ich verstehe bis heute nicht, wie sie darauf kam – fragt sie mich, ob mich jemand auf sie angesetzt hätte. Exakt diese Formulierung hat sie benutzt: Hat dich jemand auf mich angesetzt? Ich habe gar nicht verstanden, was sie meint. Als wäre ich jemand vom Geheimdienst.«

»Wie haben Sie reagiert?«

»Ich musste lachen.«

»Und Signora Grifo?«

»Blieb ganz ernst.« Kabaciński schaute Cirillo an, und in seinem Blick lag fast so etwas wie Verzweiflung. »Ich habe nicht verstanden, was mit ihr los war. Erst jetzt sehe ich es. Sie hatte Angst. Sie fühlte sich verfolgt.«

»Haben Sie Maria Grifo umgebracht?«

Er schüttelte fassungslos den Kopf. »Fragen Sie mich das jetzt im Ernst?«, rief er. »Nach dem, was ich Ihnen gerade erzählt habe?«

Cirillo schaute ihn ungerührt und abwartend an. »Beantworten Sie meine Frage«, sagte sie.

»Ich habe sie nicht umgebracht. Im Gegenteil. Ich habe fast angefangen, mich in diese Frau zu verlieben.«

Cirillo nickte langsam und wiederholte dann die Worte:

»Fast angefangen zu verlieben ...« Sie schaute ihm in die Augen. »Merken Sie gar nicht, wie widersprüchlich das ist? Nein? Signor Kabaciński, ich kann Ihnen leider nicht glauben. Und darum bleiben Sie vorerst in Haft.«

11

Rizzi und Cirillo gingen unter den Platanen entlang, an den Stellplätzen für Motorräder vorbei, überquerten die Via Sanfelice und redeten kein Wort. Der Verkehr toste, die Luft war heiß und staubig, es roch nach Diesel, und an der Via Monteoliveto lärmten Presslufthämmer. Die halbe Straße war abgesperrt und aufgerissen und wurde von einem Bauzaun begrenzt, an dem die Passanten wie auf einer Ameisenstraße versuchten, aus entgegengesetzten Richtungen aneinander vorbeizukommen.

Auf der Via Toledo wechselten sie auf die schattige Seite, wo Straßenhändler das übliche Sortiment aus Handtaschen, Sonnenbrillen, Krawatten und Smartphone-Hüllen anboten, aber auch Rechenhefte zum Schulanfang, bunte Stifte und anderes Zeug. Rizzi hatte Hunger, hielt Ausschau, wo man etwas zu essen kriegen könnte, und sagte: »Ich finde es unglaublich, was der Kerl dir erzählt hat. Dass er seinen Job nutzt, um mit allein reisenden Frauen anzubändeln, und sich für den Spaß, den er hat, dann auch noch Geld zustecken lässt.«

Cirillo antwortete nicht. Eine Vespa kam aus einer Seitengasse geprescht. Der Fahrer, ein Junge, höchstens zwölf Jahre alt, einen Zigarettenstummel im Mundwinkel und einen Hund zwischen den nackten Füßen, fuhr ein Stück gegen die Fahrtrichtung, nutzte eine Lücke, fädelte sich auf der anderen Seite in den Verkehr ein und verschwand zwischen den Autos.

Die Tüte mit den eingemachten Auberginen und den Tomaten am Handgelenk, blieb Rizzi vor dem Verkaufsfenster einer Rosticceria stehen, betrachtete das Angebot und sagte: »Mir ist nicht ganz klar, wie das abläuft. Entweder er lügt, und er hat doch einen festen Stundensatz, oder er heult den Frauen so lange etwas vor, bis sie ihm ein paar Scheine zustecken.« Er nahm von den Arancini – frittierte Reisbällchen mit einer Füllung aus Hackfleisch, Erbsen, Zwiebeln und würzigem Käse –, dazu Mozzarelline und Ofenkartoffeln, die der Verkäufer ihm in einem gerollten Stück Papier überreichte.

»Wenn du mich fragst, ist da viel Raum für Missverständnisse.« Rizzi warf dem Bettler an der Ampel das Wechselgeld in den Pappbecher. »Aber wir können ihm nichts nachweisen. Und wahrscheinlich ist er von den Saisonarbeitern ja auch nicht der einzige, der hier, fern der Heimat, die Gelegenheit nutzt und zwischendurch mal auf die Pauke haut.« Er hielt Cirillo die Tüte hin, damit sie sich bediente.

Sie suchte mit dem Finger in der Tüte herum, schob die Kartoffeln beiseite und nahm sich von den Mozzarelline. »Es geht wohl kaum um den Spaß, den Kabaciński hat. Sondern eher darum, dass dieser Mann hier total einsam ist. Ganz auf sich allein gestellt, ohne Kontakt zu den Insulanern, die – wie wir ja wissen – lieber unter sich bleiben. Seine Familie ist weit weg, und wenn er sie wiedersieht, nach vielen Monaten, erkennen seine Kinder ihn wahrscheinlich kaum wieder.«

»Meinst du?«, erwiderte Rizzi – verblüfft, wie Cirillo sich in das Leben des Polen einfühlte, als wäre es ihr eigenes.

Sie überquerten die Piazza Dante und folgten der Musik, einem Saxofonisten und einer Frau am Kontrabass, die unter dem Torbogen standen und die Akustik wie einen Verstärker nutzten. Hunde dösten im Schatten des Denkmals, und die Kellner unter den Sonnenschirmen palaverten mit den Stammkunden, die ihr Mittagessen mit einem Glas Wein hinunterspülten. An der Via Port'Alba, vor einem Antiquariat, fläzten sich Leute wie im Wohnzimmer auf Sesseln und Sofas. Touristen schossen Fotos, und eine Katze räkelte sich vor einem Kioskfenster auf den Zeitungen.

Das Conservatorio San Francesco befand sich auf Höhe der Piazza Bellini und war – wie alle anderen Gebäude in der Gasse – in der Sockel- und Erdgeschosszone über und über mit Graffiti besprayt, mit politischen Parolen und unverständlichen Kritzeleien, aber auch mit Gedichten und Gesichtern, die mit Schablone teilweise kunstvoll in einem Zug freihändig aufgesprüht waren. Mit seinen dicken Mauern bot es reichlich Fläche und hatte über die Jahrhunderte wahrscheinlich schon ganz andere Angriffe erlebt. Unverwüstlich und seltsam entrückt, wirkte der Kasten wie eine alte Herrschaft, die mit breitem Hintern an der Ecke saß und hier auch noch sitzen würde, wenn alle anderen, die sie heute ohne den nötigen Respekt behandelten, längst wieder vergessen und von der Erdoberfläche verschwunden sein würden.

Unweit einer Tafel mit unleserlichen Bekanntmachungen

kam eine Person mit einem Cello auf dem Rücken aus einer Tür heraus, die so unauffällig und ebenfalls beschmiert war, dass Rizzi nie auf die Idee gekommen wäre, dass es sich hier um das Eingangsportal zum berühmten Konservatorium handeln könnte. Es war aber so. In der schmalen Einfahrt war eine Pförtnerloge, in der ein Mann mit Brille saß und fragend von seinem Laptop aufschaute.

Rizzi zeigte seinen Dienstausweis und erklärte, dass es um Maria Grifo ging und sie den Verantwortlichen im Konservatorium sprechen wollten.

»Den Verantwortlichen?«, wiederholte der Mann, den Rizzi auf Mitte zwanzig schätzte, und rückte die Brille zurecht, die für sein Gesicht eigentlich zu groß war. »Haben Sie keinen Namen?«

»Mit wem haben denn die Kollegen von der Mordkommission gesprochen?«, fragte Cirillo.

»Ich schätze, mit Professor Longhi. Einen Moment, bitte.« Er griff zum Hörer, und Rizzi trat mit seiner Tüte an das schmiedeeiserne Tor, hinter dem sich der Kreuzgang befand. Früher war hier vermutlich der Klostergarten gewesen, heute war es eine Gartenanlage mit Buchsbaumhecken, Kletterrosen und Efeu und einem Marmorblock mit der Büste eines Mannes, der für das Konservatorium eine Bedeutung haben musste.

»Domenico Scarlatti«, las Cirillo vom Schild ab.

»Tut mir leid.« Der Mann kam aus der Pförtnerloge und stopfte sich dabei das Hemd in die Hose. »Ich erreiche den Professore nicht. Wahrscheinlich ist er in einer Prüfung. Wollen Sie später noch mal wiederkommen?«

»Nein«, antwortete Cirillo. »Wo finden wir sein Büro?«

Der Mann zeigte mit dem Kugelschreiber in der Hand den Kolonnadengang hinunter. »Sehen Sie da hinten die Tür? Dort rein, rauf in den ersten Stock, und da fragen Sie noch mal. Sein Büro ist ziemlich weit hinten, die vorletzte Tür, glaube ich. Warten Sie. Ich mache Ihnen auf.« Er verschwand in seinem Kabuff, und kurz darauf ertönte ein Summer.

Kaum waren sie eingetreten und die Gittertür hinter ihnen ins Schloss gefallen, umfing sie eine angenehme, etwas kühlere Luft, und vom Lärm der Straße war fast nichts mehr zu hören. Stattdessen kam aus einem der offenen Fenster im ersten Stock Klaviermusik. Rizzi und Cirillo gingen unter dem kuppelartigen Gewölbe entlang, als eine glasklare Sopranstimme einsetzte, und für einen Moment schien der Mord an Maria Grifo, die Vernehmung von Antonio Kabaciński, die Soko Capri, aber auch alles andere, die Diät seines Vaters und die Arbeit in den Gärten, ganz weit weg. Plötzlich brach das Klavier ab, und auch der Gesang verstummte.

»Halt, halt, halt!«, rief eine energische Frauenstimme. »Wir müssen hier eine Geschichte und einen Charakter herausarbeiten und nicht einfach nur schöne Töne produzieren.«

»Haben wir das?«, flötete ungläubig eine andere Frau, es musste die Sopranistin sein.

»Norina weiß genau, wie sie die Männer um den Finger wickelt – und tut es auch. Lesen Sie doch: *D'un breve sorrisetto conosco anch'io l'effetto,* steht da. Donizettis Triller sind hier voller Ironie und Lebenslust und alles andere als brav und hübsch. Also bitte, noch mal.«

Klavier und Gesang begannen von vorne, und Rizzi und Cirillo traten durch eine moderne Glastür ins Gebäude. Hier drinnen war es ein paar Grad kühler, der Boden aus Marmor, hellgrau und dunkelgrau, im Schachbrettmuster verlegt. In Vitrinen lagen Programmhefte von Veranstaltungen, Uraufführungen aus dem vergangenen und vorvergangenen Jahrhundert, und anderes Anschauungsmaterial der Musikgeschichte. Vor der Treppe stand ein Eisenfuß mit einem Schild, auf dem in altertümlicher Schrift gemahnt wurde: SILENZIO, PER FAVORE – Ruhe, bitte.

Irgendwo knallte ein Schließfach, zwei Studenten mit Instrumentenkoffern gingen vorbei und unterhielten sich im Flüsterton.

Ein Mann mit weißen Haaren, Lesebrille auf der Nase und klimperndem Schlüsselbund in der Hand kam die Treppe aus dem Untergeschoss herauf. Der Hausmeister, war Rizzis erster Gedanke, während Cirillo dem Mann mit den Worten in den Weg trat: »Entschuldigung. Sind Sie vielleicht Professor Longhi?«

»Schön wär's«, antwortete der Mann, ohne stehen zu bleiben. Und kurzatmig fügte er hinzu, während er begann, die Stufen in den ersten Stock hinaufzusteigen: »Aber ich kann Sie gern zu ihm bringen.«

»Danke«, erwiderte Cirillo. »Das ist sehr freundlich.«

»Es geht um Maria Grifo, habe ich recht?« Er stapfte voran. »Wir sind alle im Schock und können es noch gar nicht fassen. So mitten aus dem Leben gerissen. Wie alt war sie? Doch noch keine sechzig. Wir hoffen alle, dass Sie dieses Verbrechen bald aufklären.« Er schaute halb über seine Schulter, um sich zu vergewissern, dass Cirillo noch hinter ihm war. »Professor Longhi hat die Anweisung gegeben, alles zu tun, um die Polizei bei ihrer Arbeit zu unterstützen.«

»Da freuen wir uns«, sagte Cirillo.

Sie folgten ihm den Flur hinunter, an alten massiven Holzbänken vorbei, dunklen Kassettentüren und goldgerahmten Porträts mit ernst dreinblickenden Herren, und Cirillo fragte: »Und wer sind Sie?«

»Der Depp, der dazugeholt wird, um die Prüfungen abzunehmen.« Er blieb stehen, klopfte und öffnete die Tür, ohne auf ein Herein zu warten, als wäre es sein eigenes Büro oder als würde er hier ständig ein und aus gehen.

»Giancarlo«, rief er, aber es kam keine Antwort. »Ich sage dem Professore, dass Sie hier sind.« Er winkte sie herbei und ließ sie eintreten. »Nehmen Sie Platz. Am besten da drüben, am Tisch.«

»Wie gut kannten Sie Maria Grifo?«, fragte Rizzi.

Überrascht schaute der Alte ihn über seine Lesebrille hinweg an, als würde er Rizzi erst jetzt bemerken.

»Wie gut ich sie kannte?«, wiederholte der Mann und nahm seine Brille ab. »Da fragen Sie mich etwas. Wenn ich jetzt so zurückdenke, muss ich sagen, dass wir uns so oft gar nicht begegnet sind oder unterhalten haben, schon gar nicht über Privates. Sie war Musikwissenschaftlerin durch und durch und hat für diesen Laden gebrannt. Und so jemanden braucht es auch an der Spitze.« Er faltete die Bügel seiner Brille zusammen und steckte sie in die Brusttasche seines Jeanshemds. »Was die Zukunft bringt, weiß man nicht. Aber egal, wer ihre Nachfolge antritt – er oder sie wird sich an der Grifo messen lassen müssen.«

»Was glauben Sie, wer wird ihr Nachfolger?«, fragte Cirillo.

Der Mann tippte, ohne zu zögern, auf das kleine Schild neben der Tür: PROFESSOR GIANCARLO LONGHI. »Das Hauen und Stechen geht aber bald los, darauf können Sie Gift nehmen.«

Er wollte gehen, aber Cirillo fragte: »Hatte Maria Grifo Feinde?«

»Feinde?«, wiederholte der Mann. »Jemand, der ihren Posten haben wollte?« Er trat näher und senkte ein wenig die Stimme. »Glauben Sie mir: Professor Longhi sieht zwar nicht so aus, ist aber ein Blümchen. Tut keiner Fliege etwas zuleide.« Und fügte etwas lauter hinzu: »Fragen Sie ihn. Er kennt sich hier von allen am besten aus. Wie gesagt, ich bin ja bloß ein Externer. Der Depp, der die Prüfungen abnimmt.« Er drehte sich um.

»Haben Sie auch einen Namen?«, fragte Cirillo.

»Gallani«, antwortete er und schlurfte aus dem Zimmer.

»Bernardo Gallani?«, entfuhr es Rizzi, aber der Mann, den er zuerst für den Hausmeister gehalten hatte, zog ohne ein weiteres Wort die Tür hinter sich zu.

Der berühmte Chefdirigent Bernardo Gallani. Rizzi hatte ihn schon zweimal mit Gina im Teatro San Carlo gesehen, allerdings im Frack und die meiste Zeit von hinten, und war – wie er zu seiner Schande gestehen musste – beide Male während der Vorführung eingeschlafen. Gina konnte es kaum fassen. Aber es hatte gar nichts mit der Musik zu tun, eher mit der Ruhe, dem Halbdunkel, den Plüschsitzen und der Notwendigkeit, dass man stillsitzen musste und sich nicht bewegen durfte. Gina hatte ihn geboxt und ihm den Ellenbogen in die Rippen gestoßen, richtig wach wurde er erst wieder beim Applaus.

»Schau mal.« Cirillo hielt einen Briefumschlag in die Höhe. »An Gent.ma Prof.ssa Maria Grifo.«

»Absender?«, fragte Rizzi und stellte seine Tüte ab.

»Banco di Napoli. Ungeöffnet. Vielleicht die Kreditkartenabrechnung.« Sie stand vor den Samtvorhängen, an einem zierlichen Schreibtisch mit goldenen Beschlägen und versuchte, die Schubladen aufzuziehen, als eine leise Stimme fragte: »Was tun Sie da?«

Ein Mann – groß, breite Schultern, Halbglatze und Hornbrille – war nahezu lautlos in den Raum getreten. »Und Sie?« Er drehte sich zu Rizzi herum. »Was machen Sie an meinem Papierkorb?« Im offenen Hemd war viel Brusthaar und ein silbernes Medaillon zu sehen. »Wer hat Sie überhaupt hereingelassen?«

»Maestro Gallani«, kam Cirillos Stimme vom Schreib tisch. »Hat er Ihnen nicht Bescheid gesagt?« Verärgert rückte sie einen barock geformten Stuhl am ovalen Tisch zurecht, als wäre sie auf der Wache, und sagte: »Bitte setzen Sie sich. Wir haben ein paar Fragen.«

»Ich habe Prüfungen«, protestierte Longhi, »und außerdem habe ich Ihren Kollegen bereits alles erzählt.« Er sank erschöpft auf einen Hocker mit glänzendem Sitzkissen, an dem rundherum goldene Troddeln baumelten. »Zwei Studenten haben heute schon einen Heulkrampf bekommen.«

»Wir sind vom Polizeiposten Capri«, erklärte Cirillo nachsichtig, »und es dauert auch nicht lange.« Sie präsentierte ihren Ausweis, stellte Rizzi vor und fragte: »Wann haben Sie Maria Grifo zuletzt gesehen?«

»Am Sonntag«, erwiderte Longhi müde. »Hier im Büro. Wir haben die Prüfungswoche vorbereitet, Organisatorisches erledigt, wozu man bei laufendem Betrieb immer schwer kommt. Aber das ist aus heutiger Sicht natürlich völlig unwichtig.«

»Wann ist Maria Grifo nach Capri abgefahren?«, fragte Cirillo.

»Als ich am Mittag gegangen bin, so gegen eins, war sie auf jeden Fall noch da, und von Capri war keine Rede.«

»Haben Sie eine Ahnung, warum sie die Reise gemacht haben könnte?«

»Wir haben wenig Privates gesprochen.«

»Also war die Reise privat?«

»Was denn sonst?«

»Das frage ich Sie.« Cirillo kam um den Tisch herum.

»Woher soll ich das wissen?« Hilfesuchend schaute Longhi zu Rizzi hinüber. »Vielleicht wollte sie einfach mal raus. Fragen Sie doch ihre Tochter.«

»Kennen Sie sie?«

»Nur vom Telefon.« Longhi starrte auf die Kordel, mit der die Vorhänge zusammengehalten wurden. »Sie heißt Giulia, und die Grifo hat ihr, glaube ich, das eine oder andere Mal aus der Klemme geholfen, finanziell. Aber Genaueres weiß ich nicht.«

»Wissen Sie, wie wir die Tochter erreichen können?«, fragte Rizzi. »Haben Sie eine Nummer?«

»Moment.« Longhi stand auf.

»War Maria Grifo in der letzten Zeit gestresst oder nervös?«

»Natürlich war sie gestresst und nervös. Das sind wir

alle, ich auch, wenn die Prüfungs- und Aufnahmewochen bevorstehen.« Longhi kehrte ihnen den Rücken zu und fuhr sich verstohlen mit einem Taschentuch über Stirn und Schläfen, verschob ein paar Papiere auf seinem Schreibtisch und entnahm einem silbernen Etui eine Visitenkarte. »Es tut mir leid«, sagte er, »aber wir müssen uns vertagen. Ich habe wirklich keine Zeit mehr.«

»Eine Frage müssen wir noch stellen«, sagte Cirillo. »Wo waren Sie in der Nacht von Sonntag auf Montag?«

»Bei Michele, Pizza essen. Kennen Sie sich in Neapel aus? Via Sersale.« Er notierte auf der Rückseite der Visitenkarte eine Nummer, die er von seinem Smartphone abschrieb.

»Gibt es dafür Zeugen?«

»Jede Menge.«

»Und danach?«

»Bin ich ins Bett. Ich schätze, gegen dreiundzwanzig Uhr. Aber nageln Sie mich nicht fest. Es könnte auch ein halbes Stündchen später gewesen sein.« Er überreichte Rizzi die Visitenkarte.

»Zeugen?« Cirillo machte sich Notizen.

»Nein.«

»Danke, Professore.« Cirillo steckte ihr Notizbuch ein und ging zur Tür.

»Hatte Maria Grifo eine Beziehung?«, fragte Rizzi, während er Longhis Visitenkarte und die Telefonnummer auf der Rückseite betrachtete.

»Ihr Mann ist, soweit ich weiß, früh verstorben, und dann hat sie, glaube ich, alles der Musik und der Karriere untergeordnet.« Er ließ Rizzi den Vortritt. »Auf der Rückseite habe ich Ihnen die Nummer der Tochter aufgeschrieben. Wenn Sie noch Fragen haben oder etwas wissen wollen, melden Sie sich. Gerne mit mehr Ruhe.« Während er die Tür hinter sich zuzog und abschloss, fragte Rizzi: »Wer könnte ein Interesse gehabt haben, Maria Grifo umzubringen?«

Giancarlo Longhi schaute Rizzi ins Gesicht, aber nicht in die Augen. »Ich weiß es nicht«, sagte er. »Ich kenne solche Tragödien nur aus der Oper.«

*

Während Professor Longhi den Flur hinuntereilte und über die Paradetreppe entschwand, gingen Rizzi und Cirillo weiter an den Doppelkassettentüren mit verschnörkelten Klinken entlang und lasen die Namen auf den Schildchen, bis sie zu einer Brandschutztür kamen. Dahinter war die Decke niedriger, auf dem Boden war Linoleum verklebt, und statt Kronleuchtern und Messinglampen brannten hier Neonröhren. Die Räume waren nummeriert, Türen standen offen, und zu sehen war das übliche Mobiliar, wie an jeder anderen Schule auch: Tische, Stühle, Pult und Tafel. Doch dazu gab es Notenständer, manchmal stand ein Klavier an der Wand oder ein Instrumentenkoffer.

»Das ist legato«, hörte Rizzi eine weibliche Stimme. »Legatissimo, so süß und weich wie der Honig, den Norina den Männern um den Bart streicht.«

Eine Frau in kurzärmeliger Bluse saß mit dem Rücken zur Tür am Klavier, neben ihr eine Studentin in Jeans und Hoodie. Die Frau am Klavier deutete mit dem Bleistift auf das Notenpapier, und das Sonnenlicht, das durchs Fenster fiel, brachte ihre Haare zum Leuchten. Rizzi kam es vor, als hätte er dieses Kastanienbraun in genau so einem Sonnenlicht schon einmal irgendwo gesehen.

Während er weiterging, hörte er sie weiter dozieren: »Das ist so herrlich schmalzig komponiert, damit der Spott umso deutlicher zur Geltung kommt. Um ihr Ziel zu erreichen, ist Norina jedes Mittel recht.«

Cirillo war weg, auf dem langen Flur nicht mehr zu sehen, und Rizzi fragte sich, ob sie vielleicht den Fahrstuhl genommen hatte, der hier nachträglich eingebaut war. Hinter dem Mauervorsprung versteckte sich eine unscheinbare Neubautür. An dieser war ein metallenes Schild angebracht: PROFESSORESSA MARIA GRIFO. Die Klebespuren stammten wohl noch von der polizeilichen Versiegelung, die aber wieder entfernt wurde, nachdem die Ermittlungen hier, wie Scotto berichtet hatte, abgeschlossen waren.

Das Zimmer war schmal wie ein Handtuch, weil anscheinend ein paar Quadratmeter für den Fahrstuhl abgezwackt worden waren. Erst weiter hinten, vor dem Fenster, war es etwas breiter. Mit dem Schreibtisch aus billigem Pressspan, einem Schubladenschrank aus Blech, drei Stahlrohrstühlen und einer geblümten Ausziehcouch war das Büro der Leiterin des Konservatoriums rappelvoll, und eine welke Graslilie auf dem Sims über dem Radiator ließ das Ambiente noch trostloser erscheinen.

Cirillo war dabei, am Schrank eine Schublade nach der anderen aufzuziehen – natürlich ohne Ergebnis. Die Polizei hatte alles mitgenommen, was für die Ermittlungen wichtig sein könnte, auch den Computer. Nur ein Mousepad war auf dem Schreibtisch übrig geblieben, auf der Couch lag ein kariertes Plaid und auf dem Bürostuhl ein weinrotes Sitzkissen. Durch das geschlossene Fenster drangen die Stimmen der Passanten und das Geknattere der Vespas herauf, und das Sonnenlicht zeichnete ein Parallelogramm aufs Linoleum.

»Schon interessant, oder?«, meinte Cirillo, die Hände in die Hüften gestemmt, während sie ratlos die kahlen Wände betrachtete. Keine Säulen, Goldbeschläge, Vorhänge, Kissen mit Troddeln oder anderer Firlefanz wie bei Professor Longhi. Nur das Nötigste und alles zweckmäßig – das war für eine Frau, die den Ruf hatte, dass es ihr immer um die Sache ging, ums Fachliche, vielleicht ganz stimmig.

Während Cirillo schon rausging, stellte Rizzi seine Tüte mit einem Klirren ab, setzte sich aufs Sofa, holte sein Telefon und die Visitenkarte mit der Nummer auf der Rückseite hervor und tippte die Nummer ein. Kurz darauf ertönte am anderen Ende das Freizeichen.

»Pronto«, meldete sich eine weibliche Stimme.

Rizzi nannte seinen Namen, erklärte, dass er vom Polizeiposten in Capri sei, und fragte, ob er mit der Tochter von Maria Grifo spreche.

»Giulia Grifo, ja«, antwortete die Frau kurz angebunden. »Worum geht's?«

Rizzi brachte sein Beileid zum Ausdruck und erklärte, dass er ein paar Fragen zu ihrer Mutter habe und sich mit ihr unterhalten wolle. Doch bevor er konkret werden und einen Termin für ein ausführliches Telefongespräch oder gar ein persönliches Treffen vorschlagen konnte, unterbrach ihn Giulia Grifo.

»Wissen Sie, was mich rasend macht?«, polterte sie. »Ihr ruft immer bloß an, wenn ihr etwas wollt, stellt einen Haufen dummer Fragen, und das war's.«

»Das ist unser Job«, warf Rizzi ein.

»Ich weiß, aber bevor Sie mich jetzt auch noch am Telefon löchern, sage ich Ihnen: Ich weiß nichts, will auch nichts wissen und kann Ihnen überhaupt nicht weiterhelfen.«

»Aber ist es nicht auch in Ihrem Interesse?«, begann Rizzi, doch Giulia Grifo unterbrach gleich wieder: »Keiner hält es für nötig, mir zu sagen, wie es jetzt eigentlich weitergeht und was der Stand der Ermittlungen ist. Ich bin ja nur die Tochter der großen Musikwissenschaftlerin, und das ist im Vergleich natürlich gar nichts.«

»Hören Sie«, versuchte Rizzi es noch einmal.

»Nein, Sie hören mir jetzt zu. Ich will von Ihnen nur eine Information: Wann kann ich meine Mutter nach Hause holen? Wann kann ich sie beerdigen, damit sie ihren Frieden findet – und ich auch?«

Rizzi versprach herauszufinden, wann der Leichnam freigegeben würde, und ihr dann sofort Bescheid zu geben. »Aber erfahrungsgemäß dauert es seine Zeit«, erklärte er, »zumal wir Ihre Mutter ja auch erst vor drei Tagen gefunden haben.«

»Dann sputen Sie sich mal ein bisschen«, befahl Giulia Grifo – und legte auf.

Rizzi starrte verblüfft auf sein Telefon, überlegte, gleich noch mal anzurufen – doch er entschied sich dagegen. Giulia Grifo sollte sich erst mal beruhigen, und wenn ihre Wut verraucht war, konnte man vielleicht auch ein vernünftiges Gespräch führen. Vermutlich war ihr Zustand den Kollegen aus der Via Medina zu verdanken, die im Umgang mit der Hinterbliebenen wohl nicht gerade das allergrößte Fingerspitzengefühl an den Tag gelegt hatten.

Er steckte sein Telefon ein, stieß im Rausgehen versehentlich gegen den Schreibtisch, und in der Schublade schepperte es. Hatten Scotto und die Soko Capri nicht alles geräumt? Die Schublade hatte keinen Griff, nur einen Schlüssel, und der Kasten klemmte. Er ruckelte und zog, dann ging die Schublade auf.

Münzen lagen darin, Holzbuntstifte, Nähzeug und ein Flaschenöffner. Außerdem: Tesafilm, Lippenbalsam und ein Holzkeil, wie man ihn benutzt, um ihn unter die Tür zu schieben, damit sie nicht zufiel. Obenauf, nicht zu übersehen, lag eine Mappe, und für einen kurzen Moment hatte Rizzi die Hoffnung, ein Dokument darin zu finden, irgendein Schriftstück, das ihm weiterhalf. Er löste das Gummiband und schlug den Deckel auf – aber die Mappe war leer.

»Jetzt sagen Sie doch mal.« Cirillo war auf dem Flur mit jemandem im Gespräch. »Wer sind denn die Männer?«

Rizzi trat auf den Gang hinaus. Die Person neben Cirillo war die Frau aus dem Klassenzimmer, er erkannte sie an der kurzärmeligen Bluse und am kastanienbraunen Haar. Wie sie mit Cirillo an die Wand starrte, auf drei goldgerahmte Porträts, sah er jetzt auch ihr Profil und wusste plötzlich, woher er sie kannte.

»Ich bin mir nicht sicher, aber das müssten die Herren sein, die Anfang des neunzehnten Jahrhunderts den Musikhochschulen vorstanden«, sagte sie.

»Welchen Musikhochschulen?«, fragte Cirillo, als wäre sie die Vorsitzende einer Prüfungskommission.

»Santa Maria di Loreto, Sant'Onofrio a Capuana und Poveri di Gesù Cristo«, erwiderte die Frau, ohne zu zögern. »Wollen Sie sonst noch etwas wissen?«

»Alle Achtung.« Cirillo fuhr fort, die Porträts an der Wand zu betrachten, und die Kastanienbraune fuhr fort zu dozieren: »Diesen Herren ist es jedenfalls hoch anzurechnen, dass sie der Fusion ihrer Musikhochschulen zu einem einzigen Konservatorium mit einem einzigen Leiter zugestimmt haben. Das war 1806 ein wichtiger Schritt. Die Kräfte konnten auf diese Weise gebündelt und ein Konservatorium von Weltruf begründet werden.« Die Kastanienbraune betrachtete die Porträts versonnen. »Es ist ja keine Selbstverständlichkeit, Macht abzugeben und die eigenen Interessen denen der Kunst unterzuordnen. Schon gar nicht in der Männerwelt.«

»Und in der Frauenwelt?«, fragte Rizzi. »Wäre Maria Grifo dazu bereit gewesen?«

Die Kastanienbraune drehte sich überrascht zu ihm um und musterte ihn. Falls sie überlegte, woher sie ihn kannte, und sie versuchte, ihn einzuordnen, stand sie auf dem Schlauch.

Rizzi lächelte. »Signora Bianchi«, sagte er. »Ich bin's. Enrico Rizzi.«

»Der Agente aus Capri, natürlich. Ich wusste doch, dass ich Ihr Gesicht schon einmal gesehen habe.« Bianchi schien ehrlich erfreut. »Was tun Sie hier?«, fragte sie – und schüttelte im nächsten Moment beschämt den Kopf. »Was für eine dumme Frage«, sagte sie. »Verzeihung. Ich war durch die nette Unterhaltung mit Ihrer Kollegin abgelenkt und hatte diese schreckliche Geschichte fast schon vergessen.«

Rizzi stellte Cirillo vor und erklärte: »Manuela Bianchi hat uns beim Mordfall im August einen entscheidenden Hinweis gegeben. Du erinnerst dich?«

Cirillo nickte, gab Bianchi die Hand und fragte: »Wie ging es nach der Fusion weiter?«

»Ungefähr zwanzig Jahre später«, fuhr Bianchi fort, »1826, wenn ich mich nicht irre, wurde das Konservatorium hierher ins ehemalige Kloster der Chiesa di San Francesco verlegt. Nur damit Sie eine Ahnung bekommen, wo wir sind und wovon ich spreche: Alle wichtigen Komponisten des neunzehnten Jahrhunderts und auch danach haben sich hier die Klinke in die Hand gegeben: Verdi, Rossini, Bellini, Donizetti, Scarlatti und noch viel mehr. Wir verwahren rund dreitausend Partituren und über zehntausend Opernlibretti.« Bianchi schaute Cirillo und Rizzi prüfend an. »Ich zeig Ihnen noch etwas. Kommen Sie.«

Sie folgten ihr den Gang hinunter, und Bianchi berichtete, dass an diesem Konservatorium auf 1300 Studenten rund 120 Lehrkräfte kamen, und eine davon, fügte sie stolz hinzu, sei sie selbst. Es sei für sie eine Ehre, in diesem Haus unterrichten zu dürfen – auch wenn sie sich nur von Zeitvertrag zu Zeitvertrag hangele und nie so genau wisse, ob sie ihre Studenten im nächsten Jahr noch weiter begleiten dürfe. Aber da sei sie beileibe nicht die Einzige, die regelmäßig, alle Jahre wieder, am Zittern sei. Und nun, da der Posten der Direktorin auch noch völlig überraschend vakant geworden war und ja irgendwann neu besetzt werden musste, seien die Aussichten noch unsicherer – für sie und auch für viele ihrer Kolleginnen und Kollegen.

»Ist es nicht schrecklich?« Bianchi blieb stehen. »Da

wird jemand auf brutalste Art und Weise aus dem Leben gerissen, und unsereins denkt nur an sein eigenes Schicksal. Denn dass mit einer neuen Leitung wieder Veränderungen anstehen – davon kann man ausgehen.«

»An wen denken Sie?«, fragte Cirillo. »An jemand Bestimmtes?«

Bianchi überlegte – und schüttelte den Kopf. »Aber so jemanden wie Maria Grifo, die sich gerade für uns, die kleinen Lehrkräfte, eingesetzt und bei der letzten Sparrunde wie eine Löwin gekämpft hat, werden wir wohl nicht wieder kriegen.«

Sie öffnete die Tür zu einem Saal, in dem hinter den Glastüren hoher Schränke alte Folianten standen, Partituren aus den beiden vergangenen Jahrhunderten, wie Bianchi erklärte. Am achteckigen, mit Leder bezogenen Tisch, an dem wahrscheinlich alle mal gesessen hatten, die großen, bedeutenden Komponisten genauso wie die kleinen, unbedeutenden, arbeitete jetzt die jüngste Generation Studenten, die sich mit ihren Sweatshirts und Tattoos nicht groß unterschieden von den anderen jungen Leuten, die man draußen auf Gassen und Plätzen herumhängen sah.

Manuela Bianchi blieb vor einem Stuhl mit hoher Lehne und Sitzfläche aus braunem Leder stehen und erklärte mit ehrfürchtig gesenkter Stimme, auf diesem Möbel habe sich einst niemand anderes als Richard Wagner niedergelassen, um hier im Konservatorium di San Francesco dem *Miserere* von Leonardo Leo zu lauschen. Es sei dokumentiert und nachgewiesen, dass ihn das zu den Kinderstimmen im *Parsifal* inspiriert habe.

Cirillo warf verstohlen einen Blick auf das Display ihres

Telefons, während Manuela Bianchi sie an einem Stehpult vorbeiführte, an dem, wie sie erklärte, Rossini seine Oper *Semiramide* geschrieben hatte, ihnen in einer Vitrine eine Haarlocke der Sängerin Malibran zeigte, Hosenträger und Schuhe von Franz Liszt und andere Devotionalien. Rizzi hätte ihr noch weiter zuhören können, ihre Begeisterung war ansteckend, obwohl er zugegebenermaßen nicht viel von diesen Dingen verstand.

»Und wohin geht's hier?« Cirillo schob einen Vorhang beiseite, hinter dem sich eine niedrige Tür verbarg. »Zu den Toiletten?«

Die seien am Ende des Ganges, Richtung Treppe, erklärte Bianchi und bot an, sie könne derweil beim Pförtner den Schlüssel holen, wenn Cirillo und Rizzi, zum Beispiel, noch die Harfe von Stradivari sehen wollten oder das Fortepiano von Cimarosa – und lachte plötzlich. »Tut mir leid«, sagte sie. »Ich könnte noch stundenlang mit Ihnen durchs Haus streifen, aber ich fürchte, dass Sie noch anderes zu tun haben.«

Cirillo schaute wieder auf ihr Telefon und sagte: »Das stimmt. Ich muss tatsächlich los.«

»Hast du noch einen Termin?«, fragte Rizzi.

»Wir sehen uns morgen«, antwortete Cirillo, bedankte sich höflich bei Manuela Bianchi und eilte davon.

»Erinnern Sie sich?«, wandte Rizzi sich an Manuela Bianchi. »Bei unserer ersten Begegnung sind wir auch zusammen noch etwas trinken gegangen.«

12

Es war mitten im August«, sagte Manuela Bianchi, »und ich war schrecklich erkältet.«

»Das war bei unserem zweiten Treffen«, korrigierte Rizzi. »Ich erinnere mich an jedes Detail.«

»Sie sind ja auch Polizist«, relativierte Bianchi, aber die Vorstellung, in seiner Erinnerung so präsent zu sein, schien ihr nicht unangenehm zu sein. Sie schlug vor, wie bei ihrem ersten Treffen auf die Piazza Dante zu gehen und daraus vielleicht eine Tradition zu machen.

Sie setzten sich ins selbe Café, sogar auf dieselben Plätze im Schatten, und wie damals bestellte Rizzi zwei Negroni, nahm seine Mütze ab, strich seine Locken nach hinten und stellte fest: »Sie haben meine Frage noch nicht beantwortet.«

»Welche Frage?«, erkundigte sich Bianchi und warf unauffällig einen Blick in seine Tüte mit den Gläsern.

»Ob Maria Grifo ihrer Meinung nach auch bereit gewesen wäre, Macht abzugeben, wie die Herren auf den Bildern an der Wand.«

»Niemals«, antwortete Bianchi, ohne zu zögern.

»Auch nicht, wenn es der Kunst dient?«

»Ihre Macht, hätte sie gesagt, dient der Kunst, und deshalb war sie auf Machtzuwachs aus.« Bianchi bewegte ihre gebräunten Zehen in den Sandaletten. »Sie hätte, zum Beispiel, an meiner Stelle sofort interveniert und klargemacht, dass sie keinen Negroni will, schon aus Prinzip, weil Sie ihn einfach bestellt haben, und hätte jetzt wahrscheinlich einen Martini genommen.«

»Sie wollen gar keinen Negroni?«, fragte Rizzi überrascht.

»Schon in Ordnung.« Bianchi winkte ab. »Aber haben Sie verstanden, was ich damit sagen will? Die Grifo war sehr selbstbewusst. Ich dagegen stecke im Zweifel lieber zurück und gehe der Auseinandersetzung aus dem Weg.«

»Sie sind zu streng mit sich«, protestierte Rizzi, während der Kellner Oliven, Käsecracker und Salami auf den Tisch stellte und die zwei Negroni servierte.

Bianchi nahm das Stäbchen mit der Orangenschale, stocherte damit in den Eiswürfeln und sagte: »Die Grifo hat jedenfalls immer deutlich gesagt, was sie wollte, und keine Sekunde gezögert, das auch durchzusetzen – gegen alle Ratschläge und Kritik, und die gab es reichlich, vor allem zu Anfang. Später dann nicht mehr, dann hat sich niemand mehr getraut, den Mund aufzumachen. Aber mit ihrer Art hat sie sich wahrscheinlich nicht nur Freunde gemacht.«

»Wer war ihr größter Feind?«, fragte Rizzi. »Professor Longhi?«

»Giancarlo?« Bianchi nippte an ihrem Getränk. »Der war, glaube ich, in die Grifo verliebt.« Sie stellte ihr Glas ab. »Aber ich bin nur eine unbedeutende, leicht zu ersetzende Mitarbeiterin, jederzeit kündbar und schon etwas beschwipst und sollte nicht so viel Stuss reden. Was da oben auf der Leitungsebene passiert, kriege ich im Detail auch überhaupt nicht mit.«

»Das glaube ich Ihnen nicht«, stellte Rizzi fest.

Bianchi betrachtete ihren Fingernagel. »Professor Longhi musste auf jeden Fall viel aushalten. Hat nicht nur ständig hinter dieser sagenhaft unordentlichen Frau aufgeräumt, sondern musste auch für alle Fehler herhalten, die ihr unterliefen, und obendrein noch ihre Launen ertragen. Ihre cholerischen Anfälle bei offenem Fenster waren legendär, der Kreuzgang funktioniert ja wie ein Verstärker. Aber Longhi hat das alles nichts ausgemacht.« Sie schüttelte den Kopf. »Überhaupt: Feind. Was soll das sein? Das ist Polizistenvokabular.«

Eine Schulklasse machte johlend ein Selfie mit Dante Alighieri im Hintergrund, und Rizzi sagte: »Mal ganz konkret: Wen hat Maria Grifo in der letzten Zeit gefeuert oder vom Konservatorium geschmissen?«

»Wollen Sie, dass ich Ihnen eine Liste mache?«

»So viele?«

»In bestimmten Fällen, bei bestimmten Leuten, war sie gnadenlos.« Bianchis Blick schweifte nach oben, und wenn Rizzi ihre Miene richtig deutete, erinnerte sie sich jetzt an einen oder mehrere solcher Fälle. Doch statt konkret zu werden, machte sie eine beschwichtigende Handbewegung und sagte: »Aber Wunden verheilen ja auch irgendwann.«

Rizzi ließ den Negroni in seinem Glas kreisen, und das Klirren der Eiswürfel ergab eine Melodie, die ihm beim Nachdenken half. »Signora Bianchi«, sagte er. Die Melodie verstummte. »Ich brauche Namen.«

Sie starrte an ihm vorbei, als hätte sie nicht richtig verstanden. »Namen?«, wiederholte sie.

»Sonst kann ich nicht aktiv werden.«

Sie strich ihren Rock glatt. »Was ist das hier eigentlich?«, fragte sie. »Ein Verhör?«

»Wir unterhalten uns«, erwiderte Rizzi. »Wo ist das Problem?«

»Wo das Problem ist?« Bianchi saß kerzengerade und verschränkte die Arme vor ihrer Brust. »Sie wollen, dass ich Ihnen die Namen von Leuten nenne, die bei mir in Ausbildung sind. Diese Leute vertrauen mir, und ich werde dieses Vertrauen ganz bestimmt nicht missbrauchen.« Sie schüttelte den Kopf. »Was fällt Ihnen eigentlich ein?«

»Jetzt warten Sie mal.« Rizzi stellte sein Glas ab. »Hier geht gerade alles ein bisschen durcheinander.«

»Ich weiß nicht, ob Ihnen klar ist, was Sie da von mir verlangen.« Bianchi schüttelte ungläubig den Kopf. »Wir sitzen hier, trinken Negroni, und plötzlich soll ich Namen nennen.« Erregt strich sie sich die Haare aus dem Gesicht.

»Was ist denn plötzlich in Sie gefahren?«

»Nichts«, behauptete Bianchi. »Gar nichts. Ich hätte es mir gleich denken können.«

»Ich muss einen Mord aufklären«, stellte Rizzi fest. »Und Sie können mir dabei helfen, wie Sie es schon einmal getan haben. Es ist ein Dienst, den Sie – wenn Sie so wollen – nicht nur mir, sondern der ganzen Gesellschaft erweisen, und außerdem ist es Ihre Pflicht.«

»Aber dieses Mal liegt der Fall anders«, sagte Bianchi. »Ich muss auch an meine Leute denken. Ich kann nicht einfach irgendetwas herumtratschen oder spekulieren, und dann stricken Sie daraus einen Verdacht.«

»Das müssen Sie schon mir überlassen«, erklärte Rizzi sachlich. »Sie machen Ihre Aussage, hier beim Negroni oder morgen auf der Polizei, ganz egal, und wir erledigen den Rest. Überprüfen die Alibis, und wer sich nichts hat zuschulden kommen lassen, muss auch nichts befürchten. So einfach ist das.« Er legte eine Hand auf den Tisch. »Und ich kann Ihnen versichern, Signora Bianchi, dass wir all Ihre Aussagen vertraulich behandeln.«

Sie wich seinem Blick aus. »Es tut mir leid«, sagte sie. »Ich hätte nicht mitkommen dürfen.« Sie nestelte in ihrer Handtasche, legte einen Geldschein auf den Tisch und stand auf.

»Signora Bianchi!«, rief Rizzi ihr hinterher, aber sie drehte sich nicht zu ihm um.

*

Er trank aus, aber der Negroni schmeckte nicht mehr. Wenn er ehrlich war, musste er sich eingestehen, dass Bianchi in einem Punkt tatsächlich nicht ganz unrecht hatte: Er war dabei gewesen, die Grenze ein kleines bisschen ins Private zu verschieben, und rein sportlich betrachtet hatte er sich sogar gewisse Chancen ausgerechnet. Aber hätte irgendjemand an seiner Stelle anders gehandelt? Außerdem hatte er nicht den Eindruck, dass es Bianchi große Überwindung gekostet hatte, mit ihm auf die Piazza zu kommen.

Er legte zu Bianchis Geldschein noch einen dazu und ein paar Münzen obendrauf, setzte seine Mütze auf und nahm seine Tüte. Gut, dass er ihr nicht hinterhergelaufen war, auch wenn sie sich genau das vielleicht erhofft hatte. Er kannte sich bei der Frau nicht mehr aus und hielt alles für möglich.

Auf dem Weg über die Piazza holte er sein Telefon hervor und sah, dass er zwei Textnachrichten bekommen und einen Anruf verpasst hatte.

Erste Textnachricht: Gina wollte wissen, ob es etwas zu feiern gebe und wann er nach Hause komme. Sie würde etwas kochen, denke an gefüllte Paprikaschoten mit Kapern und Oliven, oder habe er eine bessere Idee?

Er schrieb zurück: »Perfekt. Alles Weitere später«, und versah die Nachricht mit einem Herz – was er sonst nie tat.

Die zweite Nachricht kam vom Polizeiposten und war von Teresa Villa, die wissen wollte, ob Cirillo und er immer noch bei Commissario Serra auf der Questura seien, ob er heute noch mal reinkomme und ob es eventuell Neuigkeiten gebe, auf die sie Ispettore Lombardi vorbereiten müsse. Zum Beispiel, ob er zum Leiter der Soko Capri ernannt worden war, auch wenn sie diesbezüglich noch keine Nachricht aus Neapel bekommen habe, aber das müsse ja nichts heißen.

»Alles so weit gut gelaufen«, textete er zurück. »Soko kein Thema. Einzelheiten morgen.«

Auf der Treppe zur Metro drückte er den Rückrufbutton mit dem Namen seiner Schwester. Barbara war sofort dran, und im Hintergrund waren Musik und Gelächter zu hören.

»Ich bin im Giampiero!«, rief sie. »Kommst du?«

»Du kannst nach Molo Beverello kommen«, antwortete er, »wenn ich schon das ganze Zeug schleppe« – aber er verstand ihre Antwort nicht. »Hallo?«, fragte er, während er am Fahrkartenautomaten das Ticket für die Einzelfahrt wählte. »Bist du noch dran?«

»Was sagst du dazu?« Barbaras Stimme klang abgehackt.

»Könnte doch die Lösung sein. Hörst du mich? Erri? Die Verbindung ist total beschissen.«

»Ich bin in der Metro«, sagte er.

»Wunderbar, dann kann ich sie dir auch gleich vorstellen.«

»Die Lösung?«, fragte Rizzi, aber am anderen Ende waren nur andere Stimmen zu hören, und dann war Barbara weg.

Das Giampiero befand sich auf der Via Benedetto Croce zwischen der Piazza San Domenico Maggiore und der Via San Sebastiano. Die Hitze stand immer noch in den Gassen, jeder einzelne Lavastein strahlte Wärme ab und machte aus Neapel einen gigantischen Backofen. Rizzi war zuletzt mit Alberto hier gewesen, als sie wegen Ersatzteilen bei Tullio im Mercato Pendino waren und Alberto danach im Centro Storico nach Schallplatten stöbern wollte. Seit er die Stereoanlage seines Großonkels aus den Siebzigerjahren in Betrieb genommen hatte, war das sein neues Ding.

Zum Giampiero gab es kein Schild, und auch in der Durchfahrt war kein Hinweis. Man musste schon wissen, dass die schmale Treppe hinter der Schneiderei zu Giampiero und dessen Giardini führte und dass man richtig war, wenn man in den Raum mit den Sofas, dem Klavier, dem Bücherregal und mit den Zeitschriften auf dem Tisch stolperte. Der Eindruck, in einem privaten Wohnzimmer gelandet zu sein, gehörte zum Konzept, genauso wie die Bastelarbeiten, die von der Decke hingen und die man zu Preisen kaufen konnte, die astronomisch waren.

Hinter einer Tür, die mit einem Teppich verhängt war, ging es zu den Giardini di Giampiero, die sich in Stufen und Terrassen über mindestens zwei Dächer erstreckten, und hier befand sich auch der riesige Pfennigbaum, der mit seinen weitverzweigten, krumm und schief gewachsenen Ästen uralt sein musste. Unmittelbar davor stand eine Frau mit widerspenstigen schwarzen Locken, die, umringt von Leuten, das große Wort führte. Obwohl sie ihre Pumps abgestreift hatte und barfuß war, sah sie in ihrem Hosenanzug trotzdem aus, als käme sie direkt aus der Staatsanwaltschaft – was wohl auch der Fall war.

»Erri!«, rief Barbara und streckte ihren Arm in die Höhe. »Das ist Rita, von der ich dir erzählt habe.«

Rita trug Jeans und T-Shirt, hatte volle Wangen und war mit all ihren Rundungen das Gegenteil von Zoe und ein Abbild von Samantha, um nur zwei Frauen zu nennen, die Barbara in ihrem Leben schon in die Wüste geschickt hatte – und zwar immer genau dann, wenn man anfing, sie ins Herz zu schließen. Das ging nicht nur Rizzi so, sondern auch dem Rest der Familie, und trotzdem nahm Marta als besorgte Mutter jedes Beziehungsende zum Anlass zu hoffen, dass Barbara nun vielleicht doch die Kurve kriegen und endlich den Mann fürs Leben kennenlernen würde, am besten jemanden aus ihrem beruflichen Umfeld, einen Richter oder Staatsanwalt, und zündete in der Küche vor der Gipsfigur von Padre Pio so lange die Kerze an, bis Barbara dann doch wieder die nächste Frau fürs Leben gefunden hatte.

Rizzi stellte die Tüte mit den eingemachten Auberginen und Tomaten unter den Pfennigbaum und fragte: »Seid ihr zwei jetzt eigentlich zusammen?«

Barbara überhörte die Frage, aber ihr Blick sagte: Ich bin dran – und erklärte: »Hör zu. Wegen Papà und seiner Diät. Rita hat eine Spitzenidee.«

Rizzi winkte ab. »Das haben wir im Griff. Ich muss los.«

»Warte!« Barbara nahm ihn am Arm, zog ihn zur Seite und berichtete, Rita sei Diätassistentin und habe zuletzt in einer »Wellness-Oase« im Piemont gearbeitet, in der man auf Leute spezialisiert war, die kontrolliert Fett reduzieren, also abnehmen mussten.

»Du willst Papà in eine Wellness-Oase schicken?«, fragte Rizzi. »Das ist der größte Quatsch, den ich je gehört habe.«

»Mit Ritas Beziehungen würden wir super Konditionen bekommen. Es wäre ein richtiger Neustart für Papà.« Barbara drückte ihm einen Ramazzotti in die Hand, und Rita erklärte, es gehe ja nicht allein ums Abnehmen, sondern auch um Gewichterhaltung und um die richtige »Work-Life-Balance«.

»Entschuldige«, wandte Rizzi sich an Rita, »aber du kennst unseren Papà nicht. Als gebürtiger Capreser verlässt er die Insel eigentlich nie und arbeitet immer noch wie ein Pferd. Er ist nicht so übergewichtig, er hat nur über die Jahre ein bisschen was angesetzt, und jetzt spielt sein Herz nicht mehr mit. Wenn wir ihm mit einer Klinik im Piemont und dem Wort ›Wellness‹ kommen, zeigt er uns den Vogel.«

»Aber auf dich hört er«, behauptete Barbara.

»Vergiss es.« Rizzi trank sein Glas in einem Zug aus, stellte es ab und wollte gehen, als er zwischen den Hortensien eine Polizistin in Uniform sah. Cirillo hatte ihre Mütze auf dem kleinen Tisch abgelegt, der sie von einem Mann trennte. Den Typ schätzte Rizzi auf vielleicht Mitte zwanzig, und auf den ersten Blick hätte er ihr Sohn sein können – was er aber definitiv nicht war, so zärtlich, wie er ihre Hand hielt und dabei auf sie einredete.

Während Rizzi dieses ungewöhnliche Paar betrachtete, dachte er plötzlich, dass Cirillo die Richtige wäre, um mit Manuela Bianchi zu reden. Sie würde Bianchi zum Sprechen bringen und herausfinden, welchen Verdacht sie hatte, an wen genau sie dachte und was sie über bestimmte Vorgänge hinter den Kulissen des Konservatoriums wusste.

In diesem Moment klingelte sein Telefon, und Cirillo guckte in seine Richtung. Er hob die Hand und signalisierte, dass er gleich mal kurz mit ihr sprechen wollte, und schaute aufs Display. Es war die Nummer von Giulia Grifo.

Er nahm das Gespräch an. »Ja, bitte?«, fragte er, entfernte sich von Barbara und Rita und trat hinter den Pfennigbaum.

»Ich möchte mich zunächst einmal entschuldigen«, erklärte Giulia Grifo. »Ich war vorhin etwas schroff.«

»Keine Ursache«, sagte Rizzi. »Wie gesagt, ich würde mich gerne einmal in Ruhe mit Ihnen unterhalten.«

»Eins nach dem anderen«, bat Giulia Grifo. »Was ich zuerst wissen muss: Sind Sie der Polizist, der meine Mutter gefunden hat?«

Rizzi zögerte. »Das ist richtig.«

Am anderen Ende wurde es still. Rizzi fiel nichts ein, kein Wort, keine Phrase – nichts, was dazu taugte, Trost zu spenden oder das Bild von Maria Grifo im Koffer auf dem Felsen schönzureden oder so zu beschreiben, dass es in der Fantasie der Tochter nicht noch schlimmer wurde, als es ohnehin schon gewesen war.

»Sind Sie noch dran?«, fragte er.

»Ich hätte ein paar Fragen, die mir keine Ruhe lassen und die nur Sie beantworten können.« Giulia Grifo bemühte sich um eine feste Stimme. »Wäre es möglich, dass Sie zu mir nach Procida kommen? Ich weiß, es ist eine Zumutung, aber am Telefon möchte ich nicht darüber sprechen, und ich kann wegen der Kleinen nicht weg.«

»Es ist überhaupt keine Zumutung, Signora Grifo.« Rizzi schaute auf die Uhr. »Ich fürchte nur, dass ich, selbst wenn ich das nächste *aliscafo* noch kriege, dann nicht mehr zurück nach Capri komme.«

»Würde Ihnen auch morgen Vormittag passen? Maria ist dann in der Schule, und wir hätten Ruhe.«

»Natürlich, Signora Grifo«, sagte Rizzi.

»Da ist noch etwas«, meinte sie zögernd.

»Sagen Sie es.«

»Ich habe heute Post von meiner Mutter bekommen.«

»Wie bitte?«

»Das Kuvert ist abgestempelt auf Capri, und zwar am sechsten. Das war Montag. Aber da war sie doch schon tot.«

»Sie könnte den Umschlag am Tag vorher eingesteckt haben, ich weiß nicht, wann die Post bearbeitet wird.«

»Ich traue mich nicht, den Umschlag aufzumachen«, sagte Giulia Grifo. »Mir ist das unheimlich. Es wäre mir wohler, wenn Sie dabei sind.«

»Gar kein Problem«, sagte Rizzi. »Aber heben Sie den Brief so lange an einer sicheren Stelle auf.«

»Noch etwas: Können Sie allein kommen? Ich meine, ohne Ihren Kollegen aus Neapel, diesen – mir fällt sein Name nicht ein.«

»Ich komme allein«, versprach Rizzi.

»Danke, Agente. Bis morgen.«

Er legte auf und starrte auf das Display. Ein Brief von Maria Grifo. Abgestempelt am Tag nach ihrem Tod.

»Warum habt ihr mir nicht auch eine Flasche Wein eingepackt?« Barbara war dabei die Tüte zu inspizieren, schaute auf und gab ihm einen Stups. »Alles in Ordnung?«

»Ich rede mit Papà, versprochen auch wenn diese Wellness-Idee völlig absurd ist.« Rizzi schaute zum Tisch, an dem Cirillo gesessen hatte, aber da standen nur noch zwei Gläser. Er blickte suchend durch die Menge. Überall Leute in Feierabendstimmung. Aber Cirillo war verschwunden. Auch der Mann war weg.

13

Cirillo hatte die Hände hinter dem Kopf verschränkt und starrte an die Decke. Die Balken da oben, fünf Stück, waren schon alte Bekannte. Sie kannte ihre Maserung, ihre Risse und Furchen und fragte sich, seit wie vielen hundert Jahren sie da oben wohl schon die schiefe Decke trugen.

»Woran denkst du?« Davide drehte sich zur Seite, angelte neben dem Bett nach den Zigaretten, klopfte zwei aus der Schachtel und bot Cirillo eine an. Sie lehnte ab, und Davide zündete sich eine an.

»Komm nach Neapel«, sagte er und pustete den Rauch zum offenen Fenster. »Du gehörst hierher.«

Cirillo antwortete nicht und fuhr fort, an die Decke zu starren.

»Es ist erstaunlich«, stellte Davide fest. »Du schweigst, wie sonst nur Neapolitaner schweigen. Ist dir das schon mal aufgefallen? Wir können uns mit Schweigen so gut wie mit Worten verständigen.«

Cirillo griff nach ihrem Telefon und schaltete den Apparat ein. Die digitale Uhr zeigte halb zwei Uhr morgens. Rizzi hatte zweimal versucht, sie anzurufen, aber keine Nachricht hinterlassen und auch keine Textmitteilung geschickt. Dann war es wohl auch nicht so wichtig gewesen. Sie warf das Telefon auf den Stuhl zu ihren Klamotten.

Es war ihr völlig egal, dass Rizzi sie mit Davide gesehen hatte und dass er jetzt überall herumerzählen konnte, dass sie etwas mit einem Mann hatte, der rein rechnerisch auch ihr Sohn sein könnte. Würde er das tun, diese Neuigkeit herumerzählen? Rizzi hatte so seine Defizite, aber er war nach ihrer Einschätzung keine Tratschtante.

»Warum ziehst du nicht hierher nach Neapel?«, wiederholte Davide und begann, sie zu küssen.

»Ich muss früh raus und das erste *aliscafo* nach Capri kriegen«, nuschelte Cirillo. »Schon vergessen?«

»Ich besorge ein Boot und rudere dich rüber«, sagte er.

Sie musste lachen, gab ihm einen Schubs, und er rollte von ihr runter.

Wie er sie anschaute – mit seinen langen Wimpern. Und überhaupt seine Haare. So viel Haare. Nicht zum ersten Mal fragte sie sich, was der Mann eigentlich von ihr wollte. Seit sie ihm in seiner Stammbar vor die Füße gestolpert war, ließ er sie nicht mehr in Ruhe. Seine Zuneigung rührte sie, und gleichzeitig erschreckte es sie.

»Okay, du willst nicht gerudert werden«, stellte er fest. »Und du willst auf Capri bleiben. Dann ist es wohl passiert. Du hast dich in die Insel verliebt. Wie alle.«

Cirillo schnaubte. »Niemals. Ich würde sofort weg, wenn ich könnte.«

»Und was hindert dich?« Davide forschte in ihrem Gesicht. »Was ist passiert?«, fragte er. »Warum bist du auf Capri und kannst nicht weg? Erzähl es mir.«

Sie langte über ihn rüber und nahm sich nun doch eine

Zigarette, zündete sie an, stand auf und ging zum Fenster.

Es war nicht mehr heiß, aber immer noch sehr warm, und von unten zog ein Essensgeruch herauf. Irgendjemand war immer am Kochen, am Telefonieren, am Streiten oder Liebe Machen, und nichts davon empfand sie hier als störend. Sie war in Neapel, und die Lebendigkeit unterschied sich so wohltuend von der gepflegten Ruhe des Stockholmer Vororts. Die Sehnsucht nach ihrem Sohn kam plötzlich und tat fast körperlich weh.

»Hast du Schulden?«, fragte Davide aus dem Halbdunkeln.

Schulden, dachte Cirillo. Wie wunderbar wäre es, wenn sie einfach nur Schulden hätte. Schulden hätte sie abstottern können, und es wäre nur eine Frage der Zeit gewesen, dass sie sie los wäre, ein für alle Mal. Sie pustete belustigt den Rauch in die Nachtluft.

»Wie viel?«, fragte er.

»Schlaf jetzt«, sagte sie und bemerkte den weichen Ton, der sich immer öfter in ihre Stimme schlich. Sie musste aufpassen. Davide begann, in ihr Leben einzudringen, und wollte mehr über sie erfahren. Fing er an, sich eine gemeinsame Zukunft vorzustellen? Die konnte es doch gar nicht geben.

Der Nachthimmel war klar, die Dächer sahen aus wie mit Bleistift gezeichnet, und wenn irgendwo ein Licht erlosch, flammte woanders wieder eines auf. Nur mittendrin, gar nicht weit entfernt, lag groß und schwer ein schwarzer Koloss. Sie beugte sich vor.

So oft hatte sie hier schon gestanden, aber es war ihr noch

nie aufgefallen. Das Gebäude war das Konservatorium. Sie konnte das obere Stockwerk erkennen, die Fenster, hinter denen sich die Räume befanden, die sie heute Nachmittag mit Rizzi und Manuela Bianchi abgeklappert hatte, die Studierzimmer, die Musikbibliothek, die Büros von Maria Grifo und Giancarlo Longhi. Die Fenster waren schwarze Löcher in der Dunkelheit.

Davide stellte den Aschenbecher auf den Boden. »Komm doch ins Bett.«

»Gleich.« Sie griff nach ihrer Hose auf dem Stuhl und zog den Umschlag aus der Gesäßtasche, das Schreiben der Banco di Napoli, das an Professoressa Maria Grifo adressiert war und das sie drüben, in Longhis Büro, gefunden und eingesteckt hatte. Schon die ganze Zeit trug sie das Kuvert mit sich herum. Jetzt riss sie es auf und entfaltete einen Kontoauszug.

Sie hielt das Papier schräg, damit etwas vom Mondlicht darauf fiel, und überflog die Daten und Zahlen. Am Ende der Saldo: 83 923 Euro – mit einem dicken Minuszeichen davor. Maria Grifo hatte offensichtlich einen Kredit aufgenommen, in der Höhe eines Jahresgehalts.

Cirillo schaute wieder zum Konservatorium hinüber. In einem der Räume war Licht angegangen, wo vorher noch alles dunkel gewesen war. Sie war sich ziemlich sicher. Sie faltete die Papierbögen zusammen, schob sie zurück in den Umschlag, und plötzlich lag das Konservatorium wieder im Dunkeln.

Wieder ein Licht. Für einen Moment waren zwei Räume erhellt, dann erlosch das hintere. Es sah aus, als ob jemand durch die dunklen Räume ging und von Zimmer zu Zimmer das Licht anknipste. Dann blieb ein Zimmer erleuchtet, als hätte das Licht sein Ziel gefunden.

»Davide«, fragte Cirillo halblaut. »Schläfst du?«

Er antwortete nicht. Es ging auf halb drei Uhr zu. Sie zog ihre Bluse an, die Hose, ihre Schuhe und machte sich auf Zehenspitzen auf den Weg zur Tür.

»Wo gehst du hin?«, fragte Davide.

»Nur mal kurz an die frische Luft«, erwiderte Cirillo.

»Kommst du wieder?«

»Schlaf weiter.« Sie zog die Wohnungstür hinter sich ins Schloss und lief fast geräuschlos die Treppe hinunter. Unten angekommen, trat sie auf die menschenleere Gasse hinaus.

*

Vor wenigen Stunden waren hier noch Geschäfte und Leute gewesen, jetzt gab es nur heruntergelassene, einbruchsichere Rolltore, hinter denen Schaufenster, Bars und Restaurants verschwunden waren, als hätte es sie nie gegeben. Straßenhändler hatten ihre Stände mit Plane umwickelt, verschnürt und verpackt, und an den Hausecken und Eingängen standen Tüten und Kartons für die Müllabfuhr. Katzen nutzten die Gunst der Stunde, strichen um Pizzareste und zerrissene Tüten und plünderten, was es zu plündern gab. Auf einem Treppenabsatz saß eine Gestalt, telefonierte und entfernte sich, als Cirillo sich in ihrer Uniform näherte.

Der Eingang zum Konservatorium war verschlossen, nichts anderes hatte Cirillo erwartet. Aber irgendwo müsste es doch einen Hintereingang geben. Sie bog in die Via San Sebastiano. Jedes Gebäude hatte einen Hintereingang.

Die Gasse war schmal, das Pflaster aus Lavastein rundgelaufen und glatt, wo Flaschen lagen, streckenweise auch klebrig. Cirillo leuchtete mit dem Smartphone die Wände ab. Auch hier, wo kaum jemand vorbeikam und der Weg immer enger wurde, war die Mauer flächendeckend mit Graffiti und Kritzeleien bedeckt, ein endloser Streifen, den kaum jemand zu Gesicht bekam. Man konnte ihn eigentlich nur als Protest gegen das Konservatorium selbst verstehen, gegen alles, was hinter den dicken Mauern gelehrt, gedacht und angestrebt wurde, und das hatte nichts oder nur sehr wenig mit dem Leben hier draußen zu tun – jedenfalls wenn man mal nur das betrachtete, was hier an Kondomen, Klopapierfetzen und anderem Unrat herumlag. Die Gasse war der perfekte Ort für eine schnelle Nummer oder um sich einen Schuss zu setzen oder sich einfach nur zu erleichtern – wie es der Mann in der Nische tat, der so besoffen war, dass er sich dabei kaum auf den Beinen halten konnte.

Nachdem er sein Geschäft verrichtet hatte und grummelnd weitergetaumelt war, sah Cirillo, dass sich genau da, wo sein Strahl die Wand dunkler gemacht hatte, eine Eisentür befand, die Hintertür, zwei Flügel und eine Klinke, die nur noch an drei Schrauben hing.

Cirillo musste nicht lange rütteln, bis der linke Flügel der Tür ein Stück zurücksprang. Sie fasste durch den schmalen Spalt, tastete mit den Fingern innen an der Tür entlang, fand einen Hebel, den sie herunterzuklappen versuchte, was ihr beim dritten Mal auch gelang. Das Tor ließ sich öffnen, schrammte über das Pflaster und machte dabei einen Höllenlärm. Ein süßlicher Gestank schlug ihr entgegen.

Sie hatte sich zu früh gefreut. Sie war nicht im Konservatorium, sondern im Müllraum gelandet, wollte schon umdrehen, als der Schein ihrer Taschenlampe zwei Augen erfasste, die sie anfunkelten. Erschrocken drückte sich Cirillo an die Wand, machte reflexartig ein zischendes Geräusch, und die Ratte eilte fast auf Augenhöhe über ein Rohr und verschwand. Jetzt erst sah sie das Schild an der Wand hinter den Tonnen: PER FAVORE CHIUDERE BENE – Bitte fest schließen. Es war an einer Tür mit einem kleinen Fenster angebracht, das mit weißer Farbe zugestrichen war.

Cirillo zog das Tor hinter sich zu und atmete in den Ärmel, während sie sich zwischen den Mülltonnen hindurchquetschte. Die Tür mit dem zugestrichenen Fenster war unverschlossen und führte in einen Vorraum, in dem Putzeimer standen, Kanister mit Reinigungsflüssigkeiten und Gummistiefel. Der Eindringling – wer immer es war –, der oben die Lichter an- und ausgeknipst hatte, war wahrscheinlich genau hier entlanggekommen. Sorge machte ihr nur das gelbe Warnlicht an der Wand, das auf eine Alarmanlage hindeutete. Aber sie musste es riskieren, drehte mutig am Knauf, der sich ganz warm anfühlte, als würde die Tür unter Strom stehen. Dann ertönte ein Klicken. Die Tür ging auf.

Der Raum dahinter war gekachelt. Durch schmale Fenster fiel warmes Laternenlicht herein, und das Mobiliar schimmerte hell darin: blitzblanke Arbeitsflächen, eine Kochinsel und hohe Schränke, zwischen denen sich eine Durchreiche befand, die Essensausgabe. Sie war in der

Kantinenküche gelandet, trat durch eine Schwingtür in den Speisesaal, wo an der Wand eine Reihe von Servierwagen parkte und der Fußboden aus zweckmäßigem Linoleum war. Lange Tischreihen, Stühle aus Stahlrohr. Nur die hohe Decke, ein weiß getünchtes Gewölbe, erinnerte daran, dass sie sich in einem ehemaligen Kloster befand.

Auf dem Gang, am Schwarzen Brett, hingen die Speisepläne und Listen mit Namen, wahrscheinlich Prüfungsergebnisse, und als Cirillo schon dachte, sie hätte sich verlaufen, stand sie plötzlich in der Vorhalle mit dem vertrauten Schachbrettmuster aus grauem Marmor. Hier war sie gestern Nachmittag mit Rizzi von draußen durch den Kolonnadengang hereingekommen. Jetzt kannte sie sich aus. Sie nahm die Treppe und beschloss, ihrer Intuition zu folgen und zuerst im Büro von Professor Longhi nachzuschauen.

Ihre Sohlen quietschten leise, was ihr am Tage gar nicht aufgefallen war, und sie wurde langsamer. Plötzlich überkam sie ein mulmiges Gefühl. Wie wollte sie eigentlich vorgehen? Sie hatte ja nicht einmal ihre Dienstpistole bei sich. Die hatte sie auf Capri gelassen, weil sie dachte, für eine Besprechung mit dem Commissario müsse sie ja kaum bewaffnet sein.

Angenommen, sie würde Longhi antreffen und die Situation war ganz harmlos? Wenn er nur die Zeit und die Ruhe nutzte, um in der Nacht aufzuarbeiten, was am Tage liegengeblieben war – weil die Polizei ihn ständig von der Arbeit abhielt? Wie würde sie ihm erklären, dass sie sich ohne Durchsuchungsbeschluss Zutritt zum Konservatorium verschafft hatte? Der Mann konnte, wenn er wollte, eine Riesensache daraus machen – und sie hätte, schneller, als sie gucken konnte, ein Disziplinarverfahren am Hals.

Rizzi konnte so eine Aktion bringen, der war nicht auf Bewährung und konnte sich darauf verlassen, dass Ispettore Lombardi seinen Kronprinzen im Falle eines Falles schon irgendwie raushauen würde. Aber für sie konnte ein solcher Patzer das Ende ihrer Karriere bedeuten.

Sie schaute den Flur hinunter, an den dunklen Kassettentüren und goldenen Bilderrahmen entlang. Und wenn hier nur ein Nachtwächter unterwegs gewesen war, jemand vom Sicherheitsdienst, der von Raum zu Raum ging und nach dem Rechten schaute, während sie bei Davide am Fenster saß und sich sonst was dachte.

Sie drehte um und ging denselben Weg zurück, den sie gekommen war. An der Treppe lauschte sie in die Stille. Sie hatte es vorhin schon gedacht, ob da nicht nur das Quietschen ihrer Sohlen war, sondern noch etwas, eine Melodie. Als würde es aus dem Gebäude selbst kommen, aus den dicken Mauern, die im Laufe der Jahrzehnte und Jahrhunderte schon so viel an Tönen und Musik aufgenommen hatten, dass sie die Melodien in der Nacht zurückgaben, wie eine Blume, die in der Dunkelheit aufzuleben begann und ihren Duft verströmte. Fein, hell und silbrig hörten sich die Töne an, wie aus einem anderen Jahrhundert.

Sie versuchte, der Musik zu folgen, hatte aber immer das Gefühl, in die falsche Richtung zu laufen. Mal schien sie der Musik näher zu kommen, dann war wieder gar nichts zu hören. Bis sie zufällig durchs Fenster, auf der anderen Seite des Atriums, ein Licht sah, allerdings so schwach, dass sie es im ersten Moment für einen Reflex auf der Scheibe hielt. Ganz unscheinbar zeichnete sich im Halbdunkel eine Silhouette ab, eine Büste, hätte man denken können, wenn sich diese Büste nicht ganz sachte hin und her bewegt hätte. Oder war es Einbildung? Nein, da beugte sich jemand vor und zurück.

Die Architektur des Gebäudes war eigentlich nicht besonders kompliziert, die meisten Räume waren um das Atrium herum angeordnet. Doch egal, wie sie es anstellte: Sie landete immer im Saal mit dem Stuhl von Richard Wagner. Aber hier war niemand, und die Musik war inzwischen verstummt.

Cirillo rührte sich nicht. Es roch nach Staub und Leder und ein wenig nach altem Papier. Der Vorhang an der Stirnseite des Raumes, der am Nachmittag fest zugezogen gewesen war, stand jetzt einen Spaltbreit offen. Aber vielleicht war das noch von ihr, als sie dahinter geschaut hatte.

Sie trat in den Bereich zwischen Vorhang und Tür. Manuela Bianchi hatte gesagt, dahinter sei die Musikinstrumentensammlung, die nicht frei zugänglich war und für die sie hätte einen Schlüssel holen müssen. Cirillo legte ihre Hand auf die Klinke, und in dem Moment, wie durch Zauberei, setzte die Musik wieder ein, die gleiche Melodie, die sie vorhin schon gehört hatte, nur lauter und klarer.

Vorsichtig drückte sie die Klinke herunter. Durch den schmalen Spalt sah sie im schummrigen Licht eine Gestalt von hinten, die an einem zierlichen Cembalo saß – einem Instrument, wie man es manchmal bei Schlossbesichtigungen zu Gesicht bekam. Im Schein der kleinen Lampe, die über den Noten befestigt war, bewegten sich die Hände des Menschen zielgerichtet und in einer Geschwindigkeit über die Tasten, als ob die Finger einem geisterhaften Automatismus folgten. Die Töne klangen metallisch und fein, wie Gold und Silber, und vielleicht lag es am spärlichen Licht, das nur diesen einen Ausschnitt beleuchtete, dass Cirillo die Augen schloss und sich dem Moment der Musik hingab. Es war, als ob es plötzlich keine Unordnung mehr gäbe, kein Chaos, keine unklaren Gedanken. Alles folgte einer Logik und Mechanik, hatte eine Notwendigkeit und fühlte sich auf wundersame Weise federleicht an.

Dann brach die Musik ab – ohne Vorwarnung und mittendrin. Cirillo öffnete verwirrt die Augen.

Die Person auf dem Hocker hatte die Hände noch auf den Tasten, den Kopf aber zur Seite geneigt, als wäre bei einer Marionette der Faden gerissen. Bevor Cirillo sich rührte, schaute der Musiker hoch zum Fenster. Cirillo folgte seinem Blick und brauchte eine Sekunde, um zu verstehen, dass der Umriss in der schwarzen Scheibe, den sie beide betrachteten, sie selbst war.

Als wäre die Sitzfläche plötzlich kochend heiß, sprang der Mann von seinem Hocker auf, machte einen Satz zur Seite, weg vom Instrument, als könnte er damit beweisen, dass er dort nie gesessen und gespielt hätte.

»Wer sind Sie?«, schrie er und schaute panisch an Cirillo vorbei, als erwarte er, dass hinter ihr noch mehr Polizisten hereinmarschierten. »Wer hat Sie gerufen? Ich habe nichts getan!«

»Ich habe Licht gesehen und Ihre Musik gehört und wollte der Sache auf den Grund gehen.« Cirillo überlegte, wo sie dem Mann schon einmal begegnet war. Er war jünger als Davide, vielleicht Anfang zwanzig, hatte eine helle

Haut und eine Brille, die eigentlich zu groß war für sein Gesicht.

»Ich arbeite an der Pforte«, erklärte er niedergeschlagen und setzte erschöpft seine Brille ab. »Ich habe Sie und Ihren Kollegen reingelassen, als Sie zu Professor Longhi wollten.«

»Ich bin keine Expertin«, sagte Cirillo, »aber ich finde, Sie haben sehr schön gespielt.«

»Bitte« – der Mann rang nach Worten und zeigte mit einer ausholenden Bewegung auf alles, was da im Halbdunkeln an alten Instrumenten herumstand –, »wenn rauskommt, dass ich die Schlüssel genommen habe und hier heimlich ins Allerheiligste eingedrungen bin, kann ich einpacken. Dann bin ich erledigt.«

»Tun Sie das öfters?« Cirillo trat näher. »Wie ist Ihr Name?«

»Sergio Palermo. – Bitte«, wiederholte er und legte flehend seine Handflächen aneinander. »Können wir die Sache einfach auf sich beruhen lassen?«

Es hatte nicht mit seinem Dackelblick zu tun, dass Cirillo keine Veranlassung sah, ihn wegen irgendetwas zur Rechenschaft zu ziehen. Nach ihrem Ermessen lag keine Straftat vor, nicht mal eine Ordnungswidrigkeit, und wie die Statuten in diesem Haus waren, ging sie nichts an. Aber das würde sie dem Mann nicht gleich auf die Nase binden. Sie ließ stattdessen ihren Blick durch den dunklen Raum schweifen und wiederholte seine Frage: »Die Sache auf sich beruhen lassen?«

Weiter hinten stand noch ein Cembalo, außerdem ein weiteres Tasteninstrument, das eine eckigere Form hatte.

So aus der Nähe betrachtet, kam es ihr vor, als wären all diese Instrumente für Kinder gemacht.

»Man kann über alles reden«, sagte sie. »Aber vorher müssen Sie mir ein paar Fragen beantworten. Sie wissen ja, wir ermitteln in einer Mordsache.«

Er hob abwehrend die Hände. »Damit habe ich nichts zu tun.«

»Natürlich nicht. Das sagen übrigens alle.«

»Es ist wirklich so!«

»Wollen Sie es bitte mir überlassen, das zu beurteilen?«

Er schwieg eingeschüchtert, und Cirillo betrachtete das Gemälde im Deckel des Cembalos, eine romantische Szene, Picknick in schöner Landschaft mit pausbäckigen Engeln, die vom Himmel herabschauten. Was der Zeitgeschmack alles so hervorbrachte.

»Was kostet eigentlich so ein Instrument?«, fragte sie.

Palermo zuckte nervös die Achseln. »Keine Ahnung. Es ist unbezahlbar. Hören Sie.« Er wartete, bis Cirillo ihn anschaute. »Ich verspreche, dass ich nie wieder diesen Raum betrete und hier auch nie wieder ein Instrument anrühre. Ehrenwort.« Er betonte jedes einzelne Wort und setzte wieder seinen Dackelblick auf. »Darf ich jetzt bitte verschwinden, und Sie sehen von einer Anzeige ab?«

»Jetzt beruhigen Sie sich mal.« Cirillo ging um das Cembalo herum. »Außerdem wäre es doch schade.«

»Was?«

»Wenn nie wieder jemand auf diesem Instrument spielte. Kennen Sie das Baujahr?«

»Spätes achtzehntes Jahrhundert.« Palermo rückte seine Brille auf der Nase zurecht. »Es gehörte Giovanni Paisiello.

Er persönlich hat auf diesem Cembalo gespielt. Er hat es von Katharina der Großen geschenkt bekommen.«

»Der russischen Zarin?«

»Er war Kapellmeister an ihrem Hof in Sankt Petersburg. Mit diesem Instrument hat sie sich bei ihm für seine Dienste bedankt. Ich meine, das hat doch Stil. Von 1776 bis 1784 war er dort.« Er fuhr mit der flachen Hand fast zärtlich an der lackierten Oberfläche entlang. »Das Gehäuse ist nach italienischem Vorbild gebaut. Auch der schnelle Anschlag der Tasten ist ganz klar italienische Schule. Während der Resonanzboden der französischen Schule nachempfunden ist.«

»Interessant.« Cirillo trat zurück, um das Instrument als Ganzes zu betrachten. »Aber Sie können mir natürlich alles erzählen.«

»Dann hören Sie jetzt mal.« Er setzte sich und schlug ein paar Töne an, eine Melodie, die Cirillo schon oft im Radio gehört hatte. »Die Register haben einen ganz individuellen Charakter«, erklärte er und spielte die Tonfolge noch einmal. »Der Ton wird nicht wie beim Fortepiano durch einen Hammer erzeugt, sondern die Saite wird wie bei der Harfe gezupft. Und zwar folgendermaßen: Mit dem Tastenanschlag setzt sich der sogenannte Springer in Bewegung, der in seiner Zunge einen Kiel führt. Sehen Sie?« Er zeigte unter den Deckel ins Instrument hinein. »Jetzt lasse ich die Taste los« – ein metallischer, silbriger Ton entstand. »Was passiert? Der Kiel schabt an der Saite vorbei. Das kleine Stück Filz dämpft dabei die Saite ab. Noch mal?« Er schlug die Taste an. »Die Messingsaite klingt wärmer, dunkler und ist etwas lauter. Hören Sie das? Die Saiten aus Eisen« – er spielte dieselbe Tonfolge noch einmal – »klingen viel heller und irgendwie auch feiner.«

Cirillo konnte den Unterschied nicht wirklich hören, sagte aber nichts – obwohl es kurios war, dass sie an Gold und Silber gedacht hatte, ohne zu wissen, dass es sich um Messing- und Eisensaiten handelte. Sie lehnte sich an die Wand. »Was wäre eigentlich passiert, wenn nicht ich Sie heute Nacht hier ertappt hätte, sondern Maria Grifo, wenn sie noch leben würde? Vielleicht hätte sie Ihnen sofort einen Platz im Konservatorium angeboten.«

Palermo legte seine Hände in den Schoß. »Was soll ich sagen? Keine Ahnung. Ich kenne die Frau nicht.«

»Sie ist doch jeden Tag an Ihrer Pforte vorbeigekommen.«

»Das bedeutet ja nicht, dass ich die Frau kenne.«

»Jetzt werden Sie mal nicht frech. Und denken Sie bitte nach: Was für einen Eindruck hatten Sie von der Frau? Ich will Ihre ganz subjektive Meinung hören.«

»Aber ich habe keine Meinung. Tut mir leid.«

»Hat sie gegrüßt, wenn sie vorbeiging?«

»Das schon.« Er nickte. »Klar.«

»Und haben Sie vielleicht mal ein paar Worte mit ihr gewechselt? Übers Wetter, zum Beispiel?«

Palermo hatte wieder seine Brille abgenommen und presste seine Finger an die Augen.

»Okay«, murmelte er. »Es kommt am Ende ja sowieso heraus.«

»Was kommt heraus?«

»Ich hatte schon einmal zu tun mit Maria Grifo, genauer gesagt: zweimal.« Er schaute an Cirillo vorbei, als würde er die Begegnungen noch einmal erleben, und es sah nicht so aus, als wäre er besonders glücklich darüber.

»Ich habe ihr vorgespielt«, erklärte er. »Nicht nur ihr natürlich, sondern der ganzen Kommission. Obwohl es am Ende dann ja doch sie ist, die den Daumen hebt oder senkt. Die anderen nicken bloß und schließen sich ihr an. Alles Schisser, wenn Sie mich fragen, von denen niemand etwas riskiert.«

»Sie haben es also versaut«, stellte Cirillo fest. »Aber wieso? Sie spielen doch fantastisch.«

»Die Professoressa war leider anderer Meinung.«

»Was hat sie gesagt?«

»Sie haben wirklich keine Ahnung, oder?« Er stand auf. »Ich habe keine Begründung bekommen. Die springen mit einem um, wie sie wollen. Als wären sie die Könige und man selbst der Bittsteller.« Er verstummte, starrte Cirillo mit offenem Mund an, setzte sich wieder und sagte: »Okay, man kann es sich natürlich zusammenreimen. Beim ersten Mal war die Sache relativ klar. Ich hatte gerade angefangen und mich gleich beim dritten und vierten Takt verhaspelt. Okay, könnte man denken, kann ja passieren in der Aufregung. Dann fangen Sie doch bitte noch mal von vorne an. Aber so läuft es nicht. Es hieß sofort: Schluss. Danke, es reicht. Winke-winke. Der Nächste, bitte.«

»Und beim zweiten Mal?«

»Haben sie mich zwar zu Ende spielen lassen, aber genommen haben sie mich trotzdem nicht. Und wissen Sie was? Es hat mich nicht überrascht. Als ich die Visage der Grifo gesehen habe – da war null Regung, nichts.« Er war ganz in sich zusammengesunken, doch jetzt setzte er sich plötzlich kerzengerade auf und sah plötzlich ganz hochmütig aus. »Was soll's?«, sagte er. »Ich versuche es im nächsten Jahr eben wieder.«

Cirillo betrachtete seine Hände, schmale Pianistenhände, und die Finger, die überraschend kräftig waren. Er bemerkte ihren Blick, verschränkte die Arme vor der Brust und verbarg seine Hände unter den Achseln.

»Das wäre dann das dritte Mal«, sagte er.

»Dann sitzt immerhin nicht mehr Maria Grifo in der Kommission«, sagte Cirillo. »Dann haben Sie vielleicht größere Chancen.«

Er errötete und wich ihrem Blick aus. »Sie haben recht«, murmelte er. »Daran habe ich noch gar nicht gedacht.«

»Natürlich nicht«, sagte Cirillo. »Wo waren Sie in der Nacht von Sonntag auf Montag?«

»Zu Hause«, antwortete er, als hätte er die Frage nach seinem Alibi schon erwartet.

»Zeugen?«

»Meine Eltern und meine Brüder. Insgesamt fünf Leute.« Er zeigte ihr alle fünf Finger seiner ausgestreckten Hand.

»Schreiben Sie mir Ihre Adresse auf.« Cirillo reichte ihm ein Stück Papier, das sie aus ihrer Hosentasche zog, und den Kugelschreiber aus ihrer Brusttasche.

Während sie zuschaute, wie er seine Angaben machte, überlegte sie, ob sie etwas übersehen hatte, irgendeinen Zusammenhang. Es war ein Gefühl, aber sie kam nicht drauf.

Er reichte ihr den Zettel mit seiner Telefonnummer und Anschrift, und erst jetzt bemerkte Cirillo, dass sie ihm einen Kugelschreiber des Hotels La Principessa gegeben hatte, wie ihn auch Maria Grifo in ihrer Rocktasche gehabt hatte, als sie sie tot in der Cala del fico fanden.

»Kam Ihnen Maria Grifo in der letzten Zeit irgendwie verändert vor?«, fragte Cirillo.

»Noch mal«, sagte er. »Die Leute gehen einfach an mir vorbei. Und die Professoressa sah sowieso immer aus, als ob ihr gerade ganz böse mitgespielt würde. Und alle sind immer nur um sie herumgetanzt, um sie bei Laune zu halten.«

»Wann haben Sie die Frau zuletzt gesehen?«

Er pustete hörbar die Luft aus. »Ja, doch«, sagte er, »es müsste am Sonntag gewesen sein. Ich erinnere mich, ich hatte Dienst, hier gehen ja die Leute auch sonntags ein und aus. Sie hatte einen kleinen Koffer dabei, schon als sie kam. Und bevor Sie fragen: Nein, ich habe sie nicht darauf angesprochen. Bei jedem anderen, bei Signora Bianchi zum Beispiel, hätte ich gesagt: Wo soll's denn hingehen? Oder: Gute Reise! Aber bei derProfessoressa war das total unangebracht. Sie hat immer Distanz gehalten. War mit ihren Gedanken sonst wo.«

»Nur wo?«, fragte Cirillo und schaute ratlos durch den halbdunklen Raum. Wo war Maria Grifo bloß mit ihren Gedanken gewesen, als sie am Sonntag das Konservatorium verließ und das Boot nach Capri nahm?

Sie ging durch den halbdunklen Raum zum Fenster. »Manuela Bianchi sagte, es gäbe hier auch eine Harfe von Stradivari, und ich dachte immer, dass er nur Violinen gebaut hat.« Sie schaute sich um. »Wo ist denn die Harfe?«

Palermo hatte sich von seinem Hocker erhoben, kam langsam um das Cembalo herum und starrte in eine Nische, in der ein Podest stand. »Die Harfe?«, stammelte er. »Gute Frage. Ich schätze mal, sie wurde zum Restaurieren gebracht.«

»Steht sie normalerweise hier?« Cirillo beleuchtete mit dem Smartphone die Nische und das Podest, das ungefähr hüfthoch war. »Hier? Kann darauf eine Harfe stehen?«, fragte sie.

»Die Stradivari-Harfe ist ein Tischinstrument«, murmelte Palermo.

Cirillo leuchtete ihm ins Gesicht. Auf seiner Stirn standen Schweißperlen.

»Ich will es nicht beschwören«, sagte er, »aber ich meine, als ich letzte Woche, Mittwoch, nachts hier gespielt habe, war sie noch da. Sie kann nur beim Restaurator sein. Oder sie wurde an ein Museum ausgeliehen.«

»Wer, außer Ihnen, hat noch Zugang zu diesem Raum?«

»Alle, die hier arbeiten und sich den Schlüssel holen.« Palermo starrte immer noch auf das leere Podest.

»Wenn die Harfe so klein ist, könnte sie sich ja auch jemand unter den Arm geklemmt haben.« Cirillo schaute sich um. »Gibt es hier keine Alarmanlage?«

»Nein.« Palermo zuckte die Achseln. »Sie können sich hier ja auch ohne Weiteres eine Originalpartitur von Paisiello oder Verdi aus dem Schrank geben lassen. Alles möglich.«

Cirillo überlegte. Ein Pförtner spielte nachts auf einem museumsreifen Cembalo. Eine Harfe von Stradivari stand nicht mehr an ihrem Platz, und die Leiterin des Konservatoriums war umgebracht worden. Cirillo nahm ihr Telefon und scrollte nach Rizzis Nummer.

»Wen wollen Sie denn jetzt anrufen?«, fragte Palermo. »Es ist fünf Uhr morgens.«

»Das geht Sie nichts an.«

»Professor Longhi wird um acht Uhr hier sein. Das ist in drei Stunden. Er wird Ihnen sicher bestätigen, dass die Harfe beim Restaurieren ist oder ausgeliehen.« Palermo öffnete und schloss seine Hände. »Es wird eine Erklärung geben. Aber wenn Sie jetzt Ihre Kollegen rufen – verstehen Sie? Das gibt ein Riesentamtam. Und es fliegt auf, dass ich hier nachts spiele. Dann werde ich gefeuert, es geht gar nicht anders.«

»Das hätten Sie sich früher überlegen müssen.«

Cirillo schaute auf ihre Uhr und überlegte. Drei Stunden. Es wäre machbar. Zumal es für sie auch den Vorteil hätte, dass sie ganz normal durch die Vordertür kommen könnte und niemandem erklären müsste, warum sie mitten in der Nacht ohne Durchsuchungsbeschluss ins Konservatorium eingedrungen war.

»Also gut«, sagte sie und steckte ihr Telefon wieder ein. »Sie schließen den Raum zu und halten sich zur Verfügung. Um Punkt acht Uhr bin ich wieder hier und gehe der Sache auf den Grund.«

14

Als Rizzi am Donnerstagmorgen, bevor er nach Procida aufbrach, um kurz vor halb neun Uhr an der Rampe parkte, die zum Polizeiposten hinunterführte, fiel ihm auf, dass Cirillos Motorroller nicht dort stand, wo er sich sonst um diese Zeit immer befand. Er schloss daraus, dass sie noch nicht im Büro war – was ihn verwunderte. Seit er sie kannte, nutzte sie die Stunde vor Dienstbeginn, um am Computer die Nachrichtenlage im Internet zu checken.

Er kontrollierte sein Telefon, stellte fest, dass Cirillo keine Mitteilung hinterlassen hatte, und betrat die Roxy Bar, wo Fortunata Parisi auf ihrem Stammplatz, dem Stuhl in der Ecke, das große Wort führte. Es ging um die alte Beatrice, die sie alle zusammen vor drei Tagen zu Grabe getragen hatten, und um einen »Schlag ins Gesicht«.

»Fragt Padre Ivano, wenn ihr mir nicht glaubt«, rief Fortunata mit sich überschlagender Stimme. »Aber ich sage euch: Es ist besiegelt, und selbst der Allmächtige wird nichts mehr daran ändern können.«

Rizzi hängte seinen Helm an die Tresenstange, beugte sich über die Theke, gab Gina einen Kuss und fragte: »Hast du es dir überlegt, oder bleibst du dabei?«

Während Alberto die Espressomaschine bediente, stellte Gina eine Untertasse mit kleinem Löffel bereit und antwortete, wie Rizzi befürchtet hatte: »Ich denke, ich bleibe dabei.«

Sie hatten gestern gestritten und sich danach zwar wieder versöhnt, aber das Problem blieb bestehen. Er liebte ihren Dickkopf, hätte sie dafür allerdings manchmal auf den Mond schießen können. Aber vielleicht musste man auf Capri geboren sein, um zu begreifen, wo die roten Linien waren, die man nicht überschreiten durfte. Zu glauben, ein Problem bei ihnen in Capri-Stadt zu lösen, indem man sich mit den anderen in Anacapri verbündete, war völlig abwegig. Gina unterschätzte, was ein solches Manöver zur Folge hätte und wie viele Feinde sie sich damit machen würde – und zwar dauerhaft. Ein solcher Winkelzug würde hier von niemandem so schnell vergessen werden.

»Edoardo.« Rizzi machte eine Handbewegung. »Komm doch mal her.«

Der schmächtige alte Mann mit der kleinen Brille und dem abgetragenen Sakko löste sich aus dem Kreis um Fortunata und legte lächelnd einen Arm um Rizzis Schulter. »Die alte Beatrice, diese Hexe«, sagte er voller Anerkennung. »Sogar unter der Erde ist sie noch für eine Überraschung gut.«

»Hör zu.« Rizzi schlug den vertraulichen Ton an, für den Edoardo so empfänglich und der in diesem Fall tatsächlich auch angebracht war. »Es geht um die neuen Räume an der Via Sopramonte. Du weißt schon, die sogenannte Übergangslösung für die Musikschule.«

Edoardo nickte, aber sein Lächeln erstarb.

»Wir wissen alle«, fuhr Rizzi fort, »dass die Räume ein schlechter Scherz sind. Es gibt keine Heizung, dafür feuchte Wände, und auf die Frage, wie man dort Unterricht machen soll, zumal es ja auch auf den Winter zugeht, bekommt man nur ein Achselzucken. Deshalb meine Frage: Mit wem kann ich reden? Mit Alessio?«

»Vergiss es«, erklärte Gina und servierte Rizzi den Espresso. »Habe ich alles schon versucht. Nicht wahr, Edoardo?«

Edoardo seufzte. »Die Musikschule ist ein schwieriges Thema, und ich fürchte, ich kann euch da nicht weiterhelfen, niemand kann das.«

Rizzi rührte den Zucker in seinen Espresso und sagte: »Du kennst die Zuständigen wie kein anderer, hast jahrelang mit ihnen an einem Tisch gesessen und weißt, dass sie ihren Hintern immer nur dann hochkriegen, wenn sie einen persönlichen Vorteil davon haben. Was diese Beamtenschädel nicht verstehen, ist, dass die Musikschule für uns alle von Vorteil ist. Weil sie eine gute Sache für unsere Kinder ist und zu unserem Gemeindeleben beiträgt. Das muss man ihnen mal klarmachen.«

Edoardo rang die Hände. »Siehst du nicht, dass wir alles versucht haben? Alessio hat nicht geruht und alles getan, um für diese verdammte Musikschule das Ausweichquartier in der Via Sopramonte zu finden. Erinnere dich, wie schwer es war, die Asylbewerber aus dem Schuppen rauszukriegen. Gott sei Dank sind die Leute jetzt in Neapel. Unsere Möglichkeiten auf der Insel sind nun mal begrenzt, das muss man irgendwann akzeptieren.«

»Blödsinn«, stellte Rizzi fest. »Wir sind so reich, wir ersticken alle noch in unserem Geld, und du redest um den heißen Brei.«

»Weil du nicht verstehen willst, dass es auch noch andere Probleme gibt als Ginas Musikschule.«

»Welche?« Rizzi schob die Tasse beiseite. »Meinst du den Investor, der die alte Immobilie an der Via Certosa gekauft hat und dort die wievielten Luxusapartments reinknallt? Oder gibt es Umverteilungsprobleme bei den Bestechungsgeldern, die da geflossen sind?«

»Es ist aussichtslos, Erri.« Gina ließ ein Cornetto aus der Zange auf Rizzis Teller gleiten. »Und ehrlich gesagt: Mir steht es bis hier.«

»Liebling.« Rizzi schaute Gina mahnend an und tippte an den Teller. »Hättest du nicht vielleicht auch eins mit Schokolade?«

Gina starrte auf das Cornetto, als hätte sie noch nie in ihrem Leben Blätterteig mit Aprikose gesehen, nahm den Teller und verschwand damit wortlos nach hinten in die Backstube.

»Ich bin mal ganz offen.« Rizzi wedelte einen Fussel von Edoardos Jacke. »Wenn Alessio glaubt, die Sache wie üblich einfach aussitzen zu können, täuscht er sich. Im Gegenteil, er riskiert einen Skandal, von dem er und ganz Capri sich so schnell nicht wieder erholen werden. Gina ist zu allem entschlossen. Das sage ich jetzt nur dir, Edo, und du wirst dich noch an meine Worte erinnern.«

Edoardo nickte bedächtig und fragte: »Kannst du mir eventuell einen Hinweis geben, was genau Gina vorhat?«

Rizzi warf einen kurzen Blick nach links, wo Marco stand und Giuseppe etwas auf seinem Telefon zeigte, und sagte: »Aber behalt es für dich, Edo. Gina hat Kontakt zur Musikschule in Anacapri aufgenommen.«

»Was hat sie?«

»Die haben sich sehr offen gezeigt und binnen vierundzwanzig Stunden ein Angebot gemacht.«

»Und was genau heißt das?«, fragte Edoardo alarmiert.

»Sie haben Räume zur Verfügung gestellt. Es war überhaupt kein Problem. Man muss jetzt nur noch den Transfer der Schüler von Capri nach Anacapri organisieren, aber ich schätze, daran wird es nicht scheitern. Zumal die in Anacapri wirklich sehr lösungsorientiert sind.« Rizzi band seinen Helm von der Tresenstange los. »Ich stelle mir schon vor, wie Pellicano darüber berichtet: *Anacapri gewährt Capris Musikschülern Asyl.* Wie ich ihn kenne, wird er das Thema über mehrere Wochen von allen Seiten und in allen Details beleuchten und bei jeder Gelegenheit wieder aufwärmen.«

»Das musst du ihr ausreden, Erri«, bat Edoardo mit gedämpfter Stimme. »Wie stehen wir denn sonst da?«

»Ich fürchte, mein Freund, da kann ich nicht mehr viel tun.« Er klopfte Edoardo auf die Schulter, beugte sich über die Theke, wo Gina mit hochrotem Kopf ein Blech voller Cornetti abstellte, und strich ihr etwas Puderzucker von der Wange.

Als er die Bar verließ, hörte er, wie Edoardo zu Gina sagte: »Hör zu, *carissima.* Man kann doch über alles reden. Außerdem war immer klar, dass die Via Sopramonte nur eine Übergangslösung sein kann.«

Draußen schaute Rizzi sich um. Marco Sasso stieg in seine Ape und ließ den Motor an.

»Warte!« Rizzi hob die Hand. »Ich muss mit dir reden.«

Aber Marco sah ihn nicht oder wollte ihn nicht sehen,

holperte mit der Ape vom Bordstein, dass die Transportkisten auf der Ladefläche hüpften, gab Gas und nahm im Kreisverkehr die Ausfahrt nach Marina Grande.

*

»Hat Cirillo sich gemeldet?«, fragte Rizzi, als er den Polizeiposten betrat und durch die offene Tür zum Büro sah, dass ihr Platz am Schreibtisch leer und ihr Stuhl ordentlich rangeschoben war.

Matteo Savio hinterm Empfangstresen daddelte an seinem Handy und hatte ihre Abwesenheit noch gar nicht bemerkt, und Teresa Villa rief aus der Kaffeeküche: »Sie wird schon noch auftauchen.«

Rizzi ging zu seinem Schreibtisch, zog die Schublade auf und fragte, während er zwischen den Visitenkarten und Aufladekabeln zu wühlen begann: »Weiß Schifino Bescheid, dass er mich nach Procida rüberfährt?«

Teresa machte sich einen Pfirsich zurecht und ordnete die Stücke sternförmig auf einem Teller an. »Die Dienstfahrt ist noch nicht genehmigt.« Sie wischte sich die Hände an einer Serviette ab, und ihre Armreifen klirrten dabei leise. »Der Ispettore wünscht diesbezüglich mit dir zu sprechen.«

»Heißt das, ich muss zu ihm rauf?« Rizzi fluchte – und fand die Visitenkarte, die er suchte. Ganz unten lag sie. *Manuela Bianchi, Stimmbildung und Sprecherziehung* – mit Mobil- und Festnetznummer. »Was hat er denn für ein Problem?«, fragte er und steckte das Kärtchen ein.

»Er will vermutlich wissen, worum es bei der Dienstfahrt geht.«

Rizzi blieb an ihrem Schreibtisch stehen und nahm sich ein Stück Pfirsich. »Was ist das eigentlich für eine Aufregung um die alte Beatrice?«, fragte er. »Irgendetwas, das ich wissen muss?«

»Padre Ivano bekommt ihre Immobilie nicht.«

»Im Ernst?« Er goss sich ein Glas Wasser ein. »Ich dachte, es wäre beschlossene Sache gewesen. War er damals nicht sogar noch mit Beatrice beim Anwalt?«

»Aber jetzt geht die Kirche komplett leer aus.« Teresa setzte sich, und der Tischventilator zauste empört die Blütenblätter der Dahlien in der Vase. »Nach allem, was Padre Ivano für die Benzoni-Schwestern getan hat. Sie mussten doch bloß mit den Fingern schnippen, und er war zur Stelle. Und das ist jetzt der Dank?«

»Wer kriegt denn die Immobilie?«, fragte Rizzi. »Irgendein Verwandter? Ich dachte, da wäre niemand.«

»Das Rätselraten ist in vollem Gange.« Teresa richtete den Tischventilator neu aus, und die Dahlien kamen zur Ruhe. »Eine Fraktion glaubt, dass Salvatore der Glückliche ist. Stell dir mal vor, unser Straßenkehrer zieht mit seinem Krempel ins schönste Haus an der Via Madre Serafina und errichtet dort seine Müllhalde. Das würde dem Ganzen natürlich die Krone aufsetzen.« Teresa setzte ihre Brille auf. »Es ist alles eine einzige Farce. Wenn die arme Clarissa wüsste, was ihre verrückte Schwester da kurz vor ihrem Tod noch eingefädelt hat, sie würde sich im Grabe umdrehen.«

Rizzi stieg die Stufen hoch und dachte an die Worte von

Edoardo Caruso: Die alte Beatrice, immer für eine Überraschung gut. Und er hatte absolut recht. Sie war immer so unbedarft und harmlos dahergekommen mit ihrer verbeulten Handtasche, aber eigentlich zeit ihres Lebens unberechenbar gewesen.

Auf halbem Wege blieb Rizzi noch einmal stehen. »Weißt du eigentlich, was mit Marco los ist?«, fragte er durchs Treppengeländer. »Er geht mir aus dem Weg.«

»Marco Sasso?« Teresa schaute kurzsichtig auf den Computerbildschirm. »Was soll mit ihm sein? Er ist schlecht drauf.«

»Warum?«

Teresa setzte ihre Brille auf. »Nunzia ist doch jetzt, wo sie in Delikatessen machen, die Feine und will nicht mehr an der Kasse sitzen – ausgerechnet, wo Marco nach dem Umbau und allen Investitionen jede helfende Hand braucht. Da kann man schon verstehen, dass er mit Leichenbittermiene herumläuft.«

*

Wie immer, wenn Rizzi zu Ispettore Lombardi hereinkam, war er erst einmal geblendet. Zu groß war der Kontrast zum Gemeinschaftsbüro unten und ihrem Blick durchs vergitterte Fenster auf Mülltonnen und Streifenwagen. Und wenn Rizzi den Ispettore eines Tages beerben und seinen Stuhl einnehmen würde, wäre seine erste Tat, diesen Stuhl umzudrehen, damit er rausgucken konnte zum Golf von Neapel, statt, wie Lombardi, mit dem Rücken zu all diesen

Blau- und Türkistönen, Schaumkronen und Wolkenformationen zu sitzen.

Lombardis kahler Schädel, eingesunken zwischen Schultern und goldbestickten Epauletten, war im Panoramabild der dritte Buckel neben den beiden Höckern des Vesuvs, die von federleichten Wolken umkränzt wurden. Der Ispettore setzte seine Unterschrift auf ein Dokument, klappte die Ledermappe zu, schraubte den Deckel auf den Füllfederhalter und sagte: »Was stehen Sie so herum? Treten Sie näher, Agente. Nicht so schüchtern. Und machen Sie die Tür zu, damit die Hitze draußen bleibt.«

Rizzi gehorchte und sagte: »Es geht um meine Dienstfahrt nach Procida. Ich sollte längst unterwegs sein.«

»Wo ist Agente Cirillo?«, fragte Lombardi. »Sie agieren schon wieder, ohne Rücksprache zu halten, schreiben keine Protokolle und machen, was Sie wollen.«

Rizzi überlegte, ob es nicht ohnehin Zeit war, den Ispettore einzubeziehen und zu sagen, dass er sich Sorgen machte, weil seine Kollegin sich nicht meldete und spurlos verschwunden war, oder ob er Cirillo dadurch nur zusätzlich und am Ende vielleicht völlig unnötig in Schwierigkeiten brachte.

»Was ist los? Raus mit der Sprache.«

»Ich weiß es nicht«, antwortete Rizzi wahrheitsgemäß und entschied sich zu berichten, dass er sie, nachdem sie im Anschluss an den Termin in der Questura dem Konservatorium einen Besuch abgestattet hatten, nicht mehr gesehen hatte, als sich sein Telefon in der Hosentasche bemerkbar machte. Ein Blick aufs Display zeigte: Es war Cirillo. Rizzi nahm das Gespräch an.

»Wo bist du?«, rief er in den Hörer, lauschte und sagte: »Warte, ich bin gerade beim Ispettore und stelle dich auf Lautsprecher.« Er legte den Apparat in die Mitte auf den Schreibtisch.

»Buongiorno«, grüßte Cirillo und berichtete, sie sei immer noch in Neapel und schon wieder auf dem Weg ins Konservatorium – wenn auch später als gedacht, denn sie hätte sich die Nacht um die Ohren geschlagen, sei aber zu möglicherweise interessanten Ergebnissen gekommen, die dem Fall eine ganz neue Wendung geben könnten.

Lombardi stützte sein Gesicht auf die Hände, schloss die Augen und sagte: »Schießen Sie los.«

Cirillo berichtete von Sergio Palermo, dessen heimlichen Konzerten in der Musikinstrumentenkammer und dass die Harfe von Stradivari verschwunden war. »Das Instrument ist ein Unikat und von unschätzbarem Wert. Sammler würden dafür Millionen hinblättern. Es stand anscheinend völlig ungesichert im Raum. Könnte aber sein« – ein Hupen war im Hintergrund zu hören –, »dass die Harfe an ein Museum ausgeliehen oder zum Restaurieren gebracht wurde. Das werde ich jetzt überprüfen.«

»Brauchst du Unterstützung?«, fragte Rizzi und nahm sich ein Blatt Papier und Lombardis Füllfederhalter.

»Bevor wir die Kollegen informieren« – Cirillos Stimme hallte –, »will ich erst einmal herausfinden, ob es nicht für alles eine einfache Erklärung gibt.«

»Tun Sie das.« Lombardi tupfte sich mit einem Taschentuch die Stirn.

»Noch eine Sache«, meldete sich Rizzi zu Wort und berichtete, wie Manuela Bianchi ihm gestern eine Antwort auf die Frage schuldig blieb, wer im Konservatorium ein Motiv hätte, Maria Grifo umzubringen. »Bist du noch dran?«, fragte er.

»Wie konnte das passieren?«, wollte Cirillo am anderen Ende wissen.

»Sie hat das Gespräch völlig überstürzt beendet und ist Hals über Kopf davongelaufen«, erklärte Rizzi.

Cirillo versprach, sich die Frau noch einmal vorzunehmen.

»Gibt es sonst noch etwas?«, fragte Lombardi.

»Noch eine Kleinigkeit«, sagte Cirillo, und ihre Stimme hörte sich plötzlich so nah an, als würde sie mit am Tisch sitzen. »Die Grifo ist bei ihrer Bank mit über achtzigtausend in den Miesen.«

»Woher wissen Sie das?« Lombardi beugte sich vor.

»Ich habe die Unterlagen gesehen.«

»Also«, sagte Lombardi, ohne weitere Nachfragen zu stellen. »Wir gehen folgendermaßen vor. Agente Cirillo, Sie begeben sich unverzüglich ins Konservatorium und klären den Verbleib der Stradivari-Harfe, aber behutsam. Wenn herauskommt – und davon gehe ich jetzt mal aus –, dass alles in Ordnung ist mit der Harfe, schauen Sie, dass Sie diese Signora Bianchi zu fassen kriegen, um auszubügeln, was Agente Rizzi anscheinend verbockt hat. Und das war's. Klar? Danach: Rückzug. Keine weiteren Schritte. Und Sie, Agente Rizzi, fahren jetzt nach Procida zu Giulia Grifo. Worauf warten Sie?« Er machte eine Handbewegung, als wollte er Rizzi aus dem Raum wedeln. »Schifino wird Sie rüberfahren. Ich gebe ihm jetzt Bescheid. An die Arbeit, Agenti.« Und dann sagte Lombardi noch einen Satz, den

Rizzi in dieser Situation bemerkenswert fand und den er nicht oft vom Ispettore zu hören bekam: »Sie haben meine volle Rückendeckung.«

15

Die Überfahrt nach Procida dauerte im Normalfall vierzig Minuten, aber Giorgio Schifino schien sich vorgenommen zu haben, für die Strecke von Insel zu Insel einen neuen Rekord aufzustellen – was ganz in Rizzis Sinne war. Er hatte Giulia Grifo am Morgen getextet, er werde spätestens um zehn Uhr dreißig auf Procida sein, hatte die Ankunftszeit im Laufe des Vormittags immer weiter nach hinten verschoben und war jetzt froh, wenn er es, wie zuletzt angekündigt, wenigstens noch vor zwölf Uhr schaffte. Auf seine letzte Frage, ob es für Giulia Grifo eventuell günstiger wäre, wenn er nicht am Haupthafen, sondern auf der Südseite, im Fischerhafen Corricella, landete, für ihn war es nämlich völlig egal, hatte Giulia Grifo gar nicht mehr geantwortet, und Schifino entschied, wie geplant den Haupthafen anzusteuern.

Während die Boote rechts und links zur Seite spritzten und steuerbord das *aliscafo* nach Ischia durchs Wasser pflügte, einen breiten Schaumteppich hinter sich herziehend, berichtete Schifino, den Blick auf den Horizont gerichtet, dass sein Jüngster nach sechs Jahren in der Schweiz angekündigt hatte zurückzukommen und schon im nächsten Frühjahr ein Restaurant bei ihnen an der Via Boffe eröffnen wollte.

»Der alte Herumtreiber«, rief Schifino in den Wind. »Jetzt soll er mal zeigen, was er in der Fremde gelernt hat.«

Die Insel Procida tauchte aus dem Dunst auf, lang ausgestreckt und wunderschön mit der Brücke nach Vivara, dem Naturschutzgebiet auf der Nachbarinsel im Westen. Schifino fuhr einen Bogen und steuerte auf den Haupthafen und die bunten Häuser zu. Alles sah so heiter und fröhlich aus, dass man auf den ersten Blick hätte glauben können, Procida sei tatsächlich die Insel, auf der man sich noch etwas von der vielbeschworenen Ursprünglichkeit bewahrt hatte, die auf Ischia und Capri verloren gegangen war. Eine Person, die von Capri weggegangen war, um auf Procida neu anzufangen, und die hier anscheinend ihr großes Glück gefunden hatte, hätte das eventuell bestätigen können. Wie immer, wenn Rizzi auf Procida zusteuerte, suchte er da oben das Haus von Matilda, einen rosafarbenen Würfel am Rande von Terra Murata, unterhalb der Abtei San Michele Arcangelo.

»Wann hast du sie eigentlich zuletzt gesehen?«, fragte Schifino, als könnte er Gedanken lesen, und sein mitfühlender Ton versetzte Rizzi einen Stich.

»Ist schon eine Weile her«, erklärte er kurz angebunden und sah, dass Matilda auf dem Dach Wäsche aufgehängt hatte, weiße Laken, die im Wind flatterten.

Sie fuhren hinter dem *aliscafo* und einer Nussschale mit Außenbordmotor in den Hafen ein, und Rizzi hielt Ausschau nach Giulia Grifo, von der er nicht einmal wusste, wie sie aussah. Er stellte sie sich ähnlich vor wie ihre Mutter, klein, mit dunklen Haaren, und sah wieder die Tote vor sich, die bläulichen Lippen, die aufgeplatzten Äderchen auf der fleischigen Nase, ihre embryonale Haltung im Koffer mit den Armen vor dem Oberkörper.

Eine Person am Ende der Mole, mit einem Hund an der Leine, legte suchend ihre Hand über die Augen, und Rizzis Telefon meldete den Eingang einer Nachricht. Wie er vermutet hatte: von Giulia Grifo.

Sie schrieb, nachdem sie sich den ganzen Vormittag frei gehalten habe, könne sie ihren Zwölf-Uhr-Termin nun nicht auch noch verschieben und erwarte ihn daher um ein Uhr vor der Kirche Maria Santissima e San Giovanni Battista. Die Nachricht endete mit den Worten: *Bitte um Bestätigung.*

Rizzi wollte sich nicht über den Kommandoton ärgern und auch nicht darüber, dass Giulia Grifo sich herausnahm, der Polizei, die extra einen Beamten aus Capri herüberschickte, die Termine zu diktieren. Er ahnte, wie schwer für Giulia Grifo alles war – auch wenn sie selbst um das Treffen gebeten hatte. Schließlich würde sie mit dem Polizisten konfrontiert sein, der ihre Mutter gefunden und mit eigenen Augen deren Leiche im Koffer gesehen hatte. Das Unvorstellbare wurde so Stück für Stück Realität, was auch notwendig war, um sich mit dem Tod der Mutter auseinanderzusetzen.

Rizzi bestätigte den Termin, dreizehn Uhr, Kirche, und verabredete mit Schifino als neue Abholzeit sechzehn Uhr und dass er Bescheid geben würde, falls sich abzeichnete, dass es früher oder später wurde. Er sprang an Land, Schifino legte seine Hand an die Mütze, drehte ab, und Rizzi blieb an der Mole zurück. Er hatte plötzlich eineinhalb freie Stunden vor sich, und es lag nahe, das als schicksalhafte Fügung zu betrachten und die Zeit zu nutzen.

Er schaute sich die Leute an der Mole an und auf der Via Roma, musterte die Frauen in seinem Alter, die vor der Kaffeebar schwatzten, an den Ständen den Fisch begutachteten, mit Einkaufstaschen in den Gassen verschwanden, und hielt Ausschau nach Matilda. Wer weiß, vielleicht lief sie ihm über den Weg. Es kam ihm nicht mal in den Sinn, sie anzurufen und zu ihr raufzugehen, um einen Kaffee mit ihr zu trinken und sie zu fragen, wie es ihr ging, was das Leben seither mit ihr gemacht hatte, ob sie glücklich geworden war mit ihrem Kapitän, und ihr vielleicht auch zu gestehen, dass sie ihm manchmal fehlte.

Wenn sie auf Capri gewesen war, sah er es nur an der Kerze, die sie am Grab ihres gemeinsamen Sohnes anzündete. Manchmal bekam er auch eine Nachricht von jemandem, der sie sichtete, oft sogar bevor sie die Insel betrat, wenn jemand sie bei der Überfahrt entdeckte. Aber bei Rizzi meldete sie sich nie, ging nur ans Grab, zündete die Kerze an – und verschwand wieder. Er versuchte, es nicht persönlich zu nehmen, und erklärte es sich so, dass sie wahrscheinlich Angst hatte, das Schweigen zu brechen, weil dann alte Wunden wieder aufreißen konnten und alles, was sie sich inzwischen aufgebaut hatten, ins Wanken geraten würde. Sie hatten beide für ihren Sohn einen Platz in ihrem Herzen eingerichtet, aber der andere musste draußen bleiben, wurde ausgesperrt, und vielleicht sollte man das einfach mal als Tatsache akzeptieren.

»Rizzi!«

Er dachte, jemand von den Leuten würde rufen, die um

die Ape herumstanden, an der Obst und Gemüse verkauft wurden. Dann erst sah er eine beleibte Gestalt vor dem kleinen Laden, zwischen Sonnenhüten und Kühlschrankmagneten, die Uniform trug und sich, mit den Armen rudernd, in Bewegung setzte.

»Ich sehe wohl nicht richtig.« Agente Rosario Ragusa wedelte mit der Hand. »Ich habe gerade erst mit Ambrosi gewettet, ob sich hier überhaupt noch jemand von euch blicken lässt. Dachte noch, vielleicht ja der werte Ispettore Lombardi persönlich oder gar jemand von der Mordkommission aus Neapel. Und jetzt kommst du: der aufrechte Rizzi – smart und gut in Form wie eh und je.« Er tätschelte Rizzi den Nacken. »Und weißt du was? Ich hätte es mir denken können.«

Rizzi salutierte vor dem Kollegen, der unter den Inselpolizisten fast schon ein lebendes Denkmal war. Nicht nur, weil er der Dienstälteste war und schon auf Streife gewesen war, als Rizzi noch keinen Schimmer hatte, dass er selbst Polizist werden würde, sondern auch wegen seiner Körperfülle. Ragusas Umfang war legendär und hatte über die Jahre und Jahrzehnte ein solches Ausmaß angenommen, dass der Mann nur noch begrenzt einsatzfähig war.

»Warum sagt uns niemand Bescheid, dass du kommst?«, fragte Ragusa, während sie aus der Sonne gingen.

Rizzi berichtete, es handele sich um eine reine Routineangelegenheit, keine große Sache, die sich kurzfristig im Zuge der Ermittlungen ergeben hatte, und natürlich hätte er danach auch noch am Polizeiposten vorbeigeschaut.

»Ich glaube dir kein Wort«, sagte Ragusa und lächelte wohlwollend. »Aber ich kann mir schon vorstellen, was bei euch auf Capri gerade los ist. Und Luigi Lombardi ist ja für vieles bekannt, aber nicht unbedingt für seine Nervenstärke, habe ich recht?«

»Komm.« Rizzi nahm Ragusa am Arm. »Lass uns etwas essen.«

Sie steuerten das nächste Restaurant an, das keine fünfzehn Schritte entfernt war, und Ragusa sackte – froh um jeden Meter, den er sich sparen konnte – auf den allerersten Stuhl, machte Rizzi mit dem Kellner bekannt und winkte nach dem Padrone.

Vom Meer wehte ein leichter Wind herüber, weiße Segel leuchteten in der Sonne, und am Himmel kreisten Möwen. Während eine Katze um seine Beine strich, bestellte Rizzi *Linguine ai ricci di mare,* die er immer bestellte, wenn er nach Procida kam, also ungefähr einmal im Jahr. Und jedes Mal hatte er sich gefragt, warum Seeigel nirgends so gut schmeckte wie auf Procida, bis ein Fischer in Corricella ihm verriet, man dürfe das Fleisch der Seeigel auf keinen Fall kochen, sondern nur erwärmen, um ihm nicht den delikaten Meeresgeschmack und damit die Nuance zu nehmen, die den Seeigel so unverwechselbar und höchstens noch mit Austern vergleichbar machte. Außerdem, behauptete er, solle man nur weibliche Seeigel nehmen, die seien zarter, und man würde sie daran erkennen, dass sie kleiner und ihr Fleisch blasser seien.

»Jetzt erzähl.« Ragusa legte sein kariertes Stofftaschentuch zusammen und verstaute es in der Hosentasche. »Was ist los bei euch auf Capri? Man hört ja die tollsten Sachen.«

Er faltete erwartungsfroh die Hände über seinem Bauch und lehnte sich so weit zurück, dass seine Füße vom Boden abhoben.

Rizzi berichtete, dass der Mord an Maria Grifo immer noch ein großes Rätsel war, dass eine Spur zu einem Angestellten im Hotel führte, in dem die Grifo abgestiegen war, diese Spur aber letztlich im Sande verlief. Die große Frage – abgesehen von der Frage nach Motiv und Täter – war immer noch, warum Maria Grifo überhaupt an jenem verdammten Sonntag, dem fünften September, nach Capri gekommen war.

»Weil bei euch das große Geld sitzt«, erklärte Ragusa, als wäre es die Erklärung für alles. »Schau dich doch mal um.« Er machte eine ausholende Handbewegung, die alles um ihn herum einbegriff. »Hier leben nicht gerade die Multimillionäre, und ich sage auch nicht, dass wir auf Procida alle Heilige sind – aber Mord und Totschlag? Ich bitte dich! Davon sind wir weit entfernt. Dabei wohnen bei uns fast genauso viele Leute wie bei euch, nur auf halber Fläche und viel dichter zusammen. Und trotzdem herrscht bei uns im Großen und Ganzen doch immer noch Frieden, abgesehen von kleinen Kabbeleien. Und man merkt es auch – findest du nicht?«

Rizzi träufelte Zitrone über Seeigel und Linguine und fragte: »Was weißt du über Maria Grifo und ihre Tochter Giulia? Sind sie dir ein Begriff?«

»Die Mutter kenne ich nicht.« Ragusa schaute mit zusammengekniffenen Augen einer Frau im luftigen Strandkleid hinterher. »Habe die Dame hier noch nie gesehen. Und die Tochter ist ja nur eine Zugezogene und hier vor allem bekannt als die Frau, die so blöd war, Nello Vanzi zu heiraten. Entschuldige, dass ich es so simpel ausdrücke.«

Rizzi signalisierte dem Padrone hinter der Theke: perfekt – und fragte: »Wieso blöd?«

»Vanzi hat sie damals nicht nur mit dem Kind, sondern auch mit all seinen Schulden sitzenlassen und ist spurlos verschwunden.« Ragusa kratzte sich am Kopf. »Und alle Leute, die mit Vanzi eine Rechnung offen hatten – und das waren einige –, haben sich an die sitzengelassene Giulia Grifo gehalten. Aber an wen hätten sie sich auch sonst halten sollen?«

»Wie lange ist das her?«, fragte Rizzi.

»Wie alt ist das Kind? Sieben oder acht Jahre?« Ragusa beugte sich ein wenig vor. »Ich würde gerne mal wissen, wie viele Kinder auf Procida von Vanzi sind. Das war so ziemlich das Einzige, was der Mann konnte, und Giulia Grifo war nicht die Einzige, die sich mit ihm eingelassen hat. Nur, wie gesagt, die einzige Dumme, die ihn geheiratet hat.«

»Lebt sie allein?«, fragte Rizzi.

Ragusa nickte. »Und sehr zurückgezogen. Arbeitet als Zahnarzthelferin. Rackert und rackert und kommt doch auf keinen grünen Zweig. Und wenn ich ihr etwas wünsche – dann, dass sie in der ganzen Tragödie wenigstens eine kleine Erbschaft macht und endlich rauskommt aus dem Schlamassel. Schon wegen der Kleinen. Maria heißt sie übrigens, wie ihre Großmutter.«

*

Der Platz vor der Kirche Maria Santissima e San Giovanni Battista war um kurz vor ein Uhr mittags wie leergefegt – nur ein alter Mann saß auf dem Stuhl vor dem Café, sein Gesicht so verwittert wie die Hauswand hinter ihm. Es gab keinen Schatten, nur Sonne, Himmel, graues Pflaster und ein Kinderkarussell, das geschlossen war. Autos parkten dicht an dicht hinter den Pollern und Absperrketten, und wenn das braune Gestrüpp in den Töpfen zwischen den Sitzbänken der Versuch war, den Platz mit Buchsbaum zu begrünen und zu verschönern, konnte dieser Versuch als gründlich gescheitert betrachtet werden. Aber vielleicht war Rizzi auch zu streng. Er kam eben von der schönsten Insel der Welt, und wie schön Capri war, wurde ihm immer erst wieder bewusst, wenn er den direkten Vergleich hatte.

Die Kirche war allerdings wirklich hübsch verputzt in einem warmen Gelb, nur die Pilaster und Verzierungen waren mit weißer Farbe hervorgehoben. Ein schmiedeeiserner Zaun schirmte den Eingang gegen den Platz ab. In der Mittagshitze machte ein Liebespaar Selfies mit dem Glockenturm im Hintergrund und im Weitergehen ein Foto von Rizzi: Polizist in Uniform mit Sonnenbrille vor Kirche. Rizzi schaute auf die Uhr. Er war immer noch fast zwanzig Minuten zu früh.

Die Temperatur in der Kirche war angenehm, das Licht freundlich, und es duftete unaufdringlich nach Weihrauch. In einer der vorderen Bänke saß in sich zusammengesunken eine alte Frau und neben ihr ein Typ, der seine Schirmmütze verkehrt herum aufgesetzt hatte und mit offenem Mund an die Decke starrte. Auf der anderen Seite des Mittelgangs hatte sich eine Frau niedergelassen, die nur aus einem pastellfarbenen Sonnenhut mit breiter Krempe zu bestehen schien. Vor dem Altar standen Vasen mit künstlichen Blumen. In einem Glaskasten war mit alten Puppen eine biblische Szene nachgestellt worden, und vor dem Beichtstuhl fegte ein Mann im Kittel so gründlich, dass man den Eindruck bekam, alles hier drinnen und auch sonst auf der Welt habe schon seine Ordnung und Richtigkeit.

Rizzi holte Münzen aus seiner Hosentasche, steckte sie in den Holzkasten und zündete Kerzen an: eine für Matilda, an die er heute so viel gedacht hatte, wie schon lange nicht mehr, und mit der er immer verbunden sein würde – egal, wie sehr sie sich aus dem Weg gingen, eine für Vito, ihren gemeinsamen Sohn, der für kurze Zeit das Licht der Welt erblickt, aber nie die Sonne gesehen hatte – und das lag nicht daran, wie Padre Ivano behauptete, dass er »für diese Welt zu gut«, sondern dass sein Herz zu klein und zu schwach gewesen war. Egal, wie Rizzi es drehte und wendete, er fand die Worte des Pfarrers noch heute anmaßend, schließlich hatte er den Kleinen genauso wenig gekannt, wie Rizzi seinen Sohn gekannt hatte. Die Worte, die damals als Trost gemeint gewesen waren, störten sein Verhältnis zum Padre bis heute.

Von draußen drang das Geknatter eines Mopeds herein, und Rizzi zündete noch eine Kerze an, für die Menschen, deretwegen er heute nach Procida gekommen war: für Giulia Grifo, die ihre Mutter verloren hatte, für Maria Grifo, die Enkelin, und für Maria Grifo selbst, von der er zwar inzwischen einiges wusste, aber immer noch nicht genug, um sie annähernd zu verstehen.

Jemand schnäuzte sich leise. Ohne dass Rizzi es bemerkt hatte, waren die alte Frau und der Mann mit der Schirmmütze verschwunden, und auch der Typ mit dem Besen war fort. Nur die Frau mit dem Sonnenhut war noch da, sie hatte sich erhoben, wanderte zwischen den Säulen entlang und schaute in dem Moment herüber, als auch Rizzi zu ihr hinschaute.

»Signora Grifo?«, fragte er. Die Mütze unterm Arm, ging er auf die Frau zu. Er hatte sich Giulia Grifo ganz anders vorgestellt, weniger elegant, weniger Lippenstift, weniger Ausschnitt. Die Frau war wunderschön. Rizzi lächelte.

»Grifo«, wiederholte die Frau mit englischem Akzent und schüttelte bedauernd den Kopf. *»No, I'm sorry«*, sagte sie und setzte ihre Sonnenbrille auf.

Er schaute ihr hinterher, ihrem Kleid und dem Po, der sich darunter abzeichnete und bei jedem Schritt auf das Schönste hervorgehoben wurde. So versunken war er für ein paar Sekunden, dass er die Person, die hinter ihm stand, erst bemerkte, als sie sagte: »Entschuldigen Sie, wenn ich störe. Ich glaube, wir sind verabredet.«

Giulia Grifo war eher klein, trug eine weiße Hose, eine fliederfarbene Bluse und hatte schulterlange schwarze Haare. Eine Ähnlichkeit mit Maria Grifo war zweifellos vorhanden, ohne dass sie sofort ins Auge sprang.

»Freut mich, dass Sie gekommen sind«, sagte Rizzi und streckte seine Hand aus. »Und mein herzliches Beileid. Auch im Namen des Ispettore von Capri.«

Sie machte keine Anstalten, seine Hand zu ergreifen, und

schaute ihn aus geröteten Augen so durchdringend an, dass er drauf und dran war zu fragen, ob alles in Ordnung war. Der dick aufgetragene Kajal um ihre Lider ließ sie noch erschöpfter aussehen, und ihre Lippen waren ein dünner Strich.

»Vielleicht war es ein Fehler, Sie anzurufen«, sagte sie, zog geringschätzig die Augenbrauen hoch und stellte fest: »Ja, es war ein Fehler.« Ohne ein weiteres Wort ließ sie ihn stehen.

»Warten Sie«, rief er ihr nach. »Wir haben uns doch noch gar nicht unterhalten.« Er lief ihr hinterher. »Was ist denn in Sie gefahren?«

Vor der Kirche glänzte ihr Haar in der Sonne, fiel ihr bei jedem Schritt wie ein Vorhang vors Gesicht und wurde von ihr immer wieder wütend beiseite geschoben. »Tut mir leid, dass Sie extra den weiten Weg gemacht haben«, sagte sie. »Aber es hat keinen Zweck. Es war eine dumme Idee von mir gewesen.«

»Ich verstehe Sie nicht.« Rizzi versuchte, mit ihr Schritt zu halten, und dachte, sie würde das Café ansteuern, aber sie ging an den Tischen und Stühlen vorbei und bog in die nächste Quergasse. »Das können Sie nicht so einfach beschließen«, erklärte Rizzi. »Wir stecken mitten in den Ermittlungen und sind auf Ihre Hilfe angewiesen. Außerdem sollte es doch in Ihrem Sinne sein.«

»Ich weiß, Sie machen nur Ihre Arbeit, aber ich habe lange genug mit Männern zu tun gehabt, die Frauen auf den Arsch glotzen, das ist alles. Ich erwarte nicht, dass Sie es verstehen.«

»Sie haben da etwas gründlich missverstanden, und ich

fürchte, es geht hier um etwas ganz anderes. Jetzt bleiben Sie doch mal stehen!«

Sie blieb tatsächlich stehen und holte einen Schlüssel aus ihrer Tasche.

»Außerdem haben Sie um das Treffen gebeten«, sagte Rizzi. »Aber ich kann Sie sonst auch gerne vorladen.«

»Tun Sie das. Aber dann möchte ich mit einer Frau sprechen.« Sie schloss die Holztür in dem großen Tor auf. »Wir zwei kommen jedenfalls nicht mehr zusammen.«

»Das glaube ich einfach nicht. Jetzt hören Sie mir mal zu.« Kurz bevor die Tür vor seiner Nase zufiel, erwischte Rizzi sie am Knauf. »Wenn Sie wollen, dass der Fall aufgeklärt wird, sollten Sie besser kooperieren«, rief er ihr hinterher.

Die schmale Einfahrt war vollgestellt mit leeren Gemüsekisten, Kartons und anderem Gerümpel. Eine Klimaanlage summte, und es roch nach Abluft. Irgendwo dudelte ein Radio. Rizzi stieg über ein Kinderfahrrad.

Giulia Grifo war über eine Treppe in einem Nebengebäude verschwunden, das im Erdgeschoss Gitter vor den Fenstern hatte. Auf den Treppenstufen zum ersten Stock standen Töpfe mit vertrocknetem Basilikum, Transportkisten, Sneaker und Sandalen mit hohem Absatz.

»Darf ich reinkommen?«, fragte Rizzi, als er oben an der Tür klopfte.

Der Raum lag im Halbdunkel, war nur vom Licht erhellt, das durch die geschlossenen Läden fiel, und mit einem Tisch, drei Stühlen und einem Küchenbüfett möbliert. Seitlich war ein Bereich mit einem Vorhang abgetrennt, und geradeaus ging es in einen zweiten Raum, in dem Giulia

Grifo vor einem Spiegel stand und sich die Haare zum Zopf zusammenband.

»Sie sind unverschämt«, rief sie. »Warum fragen Sie überhaupt?« Sie knipste in der Küche das Licht an. »Wie nennt man das? Hausfriedensbruch?«

Im Neonlicht kam zur Geltung, was im Halbdunkeln gnädig verborgen geblieben war: der Vorhang, der halb heruntergerissen war und nur unvollständig die Schlafcouch dahinter verdeckte. Die fehlenden Türen des Kleiderschranks. Die Klappstühle, die für den Tisch zu niedrig waren. Der einzige Gegenstand, der aus einer anderen Welt zu kommen schien, war ein Notenständer, doch der war über und über mit Klamotten behängt.

Giulia Grifo nahm den Wäschekorb vom Stuhl. »Bringen wir es hinter uns«, sagte sie. »Aber ich warne Sie: Um zwei kommt meine Tochter, und dann müssen Sie weg sein. Also, was wollen Sie wissen?«

»Noch einmal«, begann Rizzi. »Es tut mir leid, wenn Sie etwas falsch verstanden haben. Wir tun alles, um herauszufinden, was passiert ist, aber, ganz ehrlich, wir tappen ziemlich im Dunkeln.« Er schob ein dünnes Kissen zurecht und setzte sich. »Deshalb hat mich Ihre Nachricht, dass Sie einen Brief von Ihrer Mutter bekommen haben, ziemlich elektrisiert.« Er hängte seine Mütze an die Lehne. »Darf ich ihn mal sehen?«

Giulia Grifo hantierte am Herd. »Bevor ich Ihnen irgendetwas zeige, müssen Sie mir eins verraten.« Der Deckel der Kaffeedose fiel scheppernd zu Boden, Giulia Grifo hob ihn wieder auf, wandte sich zurück an den Herd und fragte: »Wie war es, als Sie meine Mutter gefunden haben?«

Sie drehte Rizzi den Rücken zu, starrte gegen Fliesen und rührte sich nicht. »Wie war die Situation?«

»Die Situation«, wiederholte Rizzi und suchte nach einer passenden Antwort. »Schwer zu sagen«, erklärte er lahm. »Was meinen Sie?«

»Sie waren doch vor Ort. Wie hat sich die Sache abgespielt.« Sie drehte sich ungeduldig zu ihm herum. »Ich habe ein Recht darauf, es zu erfahren.«

»Natürlich«, erwiderte Rizzi. »Aber was soll ich Ihnen erzählen?«

»Die Wahrheit.« Im kalten Licht und mit dem Kajal um die Augen sah sie aus wie ein Gespenst. »Beschreiben Sie, wie es war. Von Anfang an. Sie werden doch nicht alle Tage zu einem Koffer gerufen, in dem eine Leiche steckt.«

»Tut mir leid«, sagte Rizzi. »Es handelt sich hier um laufende Ermittlungen. Sie müssen verstehen –«

»Sie sind feige«, stellte sie resigniert fest, entzündete ein Streichholz und machte am Herd die Gasflamme an. »Wie alle Männer.« Sie schob ihre Hände in die Hosentaschen und kam näher. »Aber eine Frage müssen Sie mir beantworten. Nur eine einzige.« Sie blieb vor Rizzi stehen. »Wie sah sie aus?«

»Wie sie aussah?« Rizzi schaute hilflos durch den Raum zur Anrichte, wo ein Foto stand, ein lachendes, blondes Mädchen.

»Friedlich«, sagte er. »Sie sah friedlich aus.«

»Sie lügen.« Giulia Grifo knallte eine Tüte mit Biscotti auf den Tisch. »Ich habe meine Mutter gesehen. Ich musste sie identifizieren und werde diesen Anblick nie vergessen. Ich sage Ihnen: Die Frau, die Sie gesehen haben, hatte nichts, aber auch gar nichts mit meiner Mutter zu tun.« Sie wandte sich ab und schaute gegen die geschlossenen Läden. »Wissen Sie, worüber ich immer wieder nachdenke? Ob sie ihrem Mörder in die Augen gesehen hat und ob diese Augen das Letzte waren, was sie von der Welt wahrnahm. Und ich versuche immer wieder, es mir vorzustellen.« Sie sank auf die Stuhlkante. »Wie lange dauert es, bis einem schwarz vor Augen wird? War sie sofort tot oder hat sie schon vorher das Bewusstsein verloren?« Sie schaute Rizzi an – und nahm sich einen Keks. »Ich sehe, Sie haben keine Ahnung. Aber wovon haben Sie überhaupt eine Ahnung? Sie sind doch Polizist. Wissen Sie irgendetwas?«

»Signora Grifo.« Rizzi legte eine Hand auf den Tisch. »Bitte hören Sie auf. Das bringt doch nichts.«

Sie betrachtete seine Finger, die Schramme auf der Haut, stand wortlos auf und ging zum Herd. Der Duft von Kaffee breitete sich aus.

»Haben Sie den Brief?«, fragte Rizzi. »Können wir ihn öffnen?«

Die Espressokanne röchelte, aber Giulia Grifo antwortete nicht.

»Ich schlage vor«, erklärte Rizzi pragmatisch, »das machen wir jetzt zuerst, und dann sehen wir weiter.«

Stille. Nur die Gasflamme war noch zu hören. Giulia Grifo stand reglos vor dem Herd, und Rizzi sah, wie ihre Schultern sich lautlos hoben und senkten.

Er stand auf, legte behutsam eine Hand auf ihren Nacken und nahm sie in den Arm. Sie schluchzte, ihr ganzer Körper wurde geschüttelt, und er konnte sie nur halten und hatte keine Worte.

Irgendwann holte sie Luft, wischte sich mit dem Handrücken über die Augen, wandte sich ab und schnäuzte sich. Öffnete erst den einen, dann den anderen Schrank. Stellte Tassen auf den Tisch, überlegte, schenkte Kaffee ein und setzte sich. Dann öffnete sie am Tisch eine Schublade.

»Wann ist der Brief angekommen?«, fragte Rizzi.

»Gestern.« Sie betrachtete die Rückseite, die kleine goldene Krone und den dunkelblauen Schriftzug des Hotels La Principessa – und legte den Umschlag mit der Adresse nach oben in die Mitte des Tisches.

»Machen Sie ihn auf«, sagte sie. »Bitte.«

Er betrachtete die Handschrift, mit der Maria Grifo die Adresse zu Papier gebracht hatte, die gleichmäßigen Ober- und Unterlängen, die Ausreißer nach oben beim ersten Buchstaben eines Wortes, machte das Kuvert auf und zog einen DIN-A5-Bogen aus dem raschelnden Seidenfutter heraus. Er faltete das Papier auseinander. Maria Grifo hatte beide Seiten dicht beschrieben, hatte viele Worte an ihre Tochter gerichtet, ohne zu ahnen, dass sie wenige Stunden später tot sein würde.

»Mein liebes Kind«, begann Rizzi – und schaute hinüber zu Giulia Grifo.

Sie saß kerzengerade, hatte den Kopf gesenkt, die Augen geschlossen und die Hände andächtig im Schoß gefaltet.

Ich weiß, Du bist böse, dass ich heute nicht dabei bin. Bitte drück Maria ganz fest von mir, und sag ihr, wir holen die Geburtstagsfeier nach und machen eine richtige Party – mit Sfogliatelle und Cannoli bis zum Abwinken und mit jeder Menge Cola.

Ich sehe zu Euch rüber und winke von Capri nach Procida. Mir gefällt die Vorstellung, dass – wenn Du diesen Brief in Händen hältst und ihn liest – unser Leben schon nicht mehr dasselbe sein wird, sondern dass bereits die Weichen für den Neuanfang gestellt sind. Jetzt staunst Du, nicht wahr, amore? Deine alte Mutter! Wenn alles gut geht – und davon gehe ich fest aus –, sehen wir einer wunderbaren Zukunft entgegen. Und bei aller Vorfreude bricht es mir fast das Herz zu wissen, dass Du gerade heute besonders böse auf mich bist und von diesen Zeilen und dieser Zukunft noch gar nichts ahnst. Aber es soll schließlich eine Überraschung sein.

Ruf mich an, wenn Du diese Zeilen gelesen hast, vielleicht weiß ich dann schon mehr. Einzelheiten will ich hier nicht schriftlich verraten. Verzeih die kryptischen Andeutungen, aber es geht nicht anders. Nur eins sage ich Dir jetzt schon: Das Konservatorium hat mich die längste Zeit gesehen. Ich hänge meinen Job an den Nagel, das ist sicher, und auf die dummen Gesichter freue ich mich jetzt schon. Und Du, mein liebes Kind, überleg Dir, wo Du in Zukunft leben willst. Vielleicht gehen wir in die Schweiz?

Sei umarmt und innig gedrückt von Deiner

Mamma

P.S. Du glaubst nicht, wen ich gesehen habe! Aber das ist ein anderes Thema. Ich sage Dir nur: Das Leben ist manchmal verrückt!

Rizzi ließ den Briefbogen sinken und schaute auf. Giulia Grifo saß unverändert da, die Hände im Schoß, den Blick gesenkt, die Augen geschlossen, nur dass ihr jetzt lautlos die Tränen übers Gesicht liefen.

»Meine Mutter.« Sie fuhr sich mit dem Handrücken über die Wange. »Sie war so ein wundervoller Mensch. Voller Liebe und Wärme.« Sie lachte und heulte zugleich: »Und einfach immer für mich da. Verstehen Sie?« Sie schniefte. »Sie hätte alles für mich getan – und ich für sie«, fügte sie hinzu, stand auf und wischte sich mit der Hand die Tränen aus dem Gesicht. »Ich weiß gar nicht, wie ich ohne sie weitermachen soll«, sagte sie.

»Haben Sie eine Idee, was sie mit ihren Andeutungen gemeint haben könnte, was für eine Geschichte dahintersteckt?«, fragte Rizzi.

»Keine Ahnung.« Giulia Grifo zuckte die Achseln. »Wirklich nicht. Sie hatte immer einen Plan, und wenn alles noch so beschissen war – sie hat doch irgendwo ein Licht am Horizont gesehen.«

Rizzi schob den Brief zurück in den Umschlag. »Ein paar Fragen stellen sich mir schon«, sagte er. »Zum einen ist da ein Kredit, auf den wir gestoßen sind. Ihre Mutter hatte fast hunderttausend Euro Schulden. Wussten Sie davon?«

Giulia Grifo zuckte die Achseln. »Sie stand immer in der Kreide, solange ich denken kann. Mal mehr, mal weniger, und daran bin ich auch nicht ganz unschuldig. Aber sie hat ja nicht schlecht verdient und immer gesagt: Kind, mach dir keine Sorgen. Ich habe das im Blick.« Giulia Grifo lächelte wehmütig.

»Sprechen Sie von den Schulden, die Ihnen durch Ihre Ehe entstanden sind?«, fragte Rizzi.

»Ich sehe, Sie haben Erkundigungen über mich eingezogen.« Giulia Grifo wischte mit der Hand ein paar Krümel vom Tisch. »War ja wahrscheinlich auch nicht so schwer. Die Leute zerreißen sich bis heute das Maul über mich. Wie ich so blöd sein konnte.« Sie knüllte das Taschentuch zusammen. »Nello war ein Arschloch, ein wirklich fieser Mensch, aber was wir gemeinsam haben, ist, dass wir beide nicht besonders gut mit Geld umgehen können. Doch im Gegensatz zu mir fand er – genauso wie meine Mutter – immer Mittel und Wege. Da waren die beiden sich gar nicht mal so unähnlich. Schauen Sie.« Sie zeigte Rizzi ihren Ringfinger, wo in blauer Tinte ein zentimeterbreiter Streifen mit einem Muster tätowiert war. »Für Ringe hat unser Geld damals nicht gereicht, und meine Mamma wollte uns – aus gutem Grund, wie ich heute weiß – nichts dazugeben. Sie hat Nello von Anfang an nicht über den Weg getraut, und ich war damals echt sauer. Und dann kam er auf die glorreiche Idee, dass wir uns die Ringe einfach stechen lassen. Hat ein Kumpel von ihm gemacht, als Hochzeitsgeschenk. Meine Mutter fand es unmöglich, aber ich war glücklich. Damals jedenfalls.« Traurig schaute sie auf den tätowierten Streifen an ihrem Finger.

»Haben Sie einen Verdacht, warum Ihre Mutter nach Capri gefahren sein könnte?«, fragte Rizzi.

»Sie können mir glauben: Ich grübele schon die ganze Zeit darüber nach und komme zu keinem Ergebnis.«

»Hat sie Capri in der letzten Zeit in irgendeinem Zusammenhang erwähnt oder eine Angelegenheit, die mit Capri zu tun hatte?«

Sie stützte ratlos ihren Kopf auf die Hände. »Warum

fährt sie ausgerechnet an Marias Geburtstag nach Capri? Mir ist das alles ein Rätsel.«

»Wen könnte sie auf Capri getroffen haben?«

Sie stand auf, nahm die Kanne vom Tisch und ging damit zur Spüle.

»Was denken Sie?«, fragte Rizzi.

»Wie oft soll ich es noch sagen?«, schrie Giulia Grifo. »Ich weiß es nicht!«

»Hatte sie einen Geliebten?«, fragte Rizzi. »Was ist mit Professor Longhi?«

»Giancarlo? Aus dem Konservatorium?« Giulia Grifo lachte kurz auf und schüttelte den Kopf. »Giancarlo ist ein lieber Kerl, und ich glaube, er hätte alles für meine Mutter getan, aber für ein romantisches Wochenende zu zweit wäre er nicht der Passende gewesen. Außerdem war meine Mutter mit dem Thema Männer durch, und sie war darüber, glaube ich, auch nicht unglücklich.«

»Und wie sah es mit Frauen aus?«

»Blödsinn. Das ist albern.«

»Ich versuche nur, alles in Betracht zu ziehen.« Rizzi blätterte in seinem Notizbuch, überflog die Einträge, die er dort gestern und vorgestern gemacht hatte, und fuhr fort: »Professor Longhi hat Ihre Nummer in seinem Telefonspeicher. Warum? Sind Sie mit ihm befreundet?«

»Giancarlo hat meine Nummer für alle Fälle, damit er mich erreichen kann, zum Beispiel, wenn Mamma ihr Telefon verliert. Was auch schon vorgekommen ist. Sie müssen wissen: Meine Mutter war wahnsinnig unordentlich, aber sehr gut organisiert.«

»Wussten Sie, dass sie eine Pistole hat?«

»Ja.«

»Fühlte sie sich bedroht?«

»Sie wollte gewappnet sein.«

»Für welchen Fall?«

»Keine Ahnung.«

»Überlegen Sie.«

»Ich weiß es nicht!« Giulia Grifo lief erregt in der Küche auf und ab. »Sie hat sich einfach besser gefühlt mit dem Ding in der Handtasche.« Sie legte den Kopf in den Nacken, als würde ihr die Absurdität ihrer Worte und des Sicherheitsgefühls ihrer Mutter bewusst werden, und schlug wieder die Hände vors Gesicht.

Rizzi holte noch einmal den Brief aus dem Kuvert und faltete ihn auseinander. *»Du glaubst nicht, wen ich hier gesehen habe«*, las er das Postskriptum vor und legte den Brief wieder ab. »Was glauben Sie«, fragte er, »wen könnte sie gesehen haben? Wen hat sie gemeint?«

Giulia Grifo schaute alarmiert hoch. »Vielleicht ihren Mörder?«

»Ich meine konkret. Auf welche Person könnte sich Ihre Mutter bezogen haben? Wem könnte sie überraschend auf Capri über den Weg gelaufen sein? Bitte denken Sie nach.«

Giulia Grifo starrte an Rizzi vorbei gegen den Fensterladen, als würde dort jemand stehen. »Paolo«, sagte sie.

»Welcher Paolo?«

»Warum bin ich nicht gleich darauf gekommen?«, flüsterte sie. »Paolo. Hat er meine Mutter umgebracht?«

Rizzi schlug im Notizbuch eine Seite um. »Paolo«, wiederholte er. »Nachname?«

Sie presste ihre Handflächen aneinander und hielt sie wie

zum Gebet vor Nase und Mund. »Warten Sie«, murmelte sie. »Sein Name fällt mir gleich wieder ein. Paolo. Er hat bei meiner Mamma am Konservatorium studiert. Ist schon eine Zeitlang her. War wahnsinnig begabt, wahnsinnig gutaussehend, hat aber das Studium abgebrochen und ist nach Capri gegangen. Meine Mutter hat es nie verstanden.«

»Paolo Orlando?«, fragte Rizzi.

»Richtig.« Überrascht schaute sie Rizzi an. »Kennen Sie ihn?«

»Paolo Orlando«, wiederholte Rizzi und überlegte. Leiter der Akademie für Körper und Seele in der Villa neben dem Principessa. Er klopfte mit dem Stift auf sein Notizbuch. »Ob ich ihn kenne, spielt keine Rolle. Was wissen Sie über ihn?«

»Einiges«, erklärte Giulia Grifo aufgeregt. »Er war damals der Liebling meiner Mutter, und sie hatte ihm eine große Karriere als Konzertpianist vorausgesagt. Er gehörte eine Zeitlang bei uns fast schon zur Familie. So oft war er bei uns zu Gast. Mein Gott, das ist so lange her, ich glaube es nicht. Eigentlich war Paolo der Sohn, den meine Mutter nie hatte, und sie hätte es liebend gern gesehen, wenn wir zusammengekommen wären. Und bevor Sie fragen: Ja, ich hätte auch nichts dagegen gehabt.« Sie schaute nachdenklich an Rizzi vorbei. »Ich habe mich damals gefragt, ob er vielleicht schwul ist.«

»Wann hat er bei Ihrer Mutter studiert?«, fragte Rizzi.

Giulia Grifo überlegte. »Vor zehn Jahren? Könnte hinkommen. Kurz darauf habe ich Nello kennengelernt, das pure Gegenteil des feinsinnigen Paolo, der mit meiner Mutter stundenlang über Musik gefachsimpelt hat und mich kaum wahrnahm.« Sie schaute an Rizzi vorbei, und in ihrem Blick lag etwas Triumphierendes. »Und Paolo ist damals nach Capri gegangen, das weiß ich genau.«

»Um was zu tun?«

»Irgendein Business wollte er aufziehen. Ich erinnere mich nicht mehr.«

»Warum hat er sein Studium abgebrochen, wenn er so begabt war und von Ihrer Mutter anscheinend ja auch gefördert wurde?«

»Das haben wir uns damals alle gefragt. Meine Mutter war völlig fertig. Sie hatte große Hoffnungen in ihn gesetzt und seine Karriere schon fix und fertig geplant, jeden einzelnen Schritt. Er hätte nur brav alles genau so machen müssen. Wollte er aber nicht. Zu viel Druck, hat er gesagt. Er könne sich dem nicht länger aussetzen. Meine Mutter konnte es nicht fassen, dass sie sich so in ihm getäuscht hatte.« Giulia Grifo presste die Hand zur Faust. »Paolo Orlando. Wenn ich mich recht erinnere, sind die beiden nicht gerade im Guten auseinandergegangen. Und als er dann nach Capri ging, hat sie nur gesagt: Capri. Da gehört er auch hin.«

16

Im Konzertsaal des Konservatoriums San Francesco spielte ein junger Mann am Flügel, als Cirillo sich bemühte, die große Saaltür so leise wie möglich hinter sich zuzuziehen. Der Mann hatte die Bühne ganz für sich allein und spielte für ein paar Menschen, die sich im Zuschauerraum verteilten und mit ihren gesenkten Köpfen so versteinert wirkten wie draußen im Atrium das Denkmal von Domenico Scarlatti.

Der Anwärter da unten machte seine Sache doch sehr gut, dachte Cirillo, während sie nach Professor Longhi Ausschau hielt und das Klavierstück, das eben noch heiter und virtuos geklungen hatte, plötzlich leise und melancholisch wurde. Cirillo konnte nicht anders und gab sich für einen Moment der Musik und dem Gefühl hin, das sie erfasste, dachte an Oscar, ihren Sohn, der fern von ihr bei seinem Vater aufwuchs, den sie seit Monaten nicht gesehen hatte, und der bald seine eigenen Wege gehen würde. Vermutlich würde er nie wieder zu ihr zurückkehren. Die Erkenntnis traf sie mit einer Wucht und zeitgleich mit den donnernden Akkorden, dass es ihr fast den Atem nahm. Der Mann spielte wirklich gut.

»Danke«, ertönte die sachliche Stimme von Professor Longhi im Saal. »Das reicht.«

Die Musik brach ab, und der Pianist blinzelte ins Publikum.

»Der Nächste, bitte!«

Cirillo sah fassungslos zu, wie der Pianist enttäuscht, mit hochrotem Kopf, seine Noten zusammenraffte, während eine Frau im langen Kleid entschlossen die Bühne betrat. Cirillo nutzte den Moment und ging zügig die Stufen in den Zuschauerraum hinunter.

»Professor Longhi?«, flüsterte sie halblaut von der Seite, und die Leute in den Sitzreihen schauten irritiert zu ihr herüber, der Vertreterin der profanen Welt, die hier einfach hereinplatzte und sich herausnahm, die Aufnahmeprüfung zu stören. Sie machte eine entschuldigende Mimik und fixierte Longhi. »Kann ich Sie kurz sprechen?«

Er nahm seine Brille aus der Stirn, rückte sie auf seiner großen Nase zurecht und tippte auf seine Armbanduhr. »Dreizehn Uhr«, raunte er kurz angebunden. »In meinem Büro.« Er formte die Worte fast lautlos, wandte sich dann wieder zur Bühne und rief der Frau zu, die am Flügel Position bezogen hatte: »Was haben Sie uns mitgebracht?«

»Entschuldigung.« Cirillo zwang den Herrn am Rand (es war der Chefdirigent aus dem Teatro San Carlo), aufzustehen und sie durchzulassen. »Die Sache duldet leider keinen Aufschub.«

»Ich sagte es doch bereits.« Longhi rang sich mühsam ein Lächeln ab. »Und ich bitte Sie, es einfach zur Kenntnis zu nehmen: dreizehn Uhr. Dann bin ich voll und ganz für Sie da.«

»Ich war gerade eben noch einmal in der Musikinstrumentenkammer«, berichtete Cirillo. »Die Harfe ist nicht da. Sagen Sie mir, wo das Instrument geblieben ist, und ich bin weg.«

Longhi blinzelte irritiert. »Wovon reden Sie?«

»Von der Stradivari-Harfe«, antwortete Cirillo. »Wird sie zurzeit restauriert? Oder ist sie an ein Museum ausgeliehen?«

»Ich weiß nicht, in welchem Raum Sie gewesen sind, aber die Stradivari steht, wo sie immer steht«, erklärte Longhi ungehalten. »Und jetzt lassen Sie uns bitte weiterarbeiten.«

»Für alle, die es noch nicht mitbekommen haben.« Cirillo sprach laut und deutlich und für jedermann verständlich. »Vier Tage nach dem Mord an Maria Grifo ist hier am Konservatorium ein einzigartiges Instrument verschwunden. Wir müssen von einem Verbrechen ausgehen, es sei denn, jemand von Ihnen kann den Sachverhalt aufklären und etwas über den Verbleib der Stradivari-Harfe sagen.« Cirillo schaute reihum in sprachlose Gesichter. »Also gut«, sagte sie. »Dann ist die Veranstaltung hiermit beendet.« Sie holte ihr Telefon hervor.

Während die Leute im Saal begannen, aufgeregt durcheinanderzureden, stand Longhi von seinem Platz auf und rief mit schriller Stimme: »Agente, ich muss Sie bitten, den Saal zu verlassen. Wir haben einen engen Zeitplan und sind bereits in Verzug.«

»Giancarlo, verstehst du nicht, was passiert ist?« Der Chefdirigent Bernardo Gallani rang die Hände. »Erst Maria Grifo – und jetzt die Stradivari. Das zerstört alles, was wir in den vergangenen Jahren aufgebaut haben: den Ruf des Konservatoriums, unsere Reputation. Wer will denn hier noch studieren, wo solche Verbrechen passieren?«

Die Frau auf der Bühne war auf den Klavierhocker gesunken und schaute ungläubig in den Zuschauerraum, wo die Leute begonnen hatten zu telefonieren und immer mehr Leute in den Saal drängten und sich bestürzt erkundigten, warum das Vorspielen unterbrochen wurde, während Giancarlo Longhi wütend sein Klemmbrett auf den Sitz schleuderte. »Es wird sich alles aufklären«, schrie er. »Es ist bestimmt alles ein dummes Missverständnis.«

»Die Kriminalpolizei wird in ein paar Minuten da sein«, erklärte Cirillo und rief in die Runde: »Ich bitte alle Anwesenden, sich für Fragen zur Verfügung zu halten.« Sie steckte ihr Telefon ein und sah in der Tür Manuela Bianchi, die mit schreckgeweiteten Augen in die Runde schaute, den Kopf einzog und rasch wieder verschwand.

*

Die Männer von der Spurensicherung stellten ihre Koffer ab und begannen unverzüglich mit ihrer Arbeit, während Scotto, die Arme vor der Brust verschränkt, breitbeinig vor der Nische mit dem Podest stand und Cirillo aufforderte, noch einmal zu schildern, wann genau sie den Verlust der Harfe entdeckt hatte und warum sie, als Polizistin von Capri, überhaupt an einem Donnerstagvormittag im Konservatorium von Neapel ermittelte.

Cirillo parierte mit der Gegenfrage, warum Scotto und seine Leute es unterlassen hatten, das zu tun, was bei den Ermittlungen in einem Mordfall eigentlich auf der Hand liegen sollte: sich am Arbeitsplatz des Mordopfers gründlich umschauen und sich vielleicht auch mal den Ort zeigen lassen, in dem Musikinstrumente von unschätzbarem Wert stehen.

»Haben Sie von jemandem einen Tipp bekommen?«, fragte Scotto argwöhnisch.

»Nein«, antwortete Cirillo und signalisierte Scotto mit einer Handbewegung, einen Schritt beiseitezutreten, um den Kollegen hinter ihm nicht im Weg zu stehen. »Es ist Instinkt, ein bisschen Glück und vor allem Hartnäckigkeit«, sagte sie. »Aber was mich ärgert, ist, dass wir nicht wissen, ob die Harfe schon verschwunden war, bevor Maria Grifo getötet wurde, oder umgekehrt.«

»Wie meinen Sie?«, fragte Scotto.

»Vielleicht hat jemand die allgemeine Aufregung nach dem Tod von Maria Grifo genutzt, um die Harfe verschwinden zu lassen, in der Hoffnung, dass der Raub erst einmal unentdeckt bleibt, was dann ja auch der Fall war. Und ich frage mich natürlich außerdem, ob der Mord und der Raub wirklich zusammenhängen.«

»Natürlich hängen der Mord und der Raub miteinander zusammen«, sagte Scotto in einem Ton, als sei es doch sehr verwunderlich, dass die Kollegin von der Insel auch nur eine Sekunde daran zweifelte. »Da haben wir doch das Motiv, das wir so lange gesucht haben. Die Stradivari-Harfe ist die Spur, die uns zum Täter führt. Ich gehe davon aus, dass Maria Grifo das Instrument entwendet und versucht hat, es zu verkaufen, und dass sie bei euch auf Capri ihren Hehler traf.«

»Wovon Sie ausgehen und was tatsächlich passiert ist, sind vielleicht zwei ganz verschiedene Dinge«, fasste Cirillo zusammen. »Wir wissen es nicht.«

Scotto legte ihr eine Hand auf den Arm. »Könnten Sie mir einen großen Gefallen tun?«, sagte er. »Holen Sie bitte einen Kaffee. Schwarz. Kein Zucker.«

Cirillo schaute ihn entgeistert an. »Meinen Sie das ernst?«

»Natürlich, warum nicht?«

»Ja, warum eigentlich nicht«, sagte sie. »Kaffee ist eine gute Idee.«

Sie wandte sich um, bekam aber noch mit, wie Scotto mit den Fingern schnippte und Professor Longhi mitteilte, dass er eine Liste mit den Namen aller Leute brauchte, die Zugang zur Instrumentenkammer hatten – und wie er es nicht glauben konnte, als er von Longhi zu hören bekam, dass sich jedermann jederzeit den Schlüssel beim Pförtner holen konnte und gegen Vorlage eines gültigen Ausweises ausgehändigt bekam.

Cirillo ging den Flur hinunter. Vielleicht täuschte sie sich, aber wenn sie sich so umschaute und sah, wie Angestellte und Studierende aufgeschreckt beieinanderstanden, wurde sie das Gefühl nicht los, dass der Verlust des Musikinstruments für mehr Aufregung an diesem ehrwürdigen Konservatorium sorgte als vor vier Tagen der Tod der Direktorin. So bitter dieser Umstand war, für die Ermittlungen konnte es nur von Vorteil sein, wenn die Leute endlich wachgerüttelt wurden und begriffen, dass hier eine Ungeheuerlichkeit nach der anderen passierte, und sich dann vielleicht doch mal jemand von diesen verhuschten und verschreckten und so sensiblen Leuten aus der Deckung traute.

Auf dem Speiseplan am Eingang der Kantine stand, dass es Pasta und Polpette gab, aber an der Essensausgabe war noch kein Mensch. Nur am langen Tisch saß ein Grüppchen von Studierenden und diskutierte, ob es Zufall, Sabotage oder Gottes Gnade war, dass ausgerechnet in der Prüfungswoche die schlimmsten Dinge passierten und jetzt auch noch die Harfe gestohlen worden war.

»Morgen steht die Stradivari wieder an ihrem Platz«, mutmaßte einer der jungen Leute, während Cirillo am Automaten die Taste für den Kaffee drückte. »Als wäre nichts gewesen. Wetten?«

»Ich möchte mal wissen, was der Dieb mit der Stradivari anfangen will«, überlegte ein anderer. »Verkaufen? Das Ding ist weltberühmt.«

»Ich würde sie an irgendeinen Sammler verscherbeln.«

»Aber den musst du erst mal finden.«

»Und so lange liegt die Stradivari unterm Bett!«

Die Leute lachten leise, und das Gespräch verstummte, als Cirillo vorbeiging und auf den Tisch am Fenster zusteuerte, wo eine Person mit dem Rücken zum Raum saß und auf das Smartphone neben seiner Tasse starrte.

Cirillo zog sich einen Stuhl heran. »Darf ich?«

Sergio Palermo schaute sie unsicher an. »Ist es jetzt amtlich?«, fragte er.

»Sie sollten sich in der Instrumentenkammer beim zuständigen Kripobeamten melden«, sagte Cirillo und setzte sich. »Der Kollege heißt Andrea Scotto. Sagen Sie ihm alles, was Sie wissen, dann müssen Sie auch nichts befürchten.«

»Ich war um acht Uhr an der Pforte«, erklärte er halblaut und mit einem gewissen Vorwurf in der Stimme. »Ich habe meinen Teil unserer Abmachung erfüllt.«

Cirillo rührte Zucker in ihren Kaffee. »Sprechen Sie mit

dem Kollegen in Ihrer Funktion als Pförtner, der sich immer an die Regeln gehalten und den Schlüssel nur an Leute herausgegeben hat, deren Namen er – ohne Ausnahme – in die Liste eingetragen hat. So ist es doch, oder?« Sie nippte an ihrem Getränk und schaute Palermo über den Rand ihrer Tasse prüfend an.

Er starrte auf den Tisch und murmelte: »Ich kriege dieses Bild nicht aus dem Kopf. Wie die Professoressa am Sonntag mit ihrem Rollkoffer an mir in der Pförtnerloge vorbeispaziert, und im Koffer ist womöglich die Harfe. So viel zur Liste.« Er stieß hörbar die Luft durch die Nase. »Sie musste jedenfalls nicht ihren Namen eintragen lassen und ihren Ausweis hinterlegen. Sie hatte ihren eigenen Schlüssel.«

»Signor Palermo.« Cirillo beugte sich vor. »Wenn Sie irgendetwas wissen oder sich doch einmal nicht ganz regelkonform verhalten haben sollten – und ich spreche hier nur von Ihrer Rolle als Pförtner –, sagen Sie es mir bitte.«

Er hielt ihrem Blick stand, mehrere Sekunden, als wäre es ein Kräftemessen, bevor er den Blick senkte und erklärte: »Alles, was ich weiß, habe ich Ihnen erzählt. Und mehr kann ich auch Ihrem Kollegen nicht sagen.«

»Schön.« Cirillo stand auf. »Eine Sache können Sie mir aber noch verraten: Wo finde ich Signora Bianchi?«

Wenn die Honorarkräfte keinen Unterricht gaben und nicht in der Kantine herumsaßen, hielten sie sich meistens, weil sie kein eigenes Büro hatten, in einem der Klassenzimmer auf. Besonders beliebt waren die Räume 102 bis 108, weil sie nach Norden gingen und am kühlsten blieben.

Manuela Bianchi war tatsächlich in der 107, saß am Pult,

die Arme am Hinterkopf verschränkt, und sagte: »Ich habe schon auf Sie gewartet.«

Cirillo schloss hinter sich die Tür. »Und ich dachte schon, Sie laufen vor mir davon.« Sie legte ihr Notizbuch auf den Tisch und ging zum Fenster. Unten, im Kreuzgang, hatten Studierende sich zu Füßen von Domenico Scarlatti niedergelassen, aßen Panini und unterhielten sich. Irgendwo wurde eine Violine gestimmt.

»Können Sie sich vorstellen«, fragte Cirillo, »dass Maria Grifo einfach in die Musikinstrumentenkammer marschiert ist, die Stradivari eingepackt hat und mit ihr am Pförtner vorbei aus dem Konservatorium spaziert ist?«

Bianchis Gestalt spiegelte sich im offenen Fensterflügel, während sie etwas zu überlegen schien. »Wenn Sie mich das vor einer Woche gefragt hätten«, sagte sie schließlich, »hätte ich Ihnen vermutlich den Vogel gezeigt. Unsere Direktorin, die an ihrem eigenen Konservatorium einen Kunstraub begeht. Eine vollkommen absurde Vorstellung. Aber mittlerweile … Ich halte inzwischen alles für möglich.«

Cirillo schloss das Fenster und drehte sich herum. »Gibt es etwas, das Sie mir sagen wollen?«

Bianchi ließ ihren Blick über die Tische, Stühle und umherstehenden Notenständer schweifen. »Die Schlüsselliste«, sagte sie. »Wenn Sie die Liste anschauen, werden Sie sehen, dass ich regelmäßig Gebrauch vom Schlüssel für die Instrumentensammlung gemacht habe.«

»Wann zuletzt?«, fragte Cirillo.

»Am Semesterende, irgendwann Ende Juni. Wie es auf der Liste vermerkt ist.«

»Und da war die Harfe noch da?«

»Selbstverständlich.«

»Und warum gehen Sie so regelmäßig dorthin?«

»Weil ich es wichtig finde, dass die Studierenden wenigstens einmal die Instrumente gesehen haben, sie auch mal anfassen und begreifen, wo sie hier am Konservatorium San Francesco eigentlich sind. In welcher Tradition sie stehen, welche Verantwortung daraus erwächst und auch was für ein Privileg es ist, hier zu studieren.«

»Signora Bianchi.« Cirillo trat näher. »Es geht hier um einen Mordfall. Wenn Sie Informationen unterschlagen, die zur Aufklärung beitragen könnten, machen Sie sich strafbar. Haben Sie mich verstanden?«

Bianchi stützte ihre Ellenbogen auf den Tisch und legte ratlos den Kopf in ihre Hände. »Wissen Sie«, erklärte sie müde, »ich könnte Ihnen aus dem Stand ein Dutzend Namen aufzählen, Aktive und Ehemalige, die man ohne Weiteres als Leichen im Keller von Maria Grifo bezeichnen kann. Ich habe gestern schon versucht, es Ihrem Kollegen Rizzi zu erklären: Ich unterliege zwar keiner Schweigepflicht, aber ich will das Vertrauensverhältnis zwischen meinen Studierenden und mir nicht missbrauchen.«

»Wenn Sie nicht kooperieren, schaden Sie nicht nur sich selbst, sondern auch Ihren Studenten. Verstehen Sie? Je schneller der Fall Grifo gelöst ist, umso besser für den Ruf des Konservatoriums.« Cirillo schlug ihr Notizbuch auf. »Also?«

Bianchi erhob sich und ging, die Arme vor der Brust verschränkt, langsam durch den Raum. »Es gab hier vor nicht allzu langer Zeit eine Studentin mit dem Spitznamen ›Dottoressa‹«, begann sie. »Sie wurde von ihren Kommilitonen und auch intern von uns Lehrenden so genannt, weil sie vor ihrer Aufnahme am Konservatorium eine Ausbildung zur Krankenpflegerin und Physiotherapeutin absolviert hatte.«

»Wie heißt die Frau?«, fragte Cirillo.

»Tramontani.«

»Vorname?«

»Stefania.«

Cirillo notierte, und Bianchi fuhr fort, die Dottoressa sei am Anfang ganz unauffällig gewesen, habe sich an ihrem Instrument, der Violine, zwar gut entwickelt, musste aber hinnehmen, dass Sologesang als ihr zweites Wunschfach erst mal nicht in Frage kam. Stattdessen entdeckte sie die Harfe für sich und beschloss, sich fortan auf dieses Instrument zu fokussieren. Diese Entscheidung (zu der Manuela Bianchi sie ermuntert hatte) stellte sich als goldrichtig heraus. Die Dottoressa machte einen solchen Sprung in ihrer musikalischen Ausbildung, dass sogar Maria Grifo auf sie aufmerksam wurde, ihr in Einzelkonsultationen Tipps gab und sich persönlich dafür einsetzte, dass sie ein Stipendium bekam, damit sie nicht mehr nebenher jobben musste.

Doch statt dankbar zu sein und sich voll und ganz auf ihr Studium zu konzentrieren, habe die Dottoressa plötzlich nachgelassen und, von Bianchi darauf angesprochen, behauptet, das Leben bestehe ja schließlich nicht nur aus Partituren, Noten und Kadenzen. Ausgerechnet in einer Phase, als man von einer Stipendiatin und Studentin des Konservatoriums San Francesco erwartete zu liefern, hatte die Dottoressa beschlossen, ihre Ausbildung nicht mehr ernst zu nehmen.

»Und was passierte dann?«, fragte Cirillo.

Die Stimmung wendete sich gegen die Dottoressa, berichtete Bianchi. Vor allem Maria Grifo, wie es ihre Art war, sagte nicht nur einmal laut, dass jemand anderes den Platz am Konservatorium mehr verdient und aus den Möglichkeiten, die sie hier hatte, wohl auch mehr gemacht hätte. Es war ein unterschwelliger Groll, der sich gegen die Dottoressa aufbaute und das Klima am Konservatorium zu vergiften begann, bis es bei den Proben für das erste große Publikumskonzert vor Ostern zum Eklat kam. Als die Dottoressa an einer Stelle den Einsatz verpasste, hielt es Maria Grifo nicht mehr auf ihrem Sitz, und sie brüllte, die Dottoressa solle doch lieber auf der Via Montesanto Fisch verkaufen, als die Harfe weiter mit ihren Pfoten zu malträtieren. Es war totenstill im Saal, dann stand die Dottoressa wortlos auf, ging und verschwand auf Nimmerwiedersehen.

Niemand habe danach noch etwas von ihr gehört, bis vor ein paar Wochen ausgerechnet Maria Grifo die ehemalige Studentin noch einmal erwähnte. Im Vorbeigehen sagte sie zu Manuela Bianchi im spöttischen Ton, die Dottoressa habe inzwischen wohl auf Capri als Krankenschwester angeheuert, und da gehöre dieses Weibsbild auch hin.

»Stefania Tramontani«, murmelte Cirillo und machte unter ihre Aufzeichnungen einen Strich. »Wissen Sie, wo genau sie auf Capri arbeitet?«

Bianchi verneinte. Der Zusammenhang zwischen Capri und der Dottoressa sei ihr erst gestern wieder in den Sinn gekommen, als Agente Rizzi sie mit seinen Fragen bombardierte.

»Haben Sie Kontakt zu Stefania Tramontani aufgenommen?«, fragte Cirillo.

»Ich habe es versucht, sie aber nicht erreicht.« Bianchi beugte sich zu Cirillo herüber. »Ich möchte jedoch noch einmal ausdrücklich betonen«, erklärte sie eindringlich, »Stefania Tramontani ist ein liebenswürdiger Mensch. Ich kann mir nicht vorstellen, dass sie etwas mit dem Mord an Maria Grifo zu tun hat.«

17

Als Rizzi nach seiner Unterredung mit Giulia Grifo auf dem Rückweg zum Hafen von Procida war, bildete er sich ein, dass die Sonne schon etwas weniger Kraft hatte als noch vor ein paar Wochen. Bald würde die große Hitze vorbei sein. Er setzte seine Sonnenbrille auf, roch im Vorbeigehen den Rosmarin, hörte Stimmen hinter geschlossenen Fensterläden und in den Gassen das Geknatter von Motorrädern, das das Ende der Mittagspause einläutete.

In seiner Innentasche verwahrte er den Brief von Maria Grifo an ihre Tochter, den sie geschrieben hatte, ohne zu wissen, dass es ihre letzten Zeilen sein würden, das letzte Lebenszeichen, die letzten Worte, und er hatte Giulia Grifo versprochen, ihr dieses kostbare Dokument so bald wie möglich, spätestens nach Abschluss der Ermittlungen, zurückzugeben. Zum Schluss hatte er ihr eingeschärft, alles, was sie besprochen hatten, streng vertraulich zu behandeln und vor dem Hintergrund der Ereignisse nicht auf die Idee zu kommen, Kontakt zu Paolo Orlando aufzunehmen, sondern alles Weitere der Polizei zu überlassen.

»Glauben Sie, er war's?«, hatte Giulia Grifo gefragt, und in ihren Augen war die Furcht vor der Antwort zu sehen und gleichzeitig die Hoffnung, endlich Gewissheit zu bekommen.

»Ich weiß es nicht«, hatte Rizzi wahrheitsgemäß geantwortet und hinzugefügt: »Wir werden es herausfinden, verlassen Sie sich drauf, und wir werden Sie über alles auf dem Laufenden halten.«

Die Tatsache, dass Paolo Orlando bei Maria Grifo studiert hatte, elektrisierte Rizzi. War es Zufall, dass Maria Grifo sich am vergangenen Sonntag ausgerechnet im Hotel La Principessa, direkt neben Paolo Orlando und seiner seltsamen Akademie, eingemietet hatte? Und warum hatte Orlando kein Wort darüber verloren, dass er Maria Grifo kannte, es sogar eine Zeit gegeben hatte, in der er bei ihr zu Hause ein und aus gegangen war?

Giorgio Schifino hatte schon vor der verabredeten Zeit mit dem Polizeiboot angelegt und hielt an der Mole einen Schwatz mit Agente Rosario Ragusa. Beide Männer schauten Rizzi erwartungsvoll entgegen, und Ragusa rief: »Mission erfolgreich?«

»Wird sich zeigen«, entgegnete Rizzi, worauf Schifino weise nickte und seine Zigarettenkippe ins Hafenbecken schnippte.

Rizzi ging an Bord, Ragusa salutierte, und Schifino legte ab. Während sie Kurs auf Capri nahmen, schaute Rizzi zurück auf die lang ausgestreckte Insel mit der Brücke nach Vivara, den bunten Häusern und dem rosafarbenen Würfel am Rande von Terra Murata, unterhalb der Abtei, wo immer noch die Wäsche an der Leine flatterte, die weißen Laken von Matilda.

Procida verschwand im Dunst, Rizzi holte sein Telefon hervor und sah, dass Cirillo ihm schon vor fast zwei Stunden, um dreizehn Uhr dreißig, eine Nachricht geschickt hatte, er solle so schnell wie möglich nach Capri zurückkommen. Die Stradivari-Harfe sei tatsächlich gestohlen worden, und es gebe neue Informationen, die dem Fall eine Wendung geben könnten.

Sie war sofort dran, als er anrief, und berichtete, Rizzi habe den richtigen Riecher gehabt: Bianchi habe ausgepackt. Es gäbe eine ehemalige Studentin am Konservatorium, eine Harfenistin, die ihr Studium abgebrochen habe und jetzt irgendwo auf Capri als Krankenschwester arbeite. Vielleicht war diese Frau ja der Grund, warum Maria Grifo nach Capri gefahren war. Ihr Name sei Stefania Tramontani.

»Stefania Tramontani?«, wiederholte Rizzi überrascht. »Dann ist es wahrscheinlich die Frau, die mit Paolo Orlando an der Via Tragara die *Accademia per corpo e anima* betreibt.« Er berichtete, was er gerade erfahren hatte: dass Paolo Orlando ebenfalls ein ehemaliger Student von Maria Grifo war. »Bist du noch dran?«, fragte er, als am anderen Ende keine Reaktion zu vernehmen war.

»Jetzt hör mir mal zu«, sagte Cirillo. »Teresa und ich rotieren hier seit über einer Stunde, kontaktieren sämtliche Arztpraxen, das Krankenhaus Capilupi und sonstige medizinische Einrichtungen in Capri und Anacapri, um diese Stefania Tramontani ausfindig zu machen – und du erzählst nebenbei, dass sie mit Paolo Orlando in der *Accademia per corpo e anima* tätig ist?«

»Ich habe dir von den beiden erzählt«, erinnerte Rizzi. »Paolo Orlando und Stefania. Du erinnerst dich? Ich glaube, es war bei der Überfahrt nach Neapel.«

»An mir ist die Info jedenfalls völlig vorbeigegangen«,

erwiderte Cirillo, »und ich frage mich, wie man mit jemandem zusammenarbeiten soll, der keine Protokolle schreibt und die Ergebnisse seiner Ermittlungen, wenn man Glück hat, zwischendurch bei irgendwelchen Überfahrten kommuniziert.«

»Tut mir leid«, sagte Rizzi. »In dreißig Minuten legen wir an. Ich schlage vor, wir fahren dann sofort in die Via Tragara zu dieser *Accademia*. Am besten holst du mich am Hafen ab. – Hallo?«

Cirillo hatte aufgelegt, und Schifino am Steuer fragte: »Ärger mit Agente Cirillo?«

»Nicht der Rede wert.« Rizzi setzte seine Sonnenbrille auf und stellte sich neben ihn. »Die kriegt sich schon wieder ein.«

Und so war es auch. Als sie um sechzehn Uhr in Marina Grande an Pier eins anlegten, wartete Cirillo mit laufendem Motor auf ihrer Vespa, reichte Rizzi den zweiten Helm und sagte, während er hinter ihr auf dem Sattel Platz nahm: »Erzähl. Was genau hast du herausgefunden?«

Auf der Via Cristoforo Colombo, während Cirillo die Leute beiseitehupte, berichtete Rizzi, was Giulia Grifo ausgesagt hatte: dass Paolo Orlando – wie auch Stefania Tramontani – am Konservatorium studiert und sein Studium abgebrochen hatte und dass er die Musik als therapeutisches Mittel entdeckte und auf Capri die *Accademia per corpo e anima* ins Leben gerufen hatte.

»Also haben sowohl Paolo Orlando als auch Stefania Tramontani verschleiert, dass sie die Professoressa kannten«, fasste Cirillo zusammen und stellte fest, dass es unter diesen Umständen wohl kein Zufall war, dass Maria Grifo sich direkt neben ihren beiden Ex-Studierenden im Hotel La Principessa eingemietet hatte.

Sie parkten am Ende der Via Roma, überquerten im Laufschritt die Piazzetta, schoben sich auf der Via Camerelle zwischen den Leuten hindurch und eilten die Via Tragara hinunter, vorbei am Restaurant, wo Stefania Tramontani mit Madame Bergé, der Dame im Rollstuhl, vorgestern zu Mittag gespeist hatte. Stefania Tramontani mit den winzigen blauen Sprenkeln in den grauen Augen, die von sich gesagt hatte, sie sei in erster Linie Musikerin und ihr Instrument sei die Harfe. Waren Stefania Tramontani und Paolo Orlando ein Paar? Hatten sie gemeinsam versucht, mit Maria Grifo einen Deal einzufädeln, um die Stradivari-Harfe in ihren Besitz zu bringen? Aber warum hätte Maria Grifo darauf eingehen sollen? Aus Geldnot vielleicht? Warum war die Situation eskaliert, und welche Rolle spielte Madame Bergé? Steckte die Frau im Rollstuhl mit Orlando und Tramontani unter einer Decke? Oder war die alte Dame ahnungslos und am Ende selbst in Gefahr?

Cirillo riet, alle Theorien vorerst beiseitezuschieben, auch den Brief von Maria Grifo an ihre Tochter, dessen Inhalt Rizzi ihr nun auch zusammengefasst hatte, und sich möglichst neutral in die Vernehmung zu begeben.

Die Pforte an der Via Tragara war so überwuchert von Bougainvillea und Plumbago, dass sie den schmalen Zugang zwischen knallig pinken Blüten und hellblauen Dolden beinahe übersehen hätten.

Rizzi rüttelte an der Klinke, aber die schmiedeeiserne Pforte war verschlossen. Ein Klingelknopf war nicht zu entdecken, nur vermooste, ehemals goldene Mosaiksteine, die bei genauerem Hinsehen einen Schriftzug ergaben: *Accademia per corpo e anima*.

»Wie bist du hier reingekommen, als ich dich gerufen habe? Nach der Festnahme von Kabaciński«, fragte Rizzi. »Bist du über die Mauer geklettert?«

»Da war hier offen«, antwortete Cirillo, als über ihren Köpfen ein elektronisches Surren zu hören war und eine Kamera auf der Mauer sie ins Visier nahm. Das Objektiv stand still, dann ertönte plötzlich ein Summer, und mit einem leisen Klicken sprang die Pforte auf.

Die Treppe war mit trockenen Blättern übersät, die Stufen führten aufwärts, zweimal um die Ecke und endeten vor einer Wand aus Rhododendren und Kirschlorbeer, die den Blick vom Haus auf die Mülltonnen, aber auch aufs Meer verstellte.

Man konnte auf die Villa nicht direkt zugehen, man konnte sich ihr nur nähern – über gewundene Wege und weiße Kieselsteine, am Brunnen vorbei, an Stockrosen und Hortensien. Sie betraten die Veranda. Die Korbsessel, das Schachspiel auf dem Tisch, die Zeitungen in der Ecke – alles sah aus, als ob hier seit Rizzis Besuch vor achtundvierzig Stunden nichts angerührt worden wäre. Nur das handgeschriebene Schild, SUONARE IL CAMPANELLO, PER FAVORE – Bitte klingeln, stand nicht mehr auf der Theke, sondern dahinter, neben der Espressomaschine.

Rizzi öffnete die Tür zum Treppenhaus. »Buonasera«, rief er ins Halbdunkel. »Signor Orlando?«

Auf der Treppe überlegte Rizzi, ob es hier vielleicht noch einen zweiten Eingang gab, als plötzlich ein Klavierkonzert ertönte, ein paar Sekunden lang, dann war die Musik wieder verstummt und alles still, als wäre es nur Einbildung gewesen.

»Signora Tramontani?«, rief Rizzi.

Im ersten Stock war einer der drei Cocktailsessel umgefallen und lag quer auf dem verschossenen Teppich. Die Tür zum Arztzimmer stand offen, und alles war so aufgeräumt, als hätte hier nie eine Behandlung stattgefunden.

Im Zimmer nebenan diente der Schreibtisch als Ablage für Zeitschriften. Das Skelett in der Ecke mit der Schirmmütze auf dem Schädel war lustig anzusehen, während die Bücher im Schrank Seriosität verströmten und den Eindruck machten, als würden sie hier, vollkommen unbenutzt, schon mindestens so lange stehen wie das Gebäude selbst.

Rizzi und Cirillo öffneten eine Tür nach der anderen, schauten in Zimmer, und überall bot sich ihnen das gleiche Bild, das Rizzi schon von seinem ersten Besuch kannte. Es sah aus, als wäre man beim Umzug, wobei schwer zu sagen war, ob es sich um einen Ein- oder Auszug handelte. Möbel waren abgestellt, vielleicht noch nicht ganz hin- oder schon weggerückt, noch nicht auf- oder schon wieder abgebaut worden. Nur der vorletzte Raum sah tatsächlich bewohnt aus. Ein Futon lag auf dem Boden, das Bettzeug war zerwühlt, und die verspiegelten Schranktüren standen offen. Kleiderbügel lagen auf dem Boden, und in den Wäschefächern waren Lücken.

Cirillo fluchte. »Sie sind weg«, rief sie. »Abgehauen.« Sie holte ihr Telefon hervor.

»Sag Teresa Bescheid. Sie soll Neapel informieren.« Rizzi befühlte die Tasse auf der umgedrehten Holzkiste neben dem Futon. Sie war kalt, die braune Flüssigkeit darin eingetrocknet.

»Hallo«, war plötzlich eine Stimme zu hören. »Wer ist da?«

Rizzi schaute auf, und Cirillo brach überrascht ihren Anruf ab.

»Madame Bergé?« Rizzi horchte. »Sind Sie das?«

Stille. Keine Antwort. Rizzi ging auf den dunklen Flur hinaus. Der Fußboden knarrte.

»Hallo?« Wieder die helle Stimme.

»Ich bin's. Agente Rizzi.« Die letzte Tür am Gang hatten sie noch nicht geöffnet. Er drückte die Klinke herunter.

»Monsieur Rizzi?«, rief die Stimme. »Sind Sie das?«

Er rüttelte an der Tür. »Hat man Sie eingeschlossen?«, rief er. »Wo sind Signor Orlando und Signora Tramontani? Madame Bergé, bitte sprechen Sie mit mir. Geht es Ihnen gut?«

»Was haben Sie gesagt? Hallo?«

Rizzi senkte eindringlich seine Stimme. »Wenn Sie da drin sind, machen Sie bitte die Tür auf. Sie brauchen keine Angst zu haben. Ihnen passiert nichts. Hören Sie mich? Madame Bergé? Ist Ihnen etwas zugestoßen? Sind Sie verletzt?«

»Wie bitte?«, fragte die Stimme hinter der Tür. »Ich habe hier keinen Schlüssel. Sie müssen über den großen Korridor kommen, nicht hier hinten durch den Flur. Hat man Ihnen das am Empfang nicht gesagt?«

»Am Empfang?« Rizzi schaute Cirillo fragend an, die nur den Kopf schüttelte.

»Welcher Empfang?«, fragte Rizzi. »Da ist niemand. Sie sind hier ganz allein.«

»Sie müssen durchs Musikzimmer. Den Raum kennen Sie. Durchs Musikzimmer und dann auf die Terrasse. Ich erwarte Sie dort.«

Sie gingen zurück, an den unbewohnten Zimmern vorbei den Flur hinunter, landeten wieder bei den Cocktailsesseln und nahmen die andere Tür, durch die Rizzi schon einmal spaziert war, als er Stefania Tramontani folgte, nachdem sie seine Kopfwunde versorgt hatte.

Die Flügeltür zum Musikzimmer stand offen, ebenso die Tür zur Terrasse. Draußen, an der Brüstung, parkte der Rollstuhl. Er stand schräg, das Kissen auf der Sitzfläche war verrutscht. Von Madame Bergé keine Spur.

»Madame Bergé!« Rizzi fluchte, stürzte zum Geländer und schaute hinunter in den Garten.

Entlang der Mauer waren die Stümpfe der gefällten Pinien zu sehen. Auf der anderen Seite, am Hotelpool, richtete sich eine Person auf ihrem Liegestuhl auf, schirmte ihre Augen mit der Hand gegen das Sonnenlicht ab und schaute suchend herüber.

»Was haben Sie im Gästeflügel zu suchen?«, war hinter Rizzi und Cirillo die helle, fast mädchenhafte Stimme zu hören. Auf zwei Krücken gestützt, einen Fuß langsam vor den anderen setzend, trat Madame Bergé aus dem Musikzimmer auf die Terrasse heraus. »Sie können hier nicht durchs Haus geistern, wie es Ihnen passt, und die Leute aufschrecken«, sagte sie tadelnd. »Wir wollen alle unsere Ruhe, deshalb sind wir hier, und wenn wir italienische Oper wünschen, brauchen wir dafür keine Polizisten, die bei uns einfallen wie die Räuber. Ich bereue schon, Sie überhaupt reingelassen zu haben.« Ohne Strohhut, ohne Sonnenbrille, im dunkelblauen

Kleid mit cremefarbenem Bolerojäckchen, sah sie nicht nur elegant, sondern auch viel kleiner und zerbrechlicher aus, als Rizzi sie von einem ersten Besuch in Erinnerung hatte. Im dunklen Haar gab es keine einzige graue Strähne, ihre schmalen Lippen schimmerten blassrosa, und an den Ohrläppchen baumelten schwere aquamarinblaue Steine, passend zur Halskette mit großen Gliedern, während an ihren dünnen Handgelenken unzählige Armreifen bei jedem ihrer mühsamen Schritte unternehmungslustig klingelten.

Rizzi grüßte sie höflich und erklärte, während er ihr mit dem Rollstuhl entgegenkam: »Wir sind auf der Suche nach Signor Orlando und Signora Tramontani.«

»Sehr aufmerksam, Monsieur.« Sie gab Rizzi ihre Krücken zum Halten. »Dachte ich mir schon, dass Sie nicht meinetwegen hergekommen sind.«

»Und?«, fragte Rizzi. »Wo sind sie?«

»Ich habe sie weggeschickt.« Sie machte die entsprechende Handbewegung und brachte sich für den Rollstuhl in Position. »Ich weiß nicht, wie es kommt, aber die beiden sahen heute Morgen wirklich aus wie Käsekuchen mit Spucke. Jetzt reicht's, habe ich gesagt, lasst euch mal ein bisschen die frische Luft von Capri um die Nase wehen, und habe sie rausgeworfen. Ich halte hier die Stellung. Das ist normalerweise kein Problem. Konnte ja keiner ahnen, dass Sie hier anrücken, und dann auch noch gleich zu zweit.«

»Haben die beiden gesagt, wo sie hinwollen?«

Sie überhörte Rizzis Frage und ließ sich rückwärts in den Rollstuhl fallen. Dann schaute sie sich nach Cirillo um. »Und wer ist das Mäuschen da hinten, das keinen Ton herausbringt?«

Cirillo trat vor, nannte ihren vollen Namen und sagte: »Es geht hier um eine ernste Angelegenheit, Signora Bergé. Also beantworten Sie bitte die Frage meines Kollegen. Wo sind die beiden?«

»Eine ernste Angelegenheit?«, wiederholte die alte Dame und hob spöttisch die Augenbrauen. »Was ist denn so ernst? Aber gut. Verstehe schon. Also, zu Ihrer Frage.« Sie zog ein Taschentuch hervor und tupfte sich damit in aller Ruhe die Stirn. »Ich habe es doch schon gesagt: Sie sind auf einem Ausflug.«

»Haben sie Gepäck mitgenommen?«

»Sie meinen: großes Gepäck?« Sie schüttelte den Kopf. »Nein. Und jetzt ziehen Sie nicht so besorgte Gesichter, meine Herrschaften. Ich versichere Ihnen, die beiden werden heute Abend wieder da sein.«

Rizzi holte sein Telefon hervor. »Wir schreiben Orlando und Tramontani zur Fahndung aus.«

Cirillo signalisierte ihm, damit noch einen Moment zu warten, ging so weit um den Rollstuhl herum, dass sie Madame Bergé direkt anschauen konnte, und sagte: »Sie erwähnten eine Person am Empfang, die uns nicht richtig hochgeschickt hat. Wo ist denn diese Person?«

»Warum fragen Sie?«, erkundigte sich Madame Bergé spitz. »Sie sagten doch selbst, da sei niemand.«

»Und die Pforte haben Sie uns aufgemacht, richtig?«

»Sie sind ein kluges Mädchen, und ich merke, Sie hören gut zu. Das gefällt mir. Ich habe sie nämlich immer im Blick, die Pforte, oder sagen wir: fast immer. Schauen Sie.« Sie holte umständlich ein goldenes Smartphone aus ihrer Westentasche.

»Und die Klaviermusik?«, fragte Cirillo. »Wer hat die angestellt?«

»Das ist das einzig Dumme. Dass die Funktionen alle so eng beieinanderliegen. Da vertue ich mich schnell mal.« Sie drückte mit dem Finger auf dem Display herum, und das Klavierkonzert erklang erneut in ohrenbetäubender Lautstärke, bevor es wieder verstummte. »Voilà. Sehen Sie? Hier, mit der Kamera, kann ich jederzeit überprüfen, was an der Pforte los ist. In dem engen Zugang, wo man sich schnell mal unbeobachtet fühlt, habe ich schon die erstaunlichsten Dinge beobachtet. Tagelang, manchmal wochenlang passiert gar nichts – und dann …«

»Aber wo ist das Personal, das man braucht, um einen solchen Laden am Laufen zu halten?«, fragte Cirillo.

»Gutes Personal erkennt man daran, dass es unsichtbar ist«, belehrte Madame Bergé. »Und hier muss ich mich um diese Belange zum Glück nicht kümmern und genieße den Luxus, dass Dottor Orlando und Signora Tramontani immer persönlich für mich da sind und alle fremden Leute von mir fernhalten. Sie bringen mir mein Essen. Sie holen mich zu den Therapiesitzungen ab. Und inzwischen habe ich sogar meinen eigenen Fahrstuhl. Darüber hinaus begleitet mich Signora Tramontani einmal am Tag vor die Tür. Die beiden tragen mich wirklich auf Händen.«

»Warum ist Ihre Tür zum Gästeflügel verschlossen?«, fragte Cirillo.

»Was soll die Frage?«

»Warum haben Sie keinen Schlüssel?«

»Ich brauche keinen. Ich habe meine Zimmerflucht, und

in der will ich von niemandem gestört werden. Was interessiert Sie das überhaupt?«

»Aber in den Therapiesitzungen begegnen Sie dann schon den anderen Patienten, oder nicht? Signora Bergé, schauen Sie mich bitte an, wenn ich mit Ihnen rede«, bat Cirillo. »Ich will einfach verstehen, wie der Laden hier funktioniert.«

»Ich habe Einzelsitzungen«, erklärte Madame Bergé. »Darum habe ich von Anfang an gebeten. Für mich hat sich die Einzeltherapie bewährt.«

»Also wissen Sie gar nicht«, fragte Cirillo, »dass im sogenannten Gästeflügel überhaupt niemand wohnt? Und es sieht auch nicht so aus, als ob da jemals schon jemand richtig gewohnt hätte, jedenfalls nicht in der letzten Zeit.«

»Was reden Sie denn da?« Madame Bergé drehte verärgert den Kopf zur Seite, und das Licht ließ ihre Augen ganz glasig, fast tränenverhangen aussehen, während sie leise murmelte: »Das ist doch dummes Zeug.«

Cirillo ging vor dem Rollstuhl in die Hocke. »Ich sage Ihnen jetzt etwas. Es gibt niemanden am Empfang, und es gibt auch kein Personal. Die Akademie hat eine einzige Patientin, und das sind Sie. Sie sind hier völlig allein. Es ist ein Schattentheater, das hier um Sie herum veranstaltet wird, immer das gleiche Stück. Merken Sie das gar nicht? Oder wollen Sie es nicht merken?«

Madame Bergé machte eine Handbewegung, als wollte sie Cirillo beiseitewischen, fort aus ihrem Blickfeld. »Was erlauben Sie sich eigentlich?«, rief sie. »Ich bekomme hier die beste Behandlung, die ich mir wünschen kann.«

»Für die Sie wahrscheinlich auch einen Haufen Geld bezahlen.«

»Und wenn?« Ihre Stimme zitterte erregt. »Sie hätten mich sehen sollen, wie ich war, bevor ich Dottor Orlando kennenlernte: ein Wrack. Keine zwei Jahre hätte ich noch gelebt, das weiß ich.« Sie verstummte plötzlich, sah durch Cirillo hindurch, und ihre Miene bekam diesen starren Ausdruck, den Rizzi schon an ihr kannte. »Und dann«, fuhr sie verwundert fort, als könnte sie es selbst bis heute nicht glauben, »passierte ein Wunder. Mir lief dieser junge Mann über den Weg. Es war in Lyon, und er war, glaube ich, noch Student. Ich saß bei seinem Konzert in der ersten Reihe, er hat Chopin gespielt, und ich habe alles gespürt. Ich kann Ihnen heute gar nicht mehr sagen, was alles. Seine Aura, die Schicksalhaftigkeit des Abends, die Zukunft, aber vor allem ganz stark die Gegenwart. Ich habe mich plötzlich so lebendig gefühlt. Habe ihn nach dem Konzert direkt zu mir gebeten. Ich werde es nie vergessen, wie er ankam mit diesem kleinen hässlichen Blumenstrauß, der aussah wie von der Tankstelle. Ich denke, es war am nächsten Abend. Oder noch gleichentags? Da war auf jeden Fall sofort eine Verbindung, und sie ist bis heute geblieben, nein, sie ist sogar immer stärker geworden.« Sie schaute auf, hatte gerötete Wangen und bewegte die Lippen, als würde sie etwas schmecken. Dann erklärte sie sachlich: »Er hatte Pläne. Sie waren sehr konkret und durchdacht, und ich habe ihm geholfen, sie zu verwirklichen. Zu unserer beider Nutzen. Und jetzt: Schauen Sie mich an. Dottor Orlando verbringt wahre Wunder an mir. Ich vertraue ihm. Wir haben es gut miteinander. Das ist das Einzige, was zählt.«

»Dann rufen Sie ihn jetzt bitte an.« Rizzi nahm das Smartphone, das sie auf der Armlehne ihres Rollstuhls abgelegt hatte, und drückte es ihr in die Hand. »Wenn ich Sie richtig verstehe, müssen Sie ja bloß pfeifen, und er springt. Jetzt machen Sie! Sagen Sie ihm, er soll herkommen, und zwar sofort. Ausflug beendet. Und Signora Tramontani soll gleich mitkommen. Was ist? Hat es Ihnen die Sprache verschlagen? Oder kann Ihr goldener Apparat nicht telefonieren?«

»Ihr Verhalten ist impertinent«, beklagte sich Madame Bergé. »Und Ihr Ton lässt sehr zu wünschen übrig. Ich werde mich über Sie beschweren.« Sie drückte verärgert und gekränkt auf dem Apparat herum. »Los, sagen Sie mir sofort: Wer ist Ihr Vorgesetzter?«

»Schluss mit dem Theater.« Rizzi nickte Cirillo zu. »Lass uns die Fahndung rausgeben.«

Während Cirillo sich mit dem Telefon am Ohr entfernte, starrte Madame Bergé ungläubig auf das Display ihres Smartphones. »Das kann nicht sein«, murmelte sie. »Das hat es noch nie gegeben. Dann ist etwas passiert.«

dottor paolo orlando, stand da, *temporaneamente non disponibile* – vorübergehend nicht erreichbar.

»Er hat Sie im Stich gelassen«, stellte Rizzi nüchtern fest. »Madame Bergé, haben Sie mich verstanden? Er ist abgehauen. Und ich glaube nicht, dass er hier aus freien Stücken wieder auftaucht.«

»Hören Sie auf!«, wies Madame Bergé ihn zurecht. »Der Dottore und ich können einander gar nicht im Stich lassen, weil wir Seelenverwandte sind. Aber dafür fehlt Ihnen der Sinn, das sehe ich auf den ersten Blick. Und wissen Sie auch, woran? Schauen Sie sich mal die Hände von Dottor Orlando an, und dann gucken Sie auf Ihre Hände und vergleichen Sie. Was können Sie mit Ihren Händen tun? Kartoffeln aus der Erde holen, mehr nicht. Oder haben Sie jemals ein Instrument angefasst?«

Madame Bergé schnaubte verächtlich, während Cirillo von der Terrassentür meldete: »Die Fahndung ist raus. Und jetzt zeigen Sie uns die Harfe. Signora Bergé, wo ist die Stradivari?«

Reglos saß Madame Bergé da, als würde ganz langsam die Erkenntnis in sie einsickern, dass die Sache ernst war.

Mit ihrem Rollstuhl fuhr sie an dem weißen Konzertflügel und der goldenen Konzertharfe vorbei und hielt neben der Massagebank und dem Hocker, auf dem ein Turm aus sauber gefalteten weißen Handtüchern lag.

Ihre Hände umklammerten die Armlehnen, und ihr Mund war seltsam verzerrt, als hätte sie Schmerzen oder würde gleich anfangen zu lachen oder zu weinen. Dann sagte sie: »Es war eine fixe Idee. Die Stradivari hat mir kein Glück gebracht. Ich verehre Stradivari, seine Instrumente bedeuten mir alles, aber er bringt mir kein Glück. Wie damals schon die Violine. Ich bekam sie geschenkt, ein wunderschönes Instrument, ein unvergleichlicher Klang. Und ich war nicht untalentiert, das sage ich Ihnen. Aber ich konnte sie schon bald nicht mehr richtig halten, die Krankheit begann von mir Besitz zu ergreifen. Und jetzt die Harfe. Wenn ich noch einmal die Wahl hätte, würde ich sagen: Wir lassen die Finger davon.«

»Wo ist sie?«, fragte Rizzi.

»Sie müssen nur den Schrank aufmachen.«

Rizzi trat vor.

»Warten Sie.«

Rizzi gehorchte und drehte sich zu Madame Bergé um.

»Bevor Sie sie anfassen, denken Sie daran: Es gibt nur diese eine. Sie ist dreihundert Jahre alt und ein wahres Kunstwerk.«

Es gab keinen Griff an dem Schrank, nur ein Schloss.

»Der Schlüssel ist im Sekretär.« Madame Bergé machte eine Bewegung mit dem Kopf. »In der kleinen Schublade.«

»Wie sind Sie in den Besitz der Harfe gekommen?«, fragte Cirillo.

»Als die Nachricht kam, dass sie zum Verkauf steht, habe ich keine Sekunde gezögert und sofort gesagt: Worauf warten wir? Sie müssen wissen, Signora Tramontani ist eine ausgezeichnete Harfenistin.«

»Hier ist kein Schlüssel«, sagte Rizzi. »Kann es sein, dass Dottor Orlando ihn vorsorglich mitgenommen hat? Auf seinen Ausflug?«

»In der kleinen Schublade.« Madame Bergé verzog keine Miene. »Sie müssen schon den Deckel heben, sonst finden Sie ihn nicht.«

»Woher kam die Nachricht, dass die Harfe zum Verkauf stehe?«, fragte Cirillo. »Von Maria Grifo?«

»Über die Einzelheiten bin ich nicht im Bilde. Darum hat sich Dottor Orlando gekümmert. Er kann so etwas. Und was solche Dinge angeht, hört er das Gras wachsen. Ich wusste nur: Eine solche Gelegenheit kommt nie wieder, und der Preis war mir egal. Das habe ich Dottor Orlando auch gesagt.«

»Die Harfe von Stradivari stand nie zum Verkauf«, erklärte Cirillo. »Sie gehört dem Konservatorium.«

»Glauben Sie mir, meine Liebe« – Madame Bergé lächelte –, »es gibt nichts, was nicht käuflich wäre, und das

Konservatorium wäre nicht die erste Institution, die ihr Tafelsilber verscherbelt.«

»Die Harfe wurde gestohlen, so viel steht fest.« Der Schlüssel war tatsächlich in dem Sekretär aufbewahrt. Rizzi fischte ihn aus der Lade, schob den Hocker beiseite und steckte ihn ins Schloss des Wandschranks. »Wie das Instrument in Ihren Besitz kam, ob Sie sich dabei strafbar gemacht haben und ob es einen Zusammenhang mit dem Tod von Maria Grifo gibt, wird noch zu klären sein.«

Die Tür ging mit einem leisen Quietschen auf, und da waren nichts als Handtücher, weiß, in hohen Stapeln, so ordentlich gefaltet wie die auf dem Hocker.

»Jetzt nehmen Sie sie schon heraus. Nicht so ehrfürchtig.« Madame Bergé war mit ihrem Rollstuhl zurückgefahren. »Aber seien Sie vorsichtig. Und stellen Sie sie hier herüber, auf den Tisch.«

Im Regal über den Handtüchern befand sich ein Werkzeugkasten. Im Regal darunter ein Staubsauger.

»Aber benutzen Sie nicht den Engel als Anfasser«, warnte Madame Bergé, »und lassen Sie die Finger von der schlanken Säule. Nehmen Sie sie am besten am Fuß. Was tun Sie denn da?«

Rizzi holte die Handtücher heraus und warf eins nach dem anderen auf den Boden. Er räumte das ganze Regal frei und zog zum Schluss auch noch den Werkzeugkasten und den Staubsauger heraus.

»Madame Bergé«, sagte er. »Hier ist keine Harfe.«

18

Auf dem Weg zurück zum Polizeiposten fuhren Rizzi und Cirillo mit deren Motorroller von der Piazzetta über die Via Roma, klebten hinter dem Bus und hörten in der Ferne Musik, Hardrock, Bässe, eine E-Gitarre und den wütenden, zornigen Gesang von Måneskin, der immer lauter wurde, je näher sie der Roxy Bar kamen.

Sono fuori di testa, ma diverso da loro
E tu sei fuori di testa, ma diversa da loro
Siamo fuori di testa, ma diversi da loro

Alberto hatte die Anlage voll aufgedreht. Autos hielten, Leute drängten sich vor der Bar, wollten sehen, was los war, und die Menschentraube wurde immer größer.

Sie parkten an der Rampe, und während Cirillo, ohne nach links oder rechts zu schauen, zur Polizeiwache hinunterging, bahnte sich Rizzi mit dem Helm auf dem Kopf einen Weg zwischen den Leuten hindurch. Drinnen in der Bar wurde getanzt, Leute sprangen im Rhythmus, unter ihnen Gina, Fortunata Parisi und Giuseppe Ruffini. Francesca, als Kleinste mittendrin und von allen umringt, schüttelte wild ihre Haare, während Alberto die Luftgitarre spielte. Die Leute lachten und redeten laut durcheinander. Überall gerötete Gesichter und Gläser mit Spumante.

Parla, la gente purtroppo parla
Non sa di che cosa parla
Tu portami dove sto a galla
Che qui mi manca l'aria

»Was ist los?«, schrie Rizzi, aber Gina war akustisch nicht zu verstehen. Sie nahm ihn bei den Händen und begann, im Rhythmus zu hüpfen. Er wollte sie festhalten, aber sie verschwand schon wieder zwischen den Leuten.

»Siamo fuori di testa, ma diversi da loro!« Alberto drückte ihm ein Glas in die Hand und reckte die Faust: *»Siamo fuori di testa, ma diversi da loro!«* – und nahm wieder die Luftgitarre zur Hand.

»Hätte man ihr nicht zugetraut, oder?« Edoardo Caruso in seinem zu großen Sakko stampfte abwechselnd mit dem rechten und linken Fuß auf dem Boden auf. »Unsere Beatrice. Wer sagt eigentlich, dass sie verwirrt war?« Er breitete die Arme aus und tanzte Fortunata Parisi an, die sich nicht lange bitten ließ.

Teresa Villa am Polizeiposten kannte wie immer die Einzelheiten und erzählte Rizzi und Cirillo, während sie die Papierstapel auf ihrem Schreibtisch ordnete, dass die Nachricht vor ungefähr eineinhalb Stunden die Runde gemacht hatte und inzwischen offiziell bestätigt war: Beatrice hatte testamentarisch verfügt, dass ihr Elternhaus an der Via Madre Serafina, in dem sie zeit ihres Lebens mit ihrer Schwester Clarissa gewohnt hatte und glücklich gewesen war, in

Zukunft von der Musikschule genutzt werden sollte. In einer Umsichtigkeit, wie man sie eher von ihrer Schwester Clarissa kannte, hatte Beatrice für anfallende Umbauarbeiten zusätzlich einen Geldbetrag zur Verfügung gestellt – man munkelte, im mittleren fünfstelligen Bereich –, während der Rest ihres anscheinend nicht unbeträchtlichen Vermögens an die Kirche gehen sollte.

Padre Ivano hatte daraufhin schon angekündigt, sich persönlich dafür einzusetzen, dass am Haus der Benzoni-Schwestern eine Kachel mit den Namen der beiden Frauen angebracht wurde, damit jeder – Musikschüler, aber auch alle anderen – immer an die edlen Stifterinnen erinnert werden würde. Ungewohnt prompt hatte Alessio Forcella aus dem Rathaus verlauten lassen, dass er den Vorschlag mit der Kachel unterstütze und die Mittel für die Gestaltung, Herstellung und Anbringung der Fliese vollumfänglich und ganz unbürokratisch aus dem Etat des Gemeindehaushalts bereitstelle.

»Ich bin sehr zufrieden, Agenti«, rief Ispettore Lombardi, als er die Treppe von seinem Büro herunterkam und die Mütze mit der goldenen Tresse auf dem kahlen Schädel zurechtrückte, als sei er in einer wichtigen dienstlichen Angelegenheit unterwegs und nicht vorzeitig auf dem Weg in den Feierabend.

»Sie haben eigenständig und professionell ermittelt und die Ergebnisse zeitnah an Neapel durchgegeben. So arbeiten wir auf Capri. Typisch Team Lombardi. Sagt auch Commissario Serra.« Nach dieser Verlautbarung bediente sich der Ispettore aus der Tüte mit den Biscotti und seufzte: »Die Sache läuft, und Neapel wird dieses Gangster-Pärchen auf seiner Flucht schon irgendwo zu fassen kriegen, da bin ich ganz sicher.« Er wischte sich die Krümel von den Händen. »Wer sind diese Leute überhaupt?«, fragte er. »Paolo Orlando und Stefania Tramontani. Habe die Namen noch nie gehört.«

»Ehemalige Studierende des Konservatoriums«, informierte Cirillo, ohne von ihrem Computer aufzuschauen. »Betreiben an der Via Tragara die *Accademia per corpo e anima* und bieten dort eine spezielle Form von Musiktherapie.«

Lombardi zog kopfschüttelnd die Hose über seinen Bauch. »Bevor ich es vergesse«, sagte er auf dem Weg zur Tür. »Morgen früh erwarte ich Ihren Bericht. Und wenn Sie den Schreibkram erledigt haben, machen Sie bitte Feierabend. Haben Sie verstanden? Sie sehen müde aus, alle beide.«

Nachdem er gegangen war und Teresa sich für den Heimweg mit ihrem blumigen Parfüm besprühte, faltete Rizzi den Brief von Maria Grifo an ihre Tochter Giulia auseinander, um ihn noch einmal vor dem Hintergrund der aktuellen Ermittlungsergebnisse zu lesen.

Ton, Inhalt, der ganze Geist, in dem der Brief gehalten war, ließen darauf schließen, dass Maria Grifo das große Geld vor Augen gehabt hatte und als Direktorin des Konservatoriums unzufrieden, ja vielleicht schon verbittert war. Vielleicht hatte sie auch deshalb keine Skrupel, die Stradivari einzupacken, mit ihrer Beute nach Capri überzusetzen und sie ihrem Ex-Studenten Paolo Orlando zum Kauf anzubieten. Der wiederum könnte, von seiner schwerreichen Gönnerin Bergé mit ausreichend Geld ausgestattet, schon längst sein Interesse signalisiert haben, schließlich kannte er die Instrumentensammlung des Konservatoriums und wusste, wie lausig die wertvollen Stücke gesichert waren. Als der Deal in der Nacht von Sonntag auf Montag über die Bühne gehen sollte, war es vielleicht zum Zerwürfnis gekommen – und zum Mord. Aber ging es dabei um Geld? Wohl kaum, denn Madame Bergé schwamm ja, wie sie angedeutet hatte, im Geld und war gewiss nicht kleinlich. Oder spielte Persönliches eine Rolle? Alte Wunden aus jener Zeit, als Orlando noch großer Hoffnungsträger gewesen war?

Trotzdem wurde Rizzi das Gefühl nicht los, dass sie etwas übersehen oder im Täter-Opfer-Schema falsch eingeordnet hatten. Er klickte in die Menüleiste und rief im Computer noch einmal die Fotos auf, die sie im Laufe der Ermittlungen gemacht hatten.

Cirillo kam um den Schreibtisch herum und schaute ihm über die Schulter. Sie sahen noch einmal die Leiche im Koffer. Die geplatzten Äderchen auf dem Nasenrücken der Toten. Die Reifenspuren oberhalb von Cala del Fico. Das Foto von Maria Grifo mit ihrer Enkelin als Lesezeichen im Buch.

Rizzi lehnte sich nachdenklich zurück und verschränkte die Hände am Hinterkopf. Es war seltsam, aber die geplatzten Äderchen auf dem Nasenrücken der Toten, das Violett und das Muster, erinnerten ihn an etwas.

Während er überlegte, begann Cirillo, eine Liste anzulegen und beim Aufschreiben laut die offenen Fragen aufzuzählen. Da war das Chaos im Hotelzimmer, von dem Costanza Flora erzählt hatte. Ließ das auf einen Kampf schließen? Wo kam der Koffer her, in dem die Leiche entsorgt wurde? Woher stammten die Reifenspuren auf den Klippen oberhalb von Cala del fico, und wo war die Pistole abgeblieben?

Rizzi dachte an die Tätowierung am Finger von Giulia Grifo, den aufgemalten Ehering, die mutwillig verletzte Haut. Warum taten Menschen so etwas freiwillig: sich verletzen?

»Und wenn Giulia Grifo etwas mit dem Mord an ihrer Mutter zu tun hat?«, fragte Cirillo plötzlich, als hätte sie gespürt, dass er auch gerade an Giulia Grifo dachte.

»Wie kommst du darauf?«, fragte Rizzi. »Das ergibt doch überhaupt keinen Sinn. Sie hat ihre Mamma geliebt, und umgekehrt war es genauso.«

»Das wissen wir nicht wirklich«, wandte Cirillo ein. »Bei Mutter und Tochter können Liebe und Hass sehr nahe beieinanderliegen.«

»Die Grifo hat sogar alle Schulden übernommen, die ihre Tochter noch aus ihrer Ehe an den Hacken hatte«, sagte Rizzi.

Cirillo überlegte. »Wie hieß noch mal der Typ, mit dem sie verheiratet war?«, fragte sie, während Savio mit der Sackkarre und übereinandergestapelten Wasserkästen hereingefahren kam.

»Vielleicht ist es total unwichtig«, rief Savio und wuchtete die Getränke in den Archivraum. »Aber da stand draußen gerade eine junge Frau. Guckte so komisch, jedenfalls kam es mir so vor. Dachte, ich frage mal, ob ich helfen kann. Gehe auf sie zu, und in dem Moment dreht sie sich um und verschwindet. Nicht schnell, also sie ist jetzt nicht gerannt, aber doch auffallend.«

»Wie sah sie aus?«, fragte Cirillo.

Savio knallte die Tür zum Archivraum zu und wendete die Sackkarre. »Nicht besonders groß. Kurze, sehr blonde Haare.«

Rizzi stand auf, und zeitgleich schob auch Cirillo ihren Stuhl zurück.

*

An der Bushaltestelle, zwanzig Meter vom Polizeiposten und der Rampe entfernt, standen Touristen und Schüler, doch die Frau war nicht mehr zu sehen. Auch nicht weiter hinten, die Via Roma hinunter, wo Pärchen eng umschlungen Richtung Piazzetta flanierten und ein Kleinkind an der Hand seiner Mutter sich mit großem Geschrei weigerte, noch einen Schritt zu machen.

Cirillo ging in die Roxy Bar, wo wieder Ruhe eingekehrt war, um dort mal nachzuschauen, während Rizzi beobachtete, wie am Kreisverkehr ein weißer Fiat stoppte und eine ältere Frau mit Einkaufstaschen einstieg. An der Zapfsäule stand Marco Sasso und betankte seine Ape.

Rizzi ging rüber und fragte, ob Marco eine blonde Frau mit Kurzhaarschnitt gesehen habe, aber Marco verneinte, schraubte dabei umständlich den Deckel auf den Tank, schien anzusetzen, um etwas zu sagen – und brummte schließlich, ohne Rizzi anzusehen: »Stimmt es? Savio sagt, ihr wisst, wer der Täter ist? Es ist nur noch eine Frage der Zeit, bis ihr ihn habt?«

»Wir haben auf jeden Fall jemanden zur Fahndung ausgeschrieben«, sagte Rizzi und prüfte mit dem Fingernagel das Profil am Hinterreifen. Die Via Roma im Blick, sagte er: »Ich dachte schon, du gehst mir aus dem Weg. Kam mir jedenfalls so vor.« Er schaute Marco von der Seite an. »Erzähl mal. Was macht der neue Laden? Läuft er?«

Marco winkte ab und hatte plötzlich einen ganz verlegenen Gesichtsausdruck, als ein kurzer, schriller Pfiff ertönte.

Cirillo stand vor der Roxy Bar und und deutete auf die gegenüberliegende Seite.

Auf dem Mäuerchen, das die Straße vom abschüssigen Gelände trennte, saß eine Gestalt und schaute über Häuser und Palmen nach Marina Piccola. Womöglich hatte die Person dort schon seelenruhig gesessen, als Rizzi und Cirillo vom Polizeiposten die Rampe heraufgelaufen kamen. Statt einfach geradeaus hatten sie wohl nur nach rechts und links geschaut.

Rizzi erkannte sie sofort. Als er von hinten an sie herantrat und sie ansprach, war sie weder erschrocken noch verwundert. Im Gegenteil: Sie schien ihn schon erwartet zu haben. In ihren grauen Augen mit den blauen Sprenkeln lag eine Traurigkeit und gleichzeitig eine große Entschlossenheit. »Ich möchte ein Geständnis ablegen«, sagte Stefania Tramontani.

Später schrieb Rizzi ins Protokoll, dass sie sich »widerstandslos abführen« ließ, hinüber in die Ausnüchterungszelle, die Savio mit ein paar Handgriffen, einer Tischplatte, zwei Böcken und drei Stühlen, zum Vernehmungsraum umfunktionierte.

Die Befragung dauerte siebzig Minuten. Stefania Tramontani rührte das Glas Wasser nicht an, brauchte kein

Taschentuch, keine nennenswerte Pause und ließ sich von Zwischenfragen kaum unterbrechen und schon gar nicht aus der Ruhe bringen. Sie war fokussiert und mit sich im Reinen.

19

Wenn ich heute zurückblicke, wusste ich bereits, dass ich es tun würde, als ich das Konservatorium verließ – als ich zum letzten Mal an der Pforte vorbeiging und schon nicht mehr Studentin des Konservatoriums war, nachdem mich die Grifo hochkant rausgeschmissen hatte.

Ich weiß noch, ich saß auf der Piazza Bellini und schaute auf dieses Gebäude mit den dicken Mauern, durch die nichts nach außen dringt, und fragte mich, ob ich das alles vielleicht nur geträumt hatte, das gesamte letzte Jahr.

Ich habe erst mal geheult. Es waren Tränen der Wut. Und jemand sagte im Vorbeigehen: Nicht weinen, Süße, er ist es nicht wert. Ich war tief verletzt, tiefer, als ich es mir selbst eingestehen wollte, und ich bin es wahrscheinlich immer noch.

Dabei hatte alles so gut angefangen, als nach der Aufnahmeprüfung die Nachricht kam, dass ich auf Platz zwei der Nachrückerliste stand. Mit einem solchen Erfolg hätte ich nie gerechnet, schließlich war ich – und das soll jetzt nicht arrogant klingen – einfach mal hingegangen zum Vorspielen. Und als ich dann tatsächlich nachrückte und den Platz bekam – ich sage Ihnen: Ich ging wie auf Wolken. Ich, Stefania Tramontani, ausgebildete Krankenpflegerin und Physiotherapeutin, war am Konservatorium San Francesco!

Ich war naiv. Aber manchmal ist es gut, naiv zu sein. Man ist dann offen, hat keine Vorbehalte, ist zugänglich für Neues. Ich war aufgeregt, euphorisch und erfüllt von der Vorstellung, dass jetzt etwas Großes beginnen würde. Ich bin ziemlich schnell drauf gekommen, dass die Harfe mein Instrument ist. Ich mag vor allem die Konzertharfe, die ich wie ein Lebewesen umarmen und streicheln kann und die mir mit diesen wunderbaren Tönen antwortet. Der Klang geht durch mich hindurch, ich fühlte ihn körperlich in meinem Becken, meinem Zwerchfell, meinem tiefsten Inneren. Es gibt Momente, da fühle ich mich eins mit der Harfe, in totalem Einklang mit dem Instrument.

Ich war von Anfang an eine Außenseiterin im Konservatorium, das war für mich in Ordnung. Dass man mich aufgrund meiner vorherigen Ausbildung die Dottoressa nannte, hat mich nicht gestört. Es hatte in meinen Ohren etwas Respektvolles, fast Liebevolles. Dass darin auch etwas Herablassendes lag, wurde mir erst später klar. Da hatte ich meine Naivität, man könnte auch sagen: meine Unschuld, schon verloren.

Die Tatsache, dass Maria Grifo auf mich aufmerksam wurde, war – aus heutiger Sicht – der Anfang vom Ende. Zwar hatte ich sie bei der Aufnahmeprüfung gesehen und manchmal auf dem Gang, wenn sie an mir vorbeigerauscht ist – mit einer Körpergröße von höchstens einem Meter sechzig schaffte sie es, dass jeder trotzdem zu ihr aufschaute. Aber Napoleon war ja auch klein, oder? Ich habe sie bewundert, auch als Frau. Ich hatte den Eindruck, sie ist durchsetzungsstark, und gleichzeitig schwebte sie über allem und war unantastbar.

Sie schaute ›nur mal rein‹, immer mal wieder, im Unterricht, bei den Proben, und gab Tipps, manchmal nur im Vorbeigehen. Achten Sie auf Ihre Haltung. Versuchen Sie, sie nicht nur zu streicheln. Nehmen Sie sie auch mal richtig ran. Aber sie lobte auch: Sie machen das sehr gut, hat sie einmal gesagt, und ich weiß noch, wie überrascht sie dabei klang.

Ich gebe zu, ich fühlte mich durch ihre Aufmerksamkeit geschmeichelt, bin sogar aufgeblüht in dem wärmenden Licht, das durch sie auf mich fiel. Bis sie mich sogar zu sich aufs Zimmer zitierte, wo sie sich nach meinen Plänen erkundigte – die ich nicht hatte. Ihr Raum war ein einziges Chaos, man sah sofort, dass sie überhaupt keinen Wert auf Status legte. Da gibt es am Konservatorium ganz andere Kaliber, das können Sie mir glauben.

Und plötzlich bekam ich dieses Stipendium, weil die Grifo ein paar Strippen gezogen hatte. Ich habe mich wirklich gefreut, musste zum ersten Mal nicht mehr für den Lebensunterhalt schuften und konnte mich voll und ganz auf die Ausbildung konzentrieren. Doch nun fingen manche Kommilitonen plötzlich an, mich als Konkurrentin zu behandeln. Ich war jetzt nicht mehr nur die komische Dottoressa, die einem, wenn man sie nett fragte, auch mal eine Nackenmassage verpasste. Ich war jetzt der Liebling von Maria Grifo, wurde als aufgehender Stern am Himmel des Konservatoriums gehandelt und beneidet und spielte in einer Liga, in die jeder hineinwollte – nur ich nicht.

Ob Sie es glauben oder nicht: Ich war kreuzunglücklich. Mir fehlten meine Nachtschichten, meine Patienten. All die Kranken, die von so vielen Sorgen und Nöten und Schmerzen geplagt wurden und meine Hilfe brauchten. Manchmal packte ich, wenn es meine Zeit erlaubte, die Violine aus und spielte, und dann entstand ein Friede auf der Station … das können Sie sich nicht vorstellen, es war fast unbeschreiblich. Und da merkte ich, dass genau das – die Musik und das, was sie uns vermittelt – den Kranken mindestens so sehr hilft wie die Medizin, um gesund zu werden. Paolo Orlando sieht es genauso. Er kennt sich auf dem Feld fantastisch aus.

Ich begegnete ihm vor einigen Jahren auf einem Seminar, als ich schon angefangen hatte, mich verstärkt für die heilenden Kräfte der Musik zu interessieren, und war ziemlich beeindruckt von ihm. Kurz vor meinem Rausschmiss traf ich ihn wieder – in einer Gasse ganz in der Nähe des Konservatoriums. Es traf mich wie ein Blitz, und ihm ging es ähnlich.

Er hat mir nie geraten, die Ausbildung hinzuschmeißen, obwohl er sah, wie unglücklich ich dort war. Aber er hat auch nicht, wie viele andere, versucht, mich zu überzeugen, dass ich diese Chance am Konservatorium unbedingt nutzen muss. Zumal er ja auch seine eigene Geschichte mit Maria Grifo hatte. Aber je besser ich ihn und das Konzept seiner *Accademia per corpo e anima* kennenlernte, desto deutlicher wurde mir bewusst, dass das Konservatorium für mich der falsche Platz war – dass man mir dort eigentlich nichts mehr beibringen konnte, das ich nicht ohnehin schon wusste. Ich weiß, es hört sich vielleicht überheblich an, aber es ist so.

So gesehen, war der Rausschmiss für mich kein Weltuntergang. Eher hat Maria Grifo mir eine Entscheidung abgenommen, die ich im Innersten selbst schon getroffen und bloß noch nicht vollzogen hatte. Trotzdem saß und sitzt die Kränkung tief. Ich weiß, es ist keine Entschuldigung für das, was ich getan habe. Ich bereue es sehr. Auch wenn es erst zwei Wochen her ist, kommt es mir vor, als wäre es in einem anderen Leben gewesen, als ich beschlossen habe, es einfach zu tun. Ich war nicht besessen von der Idee, habe auch nicht aus Rache gehandelt. Nein. Die Wahrheit ist: Ich habe gar nicht so viel darüber nachgedacht, wie man es vielleicht von einem erwachsenen Menschen erwarten sollte. Vielleicht habe ich es auch deshalb getan, weil es so einfach war.

Ob ich Helfer hatte? Ich nenne keine Namen, zumal derjenige, der mir den Zugang ermöglicht hat, gar nichts davon weiß. Doch, ehrlich, glauben Sie mir. Er hat mir nur mal unter dem Siegel der Verschwiegenheit verraten, dass er heimlich nachts in der Musikinstrumentenkammer auf dem Cembalo von Giovanni Paisiello spielt. Der Typ ist speziell, kein Student des Konservatoriums, obwohl er, wenn Sie mich fragen, hundertmal besser ist als manche von den Studierenden, die dann auch noch auf jemanden wie ihn herabgucken. Sie müssten ihn mal spielen hören. Ich habe ihn einmal erlebt, da hat er sich in der Bar an ein Klavier gesetzt, so ein grausam verstimmter Kasten, und mal kurz in die Tasten gehauen, und da wusste ich Bescheid. Ich frage mich, ob er sich das Recht, heimlich auf dem Paisiello-Cembalo zu spielen, auch deshalb herausnimmt, weil es seine Art ist, mit der Kränkung umzugehen, nicht zum Studium zugelassen zu werden. Schon zweimal haben sie ihn abgelehnt.

Ich nehme an, dass Sie wissen, um wen es sich handelt. Aber ich bitte Sie, ihn nicht zu behelligen. Er ist wirklich unschuldig und hat mit der Sache nichts zu tun. Er hat einfach Zugang zu allen Schlüsseln, und ich wusste, weil er es mir verraten hat, dass er, bevor das Konservatorium um zweiundzwanzig Uhr zugesperrt wird, hingeht und heimlich die Musikinstrumentenkammer aufschließt. Es wird zwar sehr penibel kontrolliert, ob die Schlüssel da sind, aber nie, ob auch abgesperrt ist. Dann blockiert er noch bei der Tür zwischen Kantinenküche und Müllraum den Schnappschloss-Mechanismus und kann auf diese Weise, wann immer er will, völlig unbehelligt ins Allerheiligste spazieren. Das tut er in der Regel in der Nacht von Mittwoch auf Donnerstag, immer nach Mitternacht, am liebsten nach ein Uhr, und spielt dann bis in die frühen Morgenstunden auf seinem Cembalo. Ich habe ihn gewarnt und gesagt, pass auf, eines Tages erwischen sie dich. Aber er winkte ab, er war sich sicher, dass ihm niemand auf die Schliche kommen würde. Warum er mir davon erzählt hat? Keine Ahnung. Vielleicht sah er in mir eine Seelenverwandte, da ich mich ebenso gern wie er in diesem Raum aufhielt. Ich ging zwar nicht so weit, dass ich die Harfe dort spielte, aber ich machte manchmal dort, in dieser Wunderkammer, meine Musiktheorieaufgaben. Es beflügelte mich, an einem solchen Ort arbeiten zu können.

Ich gestehe, ich habe mein Wissen über seine Passion und die Vorkehrungen, die er dafür trifft, eiskalt ausgenutzt und gebe hiermit offiziell zu Protokoll: In der Nacht vom fünfundzwanzigsten auf den sechsundzwanzigsten August bin ich gegen 23.30 Uhr ins Konservatorium eingedrungen und habe die Stradivari-Harfe an mich genommen. Es war tatsächlich total einfach. Müllraum, Tür zur Kantinenküche, Treppe hoch, Musikinstrumentenkammer, Harfe in die Tasche – und wieder raus. Die ganze Aktion hat keine Viertelstunde gedauert.

Ich hatte damit gerechnet, dass der Diebstahl vielleicht noch in der Nacht, spätestens am nächsten Morgen entdeckt wird und dann die Hölle los ist. Aber das war nicht der Fall. Wir konnten es nicht fassen, Paolo und ich: Wir waren im Besitz der einzigen Stradivari-Harfe der Welt, und niemanden scherte es!

Wenn Sie nach meinen Beweggründen fragen, würde ich jetzt am liebsten beteuern, dass es uns wirklich nur um den Klang dieses Instruments ging. Und tatsächlich läuft mir ein Schauer über den Rücken, wenn ich auf der Stradivari spiele. Zweimal habe ich es schon getan. Der Klang selbst, unter professionellen Gesichtspunkten, ist mit dem Klang meiner Konzertharfe nicht zu vergleichen. Aber auf der Stradivari zu spielen ist – wie soll ich sagen? –, als ob man ein dreihundertjähriges Wesen zum Leben erweckt. Als ob man an einer Kraft rührt, die sich auf einen überträgt. Es ist ein fantastisches Erlebnis, und ich denke, es überträgt sich nicht nur auf den Musiker, sondern auch auf den Zuhörer.

Aber ich bin nicht hier, um etwas zu beschönigen, sondern um die Wahrheit zu sagen. Und die sieht leider so aus, dass die *Accademia* große finanzielle Probleme hat. Trotz der regelmäßigen Einnahmen, die Paolo seit Jahren durch Madame Bergé generiert, reicht es vorne und hinten nicht. Abgesehen von den Lebenshaltungskosten, die bei uns wirklich bescheiden sind, frisst das riesige Haus alles auf: Reparaturen, Steuern, ja allein was die Müllabfuhr kostet – es ist ein Fass ohne Boden. Man muss allerdings auch zugeben, dass Paolo, so charismatisch er als Therapeut ist, kein Finanzgenie ist. Er hat nicht das Talent, die *Accademia* als gewinnbringendes Unternehmen zu führen – oder wenigstens so, dass es sich selbst trägt. Madame Bergé schießt zwar immer wieder etwas dazu, aber es ist seit längerer Zeit klar, dass es so nicht weitergeht, wenn nicht irgendwann ein Befreiungsschlag kommt.

Was die Stradivari-Harfe angeht, so hat Paolo Madame Bergé schon vor längerer Zeit von dem Instrument erzählt. Und wenn Madame Bergé ›Stradivari‹ hört, fangen ihre Augen sofort an zu leuchten. Sie hat früher selbst auf einer Stradivari-Violine gespielt, bevor die Krankheit ausbrach und alle Ambitionen zunichtemachte. Hinzu kommt, dass Madame Bergé, seit ich als Harfenistin Teil der *Accademia* bin und regelmäßig die Konzertharfe spiele, regelrecht aufgeblüht ist. So kam die Stradivari-Harfe und ihre mögliche therapeutische Wirkung aufs Tapet. Madame Bergé war sofort bereit, jeden Betrag locker zu machen, um die Stradivari-Harfe zu erwerben und nach Capri zu bringen.

Und hier setzt nun der Betrug ein. Wir haben ihr vorgegaukelt, wir hätten die Stradivari nach nervenaufreibenden Verhandlungen erworben, dabei haben wir sie geklaut und Madame Bergés Geld in die eigene Tasche gesteckt. So viel zu unseren wahren Beweggründen. Das einzigartige Klangerlebnis, die Geschichte und Aura dieses Instruments – alles schön und gut. Aber uns ging es ausschließlich ums Geld und um nichts anderes. Wir haben einfach die Chance gesehen, mit dem Raub der Stradivari und dem Betrug an unserer Madame Bergé auf einen Schlag aus allen finanziellen Nöten herauszukommen und zusammen etwas aufzubauen, was auch über die Zeit mit Madame Bergé hinaus Bestand hat. Denn machen wir uns nichts vor: Allzu lange wird Madame nicht mehr leben, und was danach geschehen wird, steht in den Sternen.

Wovon ich keine Ahnung hatte: dass Paolo vor geraumer Zeit, ich glaube, vor knapp einem Jahr, schon einmal bei der Grifo angefragt hatte, ob es grundsätzlich möglich wäre, das Stradivari-Instrument für therapeutische Zwecke auszuleihen, wenn er eine entsprechende Versicherung abschließen würde. Sie hat ihm natürlich eine Absage erteilt. Wenn ich von dieser Anfrage gewusst hätte, das können Sie mir glauben, hätte ich selbstverständlich niemals diesen Raub begangen. Schließlich war die Grifo ja nicht von gestern und brauchte nur zu kombinieren. Aber mit dieser Info ist Paolo, der in manchen Dingen wirklich nicht der Ausgebuffteste und immer wieder erstaunlich weltfremd ist, leider erst herausgerückt, als es schon zu spät war. Das böse Erwachen kam am vergangenen Sonntag.

Ich hatte meinen freien Tag, war in Neapel, kam zurück, ging noch schwimmen, traf Leute, war mit ihnen etwas essen, dann noch etwas trinken – die Namen kann ich Ihnen selbstverständlich nennen – und kam irgendwann, ich glaube, es war schon nach Mitternacht, zurück. Paolo war nicht im Bett, war verschwunden. Ich fand ihn im Arbeitszimmer. In einem Zustand, wie ich ihn noch nie gesehen habe.

Er war schweißüberströmt und zitterte am ganzen Leib und fragte immer wieder: Was ist, wenn sie keine Ruhe gibt? Was tun wir dann? Geben wir jedes Mal nach? Er heulte und meinte, jetzt habe sie ihn wieder in der Hand, aber im Gegensatz zu damals könne er jetzt nicht mehr vor ihr weglaufen und nichts dagegen tun. Ich musste ihn erst einmal beruhigen, bis er imstande war zu erzählen, was während meiner Abwesenheit passiert war.

Maria Grifo hatte am frühen Abend in der *Accademia* plötzlich vor ihm gestanden. Wie aus dem Nichts war sie gekommen. Paolo, völlig überrumpelt, gab den Raub der Stradivari anscheinend sofort zu, zumal die Grifo wohl sehr schnell durchblicken ließ, dass sie unter bestimmten Umständen bereit wäre, Stillschweigen zu bewahren und nicht die Polizei zu verständigen. Im Klartext: Sie wollte Cash, siebzig Prozent von der Million, die wir von Madame Bergé für die Harfe zur Verfügung gestellt bekommen hatten. Auch den Betrag hat er ihr wahrheitsgemäß verraten. Ich weiß, schön blöd, werden Sie jetzt wahrscheinlich denken, aber Sie kennen die Grifo nicht. Sie kann sehr autoritär werden, und Paolo, konfliktscheu und nachgiebig, wie er ist, zumal wenn er unter Druck gerät, hatte ihr nichts entgegenzusetzen. Er war wieder in der Rolle des gehorsamen Schülers. Wenigstens hat er noch versucht, sie herunterzuhandeln. Halbehalbe für jeden. Am Ende haben sie sich auf sechzig-vierzig geeinigt: sechzig für die Grifo, vierzig für uns. Das Geld sollte er bis Montagabend bereitstellen und ihr übergeben.

Ich habe ihn nur in den Arm genommen und gesagt: Es ist gut. Du hast alles richtig gemacht. Sie bekommt ihr Geld, ist doch egal, und alles andere wird sich finden.

Dann, am Montag, tauchte die Grifo nicht auf. Wir haben uns natürlich gewundert und uns auch Sorgen gemacht. Haben versucht, uns gegenseitig zu beruhigen: Sie wird sich schon melden, wenn sie etwas will. Unsere größte Sorge war, dass sie vielleicht doch zur Polizei gegangen war. Andererseits hätte die dann doch längst da sein müssen. Wir waren ziemlich ratlos, aber statt auf die Idee zu kommen, mal die Nachrichten zu checken, meditierten wir dann. Wir leben in unserer *Accademia* sehr abgeschottet, und das zelebrieren wir, ich gebe es zu.

Dass die Grifo tot ist, haben wir erst am Dienstagnachmittag erfahren, als Sie, Agente Rizzi, mit Ihrer kleinen Kopfwunde bei uns aufgetaucht sind.

Wir standen unter Schock. Die Grifo – umgebracht. Wir hatten keine Erklärung, keine Theorie und beschlossen, uns erst einmal ruhig zu verhalten. Bis sich am Mittwochabend eine meiner ehemaligen Dozentinnen aus dem Konservatorium bei mir meldete und mich mit Anrufen und Nachrichten bombardierte. Ob ich es schon gehört habe? Ich möge sie doch bitte dringend und umgehend zurückrufen. Sie werde von der Polizei massiv unter Druck gesetzt und wisse nicht, wie sie sich verhalten solle. Sie wolle nur mal mit mir Rücksprache halten.

Ich habe versucht, die Nachrichten zu ignorieren, und auch Paolo nichts davon gesagt, bis heute Morgen, in aller Frühe, Nachrichten aus der Musikinstrumentenkammer kamen. Von meinem Cembalo-Freund. Nein, ich bestätige Ihnen den Namen nicht, er tut nichts zur Sache. Er bat mich, mich bei ihm zu melden, und fragte, ob ich etwas mit dem Verschwinden der Harfe zu tun hätte. Ihm würde gerade die Polizei aufs Dach steigen. Da habe ich – wie Paolo – ebenfalls die Nerven verloren.

Es war eine Kurzschlussreaktion. Wir haben Madame Bergé informiert, wir wären am Abend wieder zurück, haben die Harfe und ein paar Sachen eingepackt und sind Hals über Kopf losgefahren, fort von der Insel, aufs Festland.

In Bagnoli haben wir uns den ganzen Tag an den Strand verkrümelt und versucht, in Ruhe zu überlegen, welche Optionen uns bleiben. Ich erspare Ihnen die Szenarien, die wir im Laufe des Tages entwickelt haben. Denn am Ende war uns klar: Wir haben gar keine Wahl. Wir können Madame Bergé nicht alleine auf Capri zurücklassen. Sie wartet auf uns, sie ist auf uns angewiesen.

Unser Plan war folgender: Paolo bringt die Stradivari zurück ins Konservatorium, stellt sie unauffällig irgendwo ab, wo sie nicht beschädigt und möglichst bald gefunden wird, während ich, bevor Madame Bergé noch auf die Idee kommt, die Polizei zu rufen, nach Capri zurückfahre und mich ums Abendessen kümmere. *Business as usual.*

Als wir uns am Hafen voneinander verabschiedeten und Paolo mich umarmte, als wäre es ein Abschied für lange Zeit, war ich innerlich ganz ruhig, weil ich wusste, wir tun das Richtige, wir halten zusammen und werden aus der ganzen Geschichte gestärkt hervorgehen.

Wovor haben wir eigentlich Angst?, habe ich Paolo gefragt. Ich habe die Harfe gestohlen und bereue es inzwischen zutiefst. Aber wir haben niemanden umgebracht.

Auf dem Schiff habe ich die ganze Sache für mich noch einmal durchdacht, und plötzlich wusste ich, was zu tun war und wovor ich mich in meiner grenzenlosen Feigheit die ganze Zeit gedrückt habe: Ich musste zur Polizei gehen und alles gestehen. Und danach – und das ist für mich mindestens genauso schwer – muss ich zu Madame Bergé und auch ihr alles gestehen: den Raub, den Betrug an ihr, den Vertrauensbruch, den ganzen Schaden, den ich angerichtet habe. Ich weiß nicht, ob sie mir verzeiht und ob es danach überhaupt noch möglich ist, für sie zu spielen, ob es therapeutisch noch funktioniert. Aber das ist dann eine andere Frage. Erst einmal muss ich den Mist, den ich angerichtet habe, aufräumen.

Dass ich Paolo auf dem ganzen Weg hierher nicht erreicht habe, hat mich noch einmal zögern lassen. Aber jetzt bin ich einfach nur froh, dass es raus ist. Lassen Sie mich bitte noch mit Madame Bergé sprechen und ein paar Sachen regeln. Auch Paolo muss ich benachrichtigen. Ihm sagen, dass alles gut ist. Dass er sich beruhigen kann. Das wird er, glauben Sie mir, auch wenn es im Moment aussieht, als wäre er abgetaucht. Ich kenne ihn, er muss vor allem die Sache mit Madame Bergé durchdenken. Heute Nacht, spätestens morgen früh, ist er wieder da.

Nein, Paolo hat Maria Grifo nicht umgebracht. Warum sollte er das tun? Wegen der verdammten Kohle? Weil sie sechzig Prozent von einer Summe wollte, die uns nicht gehört?

Sie kennen Paolo nicht. Geld ist ihm egal. Aber Sie sind Polizisten, klar, Sie können und müssen sich natürlich alles Mögliche vorstellen. Aber jemand wie Paolo, der so zarte Hände hat, kann keinen Menschen erdrosseln. Das ist alles, was ich zu sagen habe.«

20

Der Kollege in Neapel, Andrea Scotto, der den Einsatz der Soko Capri auf dem Festland koordinierte, erklärte sich am Telefon, nach Rücksprache mit Commissario Serra, einverstanden, dass Stefania Tramontani nicht nach Neapel überstellt würde, sondern auf Capri bleiben konnte, wo sie ihnen mutmaßlich mehr nützte als in Neapel im Gewahrsam. Sollte der flüchtige Paolo Orlando Kontakt zu ihr aufnehmen, bestand immerhin die Möglichkeit, dass sie ihn zur Vernunft brachte und überredete, sich zu stellen.

Damit folgte die Mordkommission Rizzis Einschätzung, dass Stefania Tramontanis Geständnis glaubhaft war. Jemand, der einen Fluchtgedanken verwarf, weil eine hilflose alte Frau nicht allein zurückgelassen werden konnte, und sich freiwillig der Polizei stellte, um den Raub der Stradivari-Harfe zu gestehen, war in seinen Augen vertrauenswürdig.

Stefania Tramontani durfte die Insel aber bis auf Weiteres nicht verlassen. Auf dem Festland wurde verstärkt nach Paolo Orlando gefahndet und das Konservatorium sowie das nähere Umfeld von mehreren Beamten observiert. Sobald der Gesuchte sich dort zeigte, sollte der Zugriff erfolgen. Aber Paolo Orlando blieb verschwunden. Und auch die Harfe war bisher noch nicht wieder aufgetaucht.

Es ging auf 22 Uhr zu. Es war ein langer Tag gewesen,

und mehr konnten sie nun erst einmal nicht tun. Rizzi und Cirillo verabschiedeten sich von Gatti, der Nachtschicht hatte, und verließen den Polizeiposten.

Als sie bei ihren Motorrollern an der Rampe standen, legte Cirillo ihren Kopf in den Nacken, schaute in den Sternenhimmel und zum Mond, der in ein paar Tagen voll sein würde, und fragte: »Glaubst du, er war es? Ist Paolo Orlando ein Mörder?«

»Ich weiß es nicht«, erklärte Rizzi und nahm sich aus der flachen Schachtel, die er aus seiner Brusttasche herausholte, eine Selbstgedrehte.

Cirillo lehnte sich an den Sattel ihrer Vespa. »Motive hat er jedenfalls gehabt. Maria Grifo ist wie ein Gespenst aus der Vergangenheit plötzlich vor ihm aufgetaucht. Hat ihn, wie früher im Konservatorium, unter Druck gesetzt. Verlangte Geld und gefährdete damit seine Existenzgrundlage, wo er doch gerade dachte, er hätte durch das Manöver mit der Harfe endlich wieder sicheren Boden unter den Füßen. Sie brachte alles wieder in Gefahr, sein Baby, seine *Accademia per corpo e anima*.«

Rizzi betrachtete in der Dunkelheit die Glut seiner Zigarette. »Lass uns noch mal Punkt für Punkt alles durchgehen«, sagte er. »Maria Grifo checkt am Sonntagnachmittag im Hotel La Principessa ein, direkt neben der *Accademia per corpo e anima*. Sie inspiziert ihr Zimmer, macht sich frisch, genehmigt sich vielleicht schon mal einen, gibt einen Haufen Sonderwünsche in Auftrag – Kirschkernkissen et cetera – und geht dann hinüber zu Paolo Orlando, ihrem ehemaligen Studenten, Ex-Hoffnungsträger und Ex-Wunschschwiegersohn. Wie es ihre Art ist, kommt sie gleich zur Sache und konfrontiert ihn mit ihrem Verdacht, dass er die Stradivari-Harfe geraubt hat – und trifft damit ins Schwarze. Paolo ist völlig überrumpelt und kann der Vehemenz, mit der sie ihn überfällt, wenig entgegensetzen. Ohne nennenswert Widerstand zu leisten, gibt er rasch klein bei. Sie einigen sich auf ein Schweigegeld und verabreden die Übergabe für den nächsten Tag. Danach sieht die Kellnerin Gabriella Greco, wie Maria Grifo im Hotelgarten sitzt und schreibt – mutmaßlich den Brief an ihre Tochter Giulia, in dem sie ihr euphorisch von einer wunderbaren Zukunft erzählt. Sie hat auch allen Grund, euphorisch zu sein, immerhin winken nach der Absprache mit Paolo Orlando 600 000 Euro.«

Cirillo nickte. »Ganz schön viel Geld. Und keine Schulden mehr.«

»Gegen zwanzig Uhr« fuhr Rizzi fort, »ist Maria Grifo, nach Aussage von Gabriella Greco, von der Bank im Hotelgarten verschwunden. Von Antonio Kabaciński wissen wir, dass er sie angesprochen und ihr vorgeschlagen hat, nach seinem Feierabend um 21 Uhr einen Spaziergang zum Belvedere Cannone zu machen, wie er es allein reisenden Damen öfter vorschlägt. Maria Grifo war in Feierlaune, musste den Abend ohnehin rumkriegen und sagte zu. Gegen 23 Uhr werden die beiden von Salvatore, dem Straßenkehrer, hinter der Kirche Santo Stefano gesehen. So weit scheint die Sache einigermaßen klar. Aber was passierte dann? Hat Kabaciński sie zurück zum Hotel gebracht, wo sie sich voneinander verabschiedet haben?«

»Maria Grifo hatte vermutlich kein Interesse, irgendwelche weiteren Dienstleistungen von dem Mann in Anspruch zu nehmen«, sagte Cirillo, »und für Kabaciński war das in Ordnung. Er hat ein paar Drinks spendiert bekommen und kam insofern auch auf seine Kosten.«

An diesem Punkt begannen die Mutmaßungen. Cirillo ging auf der Rampe, vor den geparkten Motorrädern, auf und ab, während sie gemeinsam die offenen Fragen aufzählten. War Maria Grifo jetzt vielleicht, statt ins Bett, noch einmal zu Paolo in die *Accademia* gegangen? Um den Preis zu erhöhen und doch auf siebzig Prozent zu bestehen? Oder hatte Paolo es sich vielleicht in der Zwischenzeit überlegt, wie er sich dieses Problem vom Hals schaffen könnte? Er hatte seit ihrem Zusammentreffen ein bisschen Zeit zum Nachdenken gehabt. Groll könnte in ihm hochgestiegen sein und Ärger, dass er dieser Frau wieder ausgeliefert war. Hatte er sie noch einmal zu sich gebeten, und die Situation war eskaliert? Und hatte ihn Stefania vielleicht bei ihrer Rückkehr neben der Toten vorgefunden, und sie hatten die Leiche gemeinsam entsorgt?

Diesen Fragen würden sie jetzt nachgehen müssen. Rizzi zog noch zweimal an der Zigarette, drückte sie am Geländer aus und sagte mit einer Kopfbewegung: »Komm.«

In der Roxy Bar war die Party vorbei. Alberto war allein und räumte hinter der Theke auf. »Ihr seht aus, als könntet ihr einen Drink vertragen«, sagte er und schaute sie prüfend an. »Zwei Negroni?«

Während Alberto Campari, Gin und süßen Wermut vom Regal holte, zog Rizzi den Brief hervor, den Maria Grifo ihrer Tochter kurz vor ihrem Tod geschrieben hatte, faltete ihn auf und legte ihn zwischen sich und Cirillo auf den Tresen, als wäre damit Maria Grifo ein Stück anwesend. Alberto servierte diskret die Getränke und schob die Gläser auf der quadratischen Serviette zurecht.

»Was denkst du?« Rizzi sah Cirillo fragend an.

»Irgendetwas stimmt noch nicht. Aber ich weiß nicht, was es ist.« Sie hob ihr Glas, trank einen Schluck und bat Rizzi, noch einmal die letzten Sätze im Brief, das Postskriptum, vorzulesen.

Während Alberto im Hinterzimmer verschwand, hielt Rizzi den Brief ins Licht. *»Du glaubst nicht, wen ich gesehen habe! Aber das ist ein anderes Thema. Ich sage Dir nur: Das Leben ist manchmal verrückt!«*

»Wenn man das hört«, sagte Cirillo, »denkt man zuerst, dass die Grifo über das unerwartete Treffen erfreut war. Aber man könnte es auch genau umgekehrt interpretieren. Und wenn sie nicht erfreut war, dann war die andere Person es womöglich auch nicht. Ich würde gerne wissen, wen sie meinte. Diese Person kann natürlich auch mit dem Mord zu tun haben.«

»Damit scheidet Paolo aber aus«, sagte Rizzi, »das Treffen mit ihm war ja keine Überraschung, sondern geplant. Was ist mit Stefania Tramontani?«

Cirillo schüttelte zweifelnd den Kopf: »Erstens wusste Maria Grifo, dass Stefania Tramontani auf Capri ist, wenn auch nicht, wo sie arbeitete. Und außerdem war sie der Grifo nicht wichtig genug, sie hätte ihrer Tochter nicht extra davon geschrieben. Sie muss irgendjemanden meinen, den ihre Tochter auch gut kennt und dessen Anblick sie wirklich überrascht hat. Wir müssen vielleicht noch mal mit Giulia Grifo zusammen alle Leute durchgehen, die infrage kommen.«

»Erinnerst du dich an die Hände von Kabaciński?«, fragte Rizzi plötzlich.

»Warum?«

»Sein Ringfinger?«

Cirillo nickte langsam. »Den er ständig massiert hat? Die rote Stelle, wo er sich den Ehering runtergezwängt hat, damit er nicht stört, wenn er mit den allein reisenden Frauen anbändelt. Als ob die rote Stelle unauffälliger wäre.«

»Ich komme darauf«, sagte Rizzi, »weil du heute Nachmittag, bevor uns Stefania Tramontani dazwischenkam, überlegt hast, ob Giulia Grifo etwas mit dem Mord an ihrer Mutter zu tun hat, was ja eigentlich völlig absurd erscheint.«

»Mir hilft es manchmal, auch absurd erscheinende Varianten durchzuspielen.«

»Hatte ich dir eigentlich von der Tätowierung an ihrem Finger erzählt?«

»Nein.«

»Das Tattoo soll einen Ring darstellen.«

»Das ist ja eigenartig«, sagte Cirillo und blickte auf. Sie schien dasselbe zu denken wie er.

Rizzi trank aus, stellte sein Glas ab, faltete den Brief zusammen, steckte ihn zurück in den Umschlag und klopfte mit dem Kuvert zweimal auf die Theke. »Alberto?« Sie hörten, wie der Barbesitzer die Kellertreppe hochstieg, und kurz darauf zeigte sich sein Gesicht in der Tür zum Hinterzimmer.

»Dein Negroni«, sagte Rizzi, »war erstklassig. Ich glaube, er hat uns weitergeholfen.«

Cirillo trank ihr Glas aus, vergaß beinahe ihre Mütze, und Alberto rief ihnen hinterher: »Wollt ihr nicht noch einen?«

21

Rizzi stoppte seinen Roller neben der Kirche, und Cirillo löste ihren Klammergriff. Die Strecke von der Roxy Bar hierher hatte drei Minuten gedauert, die Zeiger am Uhrenturm zeigten auf halb zwölf.

Er verstaute ihre Helme, grüßte mit einer knappen Handbewegung den Kellner auf der Piazzetta, der Tische und Stühle für die Nacht zusammenschloss, und sagte zu Cirillo: »Es passt. Erst der einstige Wunschschwiegersohn, dann der reale Ex-Schwiegersohn. Und beide waren überrascht, als sie sich gegenüberstanden, darauf kannst du wetten.«

Sie liefen die Via Vittorio Emanuele hinunter. »Wir müssen ihn überrumpeln«, erklärte Rizzi. »Ich schlage vor, du sprichst ihn an. Weibliche Stimme – du verstehst? Der Schreck soll ihm so richtig in die Glieder fahren.«

Cirillo war einverstanden.

Auf der Via Camerelle kamen ihnen vereinzelt Leute entgegen, auf der Via Tragara war um diese Zeit fast niemand mehr. Nur in einer der mit Efeu und Wein überwachsenen Kojen, wo Stefania Tramontani und Madame Bergé vor ein paar Tagen zu Mittag gegessen hatten, drückte sich noch ein Liebespaar.

Vor der von Bougainvillea und Plumbago umwucherten

Pforte stand Savio, der zusammen mit zwei Kollegen aus Neapel zur Bewachung des Hauses abgestellt war. Rizzi grüßte die drei und nahm Savio beiseite, um ihm einen Auftrag zu erteilen, den er möglichst diskret erledigen sollte.

Savio hörte zu, nickte mit gerunzelter Stirn und fragte, um sicherzugehen, dass er sich nicht verhört hatte: »Du meinst also eine ganz normale Schubkarre?«

»Schaffst du das?«, fragte Rizzi.

Savio sah kein Problem und versprach, während er für Cirillo die Räuberleiter machte, die Sache zu regeln und gegenüber den Beamten aus Neapel ganz sicher mit keinem Wort zu erwähnen.

Zwei Versuche, und Cirillo war rüber und ließ sich fast lautlos auf der anderen Seite wieder runter.

Als sich kurz darauf auch Rizzi über die Pforte wälzte, sah er eine Schrecksekunde lang die Kamera. Doch sie bewegte sich nicht, nur ein kleines rotes Lämpchen blinkte diskret.

Das trockene Laub auf der Treppe ließ ihre Schritte knistern. Die Stufen hoch, zweimal um die Ecke. Hier oben im Garten sackte die Temperatur im Vergleich zur Straße um ein paar Grad ab. Das Meer war zu hören, ein beständiges Rauschen, und das Wasser, so ruhig ausgebreitet, sah in der Dunkelheit aus wie Öl.

Sie mieden den Kiesweg, gingen über die Grasnarbe an Stockrosen und Hortensien entlang, am Brunnen vorbei, der in der Nacht abgestellt war. Die Villa strahlte im Mondlicht, aber die Fenster lagen alle im Dunkeln. Man hätte sich auf die Veranda setzen und – ohne Licht zu machen – die Partie Schach zu Ende spielen können.

Der Kiesweg endete, wo das Gras kniehoch stand. Die Tischtennisplatte war mit Blättern übersät. Dann kamen sie zum Schuppen. Rizzi sah es schon von Weitem: Es gab jetzt nicht mehr nur die Vorrichtung. Die Tür war mit einem nagelneuen, ziemlich massiven Vorhängeschloss verriegelt.

Plötzlich, als hätte jemand das Licht ausgeknipst, schob sich eine Wolke vor den Mond. Ganz in der Nähe raschelte es im Laub. Rizzi und Cirillo blieben stehen und rührten sich nicht von der Stelle. Die Dunkelheit könnte ihnen auch nützen. Lautlos schoben sie sich am Fenster vorbei, zur Ecke, und weiter auf die Rückseite des Schuppens. Die Tür war nur angelehnt, und Rizzi vergrößerte langsam den Spalt.

Der Schlafsack war auf dem Boden ausgerollt, aber es sah nicht aus, als ob heute Nacht schon jemand darin gelegen hätte. Die Tüten standen, wie beim letzten Mal, pedantisch nebeneinander.

Das Geräusch kam von nebenan. Zuerst dachte Rizzi, er würde es sich nur einbilden. Das Plätschern und Knistern war so leise, dass man es vielleicht nur in der Nacht hörte. Es musste vom Nachbargrundstück kommen, vom Hotelpool.

Sie brauchten sich nicht abzusprechen. Über plattgetretenes Gras schlichen sie an der gekippten und halb überwachsenen Pinie vorbei und stiegen auf die Trockenmauer. Von dort bot sich ihnen ein perfekter Blick auf die Hotelanlage des Principessa, auf die schlanken Zypressen und Palmen mit ihren ausladenden Kronen, die Rhododendren und Hortensien und schließlich auf den Pool mit der elliptischen Ausbuchtung und die Liegestühle und Tischchen, die so ordentlich rundherum standen, als hätte jemand die

Abstände mit dem Zollstock ausgemessen. Das Wasser war eine dunkle, leicht gekräuselte Fläche. Die geschlossenen Sonnenschirme standen in Habachtstellung, und das Plastik, mit dem sie überzogen waren, knisterte leise im aufkommenden Wind. Aber zu sehen war niemand.

Cirillo machte eine Bewegung mit dem Kinn, hinüber zu den Umkleidekabinen, weiße Häuschen im Mondlicht.

Von der Poolanlage durch Zypressen abgeschirmt, stand die grüne Bank, auf der Maria Grifo an jenem Abend gesessen und den Brief an ihre Tochter geschrieben hatte. Zwischen den Blumen und Sträuchern waren nur zwei Hosenbeine zu sehen, lang ausgestreckt, und Sneaker, die neongelb in der Dunkelheit leuchteten.

Rizzi glaubte zu hören, wie Cirillo Luft holte, bevor sie mit heller Stimme den Namen durch die Nacht rief:

»Vanzi!«

Augenblicklich wurden die Beine angezogen, und die Sneaker standen sprungbereit auf dem Boden.

»Vanzi!«, rief Cirillo noch einmal.

Er war von der Bank aufgestanden, und über den Büschen kam langsam sein Kopf hoch, ein pockennarbiger Mond mit grauen Schläfen.

Sie kletterten von der Mauer in den Hotelgarten hinunter und näherten sich den Zypressen. Nello Vanzi starrte ihnen entgegen, als wären sie eine Erscheinung.

»Entschuldigen Sie die späte Störung«, sagte Rizzi. »Wir konnten nicht schlafen, und jetzt sehe ich: Ihnen geht es genauso.« Er streckte seine Hand aus, die Vanzi wie ein Roboter ergriff, nachdem er verwirrt von Rizzi zu Cirillo und wieder zurück zu Rizzi geschaut hatte.

Rizzi hielt die Hand fest und betrachtete den kräftigen Daumen und die kurzgeschnittenen Nägel – aber am meisten interessierte ihn der Ringfinger.

»Siehst du«, sagte er zu Cirillo. Er hielt die Hand so fest, dass Vanzi sie ihm nicht entziehen konnte, und deutete auf die Rötungen und winzigen Narben. »Hier war mal die Tätowierung, von der ich dir erzählt habe. Dieselbe, die Giulia Grifo heute immer noch hat.«

Er lockerte den Griff, und angewidert entriss Vanzi ihm die Hand.

»Wo haben Sie sich die Tätowierung entfernen lassen?«, fragte Rizzi. »In Polen, als Sie Ihre Frau kennenlernten? Natürlich. Bevor Sie geheiratet und den Namen Kabaciński von Ihrer Frau angenommen haben. Signor Vanzi, jetzt machen Sie doch mal den Mund auf. Es ist noch kein Verbrechen, wenn man die Brücken hinter sich abbricht, um einen Neuanfang zu machen.«

»Was wollen Sie?« Vanzi massierte seine Hand und blickte verstockt zu Boden.

»Ich wünschte«, sagte Rizzi, »Sie hätten uns erzählt, dass Maria Grifo Ihre Ex-Schwiegermutter ist. Dann hätten wir jetzt alle keine schlaflose Nacht. Wollen wir uns setzen?«

»Wenn Sie mir einen Gefallen tun wollen« – Vanzis Gesicht verzerrte sich so, dass es an ein Lächeln erinnerte, bei dem es Rizzi fast eiskalt den Rücken runterlief –, »sprechen Sie bitte etwas leiser. Es ist Wochenende, wir sind ausgebucht, und viele schlafen bei offenem Fenster.«

»Maria Grifo saß hier, nicht wahr?« Cirillo ließ sich auf der Bank nieder und rutschte an den Rand. »Hier hat sie den Brief an Giulia geschrieben. Und ist das nicht kurios?«

Cirillo schaute in den schwarzen Himmel. »Schreibt an ihre Tochter, und plötzlich steht völlig unerwartet der Ex-Schwiegersohn vor ihr, von dem sie ewig nichts gehört hat.«

»Wie hast du es vorhin ausgedrückt?« Rizzi überlegte. »Du hast wortwörtlich gesagt, ich zitiere: ›Es muss jemand gewesen sein, den ihre Tochter gut kennt und dessen Anblick sie wirklich überrascht hat.‹«

»Und was habe ich außerdem gesagt?«, wollte Cirillo wissen.

»Dass dieser Mensch«, referierte Rizzi, »wahrscheinlich ihr Mörder ist.«

»Aber das hieße ja« – Cirillo lehnte sich zurück –, »dass Sie der Mann sind, der Maria Grifo umgebracht hat.« Sie schaute Nello Vanzi erwartungsvoll an. »Was sagen Sie dazu?«

»Sie sind wohl besoffen«, erklärte Vanzi und lachte gezwungen.

»Erzählen Sie mal. Hat sie sich gefreut, Sie zu sehen? Hat sie Sie überhaupt erkannt, als Sie so überraschend vor ihr standen? Haben Sie sich verändert?« Sie schaute Vanzi prüfend an. »Die Schläfen sind grau geworden. Aber das Gesicht – mein Gott, ein paar Falten, aber sonst verändert sich ein Gesicht doch nicht wirklich.«

»Ich habe Ihnen alles erzählt.« Vanzi knetete seine Hand. »Und habe dem nichts hinzuzufügen.«

»Sie haben den Abend mit Ihrer Schwiegermutter verbracht, die Sie seit zehn Jahren nicht gesehen haben«, erklärte Rizzi ungeduldig, »und nicht mit einer fremden Frau, wie Sie uns haben weismachen wollen. Da werden Sie doch Themen gehabt haben, zum Beispiel die Schulden, die Sie hinterlassen haben. Hat sie Rückforderungen gestellt?«

»Tempi passati«, behauptete Vanzi mit einer großzügigen Handbewegung. »Schnee von gestern. Ich meine, der Straßenkehrer hat uns doch hinter der Kirche gesehen. Da war eitel Sonnenschein. Wir sind inzwischen alle reifer und vernünftiger geworden.«

»Haben Sie zusammen auf Ihre Tochter, Grifos Enkelin, angestoßen?«, wollte Cirillo wissen. »Sie ist acht geworden. Wussten Sie das?« Wieder schüttelte Cirillo ungläubig den Kopf. »Auf den Tag genau, als Sie Maria Grifo wiederbegegnet sind und sie kurz darauf getötet wurde, ist Ihre Tochter acht Jahre alt geworden.«

»Er kennt seine Tochter nicht«, erklärte Rizzi. »Hat sie Ihnen ein Foto gezeigt? Es steckt eines als Lesezeichen in dem Buch, das im Hotel gefunden wurde. Haben Sie es gesehen? Ihre Tochter ist darauf mit Ihrer Schwiegermutter zu sehen. Sie hätten das Foto mitnehmen und Ihre Schwiegermutter abschneiden können.«

»Du änderst dich nie, hat sie gesagt«, brach es plötzlich aus Vanzi heraus.

Rizzi und Cirillo wechselten einen Blick.

»Nach allem, was ich ihr über mich und mein neues Leben erzählt habe.« Er schaute empört auf. »Sie hat alles aus mir herausgefragt, aber selbst nichts erzählt. Kein Sterbenswort über Giulia oder die kleine Maria. Nicht einmal ein Foto wollte sie mir von ihr zeigen. Ich meine, ich habe die Kleine noch nie gesehen!«

»Fahren Sie fort«, bat Rizzi.

»Mehr gibt es nicht zu sagen!«, schrie Vanzi und drehte

sich zur Seite. »Du änderst dich nie«, wiederholte er leise. »Das hat sie gesagt. Und dann sind wir wieder unserer Wege gegangen.«

»Aber Sie sind noch einmal zurückgekehrt. In ihr Hotelzimmer. Haben geklopft und sie zur Rede gestellt. War es so?« fragte Rizzi. »Was ist los mit Ihnen, Vanzi?«

Der Mann war zwischen den Hortensien in die Hocke gegangen und presste seine Fäuste an die Schläfen.

»Stehen Sie auf«, befahl Rizzi.

»Was wollen Sie von mir?«, fragte Vanzi weinerlich. »Lassen Sie mich in Ruhe.«

»Wir machen jetzt einen Spaziergang.« Rizzi packte Vanzi unter den Achseln.

»Wohin?«

»Das werden Sie gleich sehen. Auf geht's. Abmarsch.«

Sie legten Nello Vanzi keine Handschellen an, aber sie nahmen ihn in ihre Mitte und führten ihn über die Treppe zur Terrasse hinauf. In manchen Zimmern war Licht angegangen, und vereinzelt schauten Leute von ihrem Balkon herunter.

»Gehen Sie schlafen«, sagte Rizzi, bevor sie über den seitlichen Plattenweg von der Terrasse verschwanden.

Sie stießen über die Lieferantenzufahrt auf die Via Tragara und gingen vorne am Eingangsportal des Principessa vorbei, an der geschwungenen Treppe, den Säulen und Buchsbäumen, und ließen das teilweise von Efeu überwachsene Gebäude hinter sich, das in all den Jahren für Vanzi nicht nur ein Arbeitsplatz in der Touristensaison, sondern auch ein bisschen Heimat geworden war.

Am Belvedere, dem Aussichtspunkt, endete die Via Tragara. Wer weiter wollte, musste festes Schuhwerk tragen, so gesehen war Vanzi mit seinen Sneaker gut ausgerüstet. Er trottete mit gesenktem Kopf zwischen ihnen, flüsterte manchmal oder gab einen seufzenden Ton von sich, als würde er Selbstgespräche führen oder sich im Geiste mit jemandem unterhalten.

Vom Plateau nahmen sie zwischen Oleanderbüschen die kleine Treppe am Feigenbaum vorbei auf die Via Pizzolungo, den schmalen Wanderweg, der unterhalb des Monte Tuoro verlief und zu der Grotta di Matermania und dem Abzweig zum Arco Naturale führte. Cirillo stapfte im Licht ihrer Handytaschenlampe voran, Nello Vanzi folgte, und Rizzi sicherte hinten ab. Der Wind war stärker geworden, kam von Westen, die Brandung war mal lauter, mal leiser und manchmal auch gar nicht zu hören – neben ihren Schritten, Vanzis Atem und manchmal einem Rascheln im Laub.

»Wo gehen wir hin?«, fragte Vanzi immer wieder. »Was soll das?«

Sie antworteten nicht. Cirillo legte ein forsches Tempo vor und ging so zügig voran, dass Rizzi seinen Vordermann alle zehn Schritte anschubsen und vorwärtsstoßen musste, damit sich der Abstand zu Cirillo nicht vergrößerte.

»Wenn der Koffer ins Meer gefallen wäre«, erklärte Cirillo, »wäre er vielleicht aus der Bucht getrieben, und wir hätten die Tote möglicherweise nie gefunden.«

Vanzi schwitzte, sein T-Shirt mit dem Schriftzug *Hotel La Principessa* klebte ihm am Rücken, und immer wieder stieß Rizzi ihn an, damit er nicht stehen blieb, so dass er eher hoppelte als marschierte.

»Haben Sie schon einmal eine Leiche gesehen, die stundenlang im Wasser trieb?« Cirillo blieb plötzlich stehen und drehte sich zu Vanzi um. »Einen solchen Anblick vergessen Sie Ihren Lebtag nicht. Der Körper und das Gesicht sind dann ganz aufgedunsen. Weißt du noch, Enrico«, rief sie, als sie weitergingen, »wie wir anfangs überlegt hatten, ob jemand die Leiche vielleicht von irgendwoher mit dem Boot zur Cala del fico transportiert und dort auf dem Felsen abgelegt hatte – extra für uns, um eine falsche Spur zu legen? Vanzi, da können Sie mal sehen, was wir alles in Erwägung ziehen. Aber jetzt sage ich Ihnen mal etwas: Es gibt nichts, was es nicht gibt. Man darf keine Möglichkeit außer Acht lassen. Und deswegen sind wir nun hier.«

Sie passierten den nächsten Aussichtspunkt, wo sich tagsüber die Leute vor blauem Meer mit den Faraglioni-Felsen im Hintergrund fotografierten. Hinter der Kurve zur Grotta di Matermania begannen die Treppenstufen

»Schau mal.« Cirillo blieb stehen und leuchtete mit ihrem Smartphone auf den Weg. Die Spur verlief über viele Meter und war mehrere Zentimeter breit. Es war ein Reifenabdruck, eindeutig.

»Vielleicht von einem Mountainbike?«, überlegte Cirillo.

»Ich schlage vor«, sagte Rizzi und gab Vanzi einen Schubs, »Sie gehen vor und zeigen uns, welchen Weg Sie genommen haben.«

»Ich war hier noch nie«, keuchte Vanzi erschöpft. »Ich kenne den Weg nicht.« Er taumelte zwischen den Steineichen und Pinien, von Baum zu Baum, bis er nach ungefähr zwanzig Metern wie erstarrt stehen blieb.

Wo das Gelände steil abbrach, stand eine Schubkarre, auf

der kein Koffer, aber ein unförmiger Jutesack drapiert war. Rizzi hatte keine Ahnung, wo Savio den so schnell herbekommen hatte, aber die Idee war gut.

»Jetzt zeigen Sie uns doch mal, wie Sie es gemacht haben«, befahl Rizzi. »Die Schubkarre einfach gekippt? Oder den toten Körper erst runter und dann mit den Füßen gestoßen?« Rizzi beugte sich über das Geländer, sah in den Felsspalten das dornige Gestrüpp. Der Felsvorsprung unten war nur zu erahnen und das Meer eine dunkle Fläche, aus der die Faraglioni-Felsen wie riesige schwarze Zähne herausragten.

»Ich glaube«, Rizzi drehte sich zu Vanzi herum, »eine Leiche loszuwerden ist generell schwieriger, als man denkt.«

Der Mond, der wieder zwischen den Wolken aufgetaucht war, schien so hell in Vanzis rundes Gesicht, dass einzelne Aknenarben darin zu erkennen waren.

»Sie wollte mich abknallen«, sagte er mit dumpfer Stimme. »Sie war kurz davor. Ich weiß es. Abknallen wollte sie mich wie einen Hund.« Er schaute zur Schubkarre, und in seiner Miene lag ein eigenartiger Ausdruck. Vielleicht war es Wehmut oder Bedauern, vielleicht auch nur Selbstmitleid. »Es war ein Fehler, dass ich noch mal zurückgegangen bin und an ihre Hotelzimmertür geklopft habe. Und von ihr war es dumm, verdammt dumm, dass sie mir überhaupt aufgemacht hat. Seltsam. Als hätte sie mich erwartet. Sie war betrunken, und ich wollte eigentlich nur noch einmal deutlich klarstellen, dass sie unrecht hatte mit ihrer Behauptung. Und dass ich mich sehr wohl geändert habe.«

Vanzi lächelte ungläubig. »Sie hat mich beschimpft, hat mir in einer einzigen Tirade noch einmal all meine Affären, Fehltritte und Misserfolge aufgezählt, und ich versichere Ihnen, es war eine bewundernswert lange Tirade. Sie konnte sich an mehr erinnern, als ich jemals zusammengebracht hätte, und hat versucht, mich zu demütigen, als wäre ich einer ihrer Studenten, die alles mit sich machen lassen. Doch nicht mit mir!«

Vanzi schaute übers Meer, als hätte ihn dort jemand gerufen. »Ich habe gesagt, alles richtig, aber diesen Satz, ich hätte mich nicht geändert, sollte sie zurücknehmen. Ich war ganz ruhig, ich schwöre es, und je ruhiger ich war, desto mehr hat sie aufgedreht. Ich sei lächerlich, eine Witzfigur, ich solle mich doch nur einmal anschauen. In meinem Alter immer noch den Insel-Casanova geben, und das mit den allein reisenden Damen, das sei widerlich.« Vanzi breitete hilflos die Arme aus. »Sie hat nicht verstanden, worum es geht, und alles, was ich ihr erzählt habe, hat sie umgedreht und gegen mich verwandt.«

Er verstummte und wischte sich mit dem Handrücken über die Nase. »Irgendwann war sie fertig. Ich bin aufgestanden, ich wollte einfach gehen. Wollte diese Frau einfach vergessen, die von Anfang an alles darangesetzt hatte, dass wir scheitern, Giulia und ich. Sie hat es geschafft, aber es hat ihr nicht gereicht. Sie musste immer weitermachen.« Er verzog sein Gesicht.

»Und dann habe ich mich doch noch einmal zu ihr umgedreht und gesagt: Wenn ich wollte, könnte ich jederzeit zu Giulia und meinem Kind zurückgehen. Und Giulia würde mir garantiert verzeihen und mir, wenn ich das möchte, in kürzester Zeit wieder aus der Hand fressen, wie sie mir damals aus der Hand gefressen hat, denn Giulia ist ein treues, feines Mädchen.«

Er nickte wissend. »Sie wusste, dass ich recht habe. Ich habe es an ihrem Gesicht gesehen. Da hat es mich geritten, einfach weiterzumachen und die Sache weiter durchzuspielen. Plötzlich wurde mir klar: Ich kann, wenn ich will, die Zeit zurückdrehen. Ich kann es wenigstens versuchen. Wer hindert mich eigentlich daran? Diese böse Frau? Bestimmt nicht. Im Gegenteil: Sie hat mir die Augen geöffnet. Sie war so freundlich. Ich habe also gesagt: Du hast recht. Und weißt du was? Ich gehe jetzt zu Giulia, spreche mit ihr. Sehe meine Tochter, und dann schauen wir weiter. Ich war fest entschlossen. Aber dieses Mal – und das habe ich ihr mit größter Freude direkt ins Gesicht gesagt – bin ich klüger, ja genau: weil ich mich verändert habe. Ich werde dafür sorgen, dass du dich ins Leben deiner Tochter und deiner Enkelin nicht mehr einmischst. Du bist draußen.«

Vanzi zog ungläubig die Schultern hoch. »So habe ich sie noch nie gesehen«, stellte er sachlich fest. »Dieser Ausdruck in ihren Augen. Plötzlich hatte sie die Pistole in der Hand. Sie war am Durchdrehen, das konnte man in ihrem Blick sehen, und gleichzeitig war sie zu allem entschlossen. Wenn ich mich abgewandt hätte und zur Tür gegangen wäre – ich hätte die Kugel im Rücken gehabt.« Er schaute von Rizzi zu Cirillo. »Verstehen Sie? Und ich wusste, ich habe nur eine Chance. Bin auf sie gesprungen. Aber sie wollte die Waffe nicht hergeben. Und dann habe ich zugedrückt. Habe einfach nur gedrückt, bis diese Frau keinen Ton mehr von sich gab.«

Vanzi war auf dem Sandpfad auf die Knie gesunken und barg das Gesicht in seinen Händen. Er schaute auf. »Ich habe funktioniert wie eine Maschine. Ich wusste, die Zimmer sind gut isoliert, die Fenstertür war geschlossen, uns hat wahrscheinlich niemand gehört, und nebenan ist der Fahrstuhl. Ich wusste, wo die Schubkarre steht, und ich wusste, wo nebenan in der *Accademia* die Koffer der alten Französin sind, die jedes Jahr mit großem Gepäck anreist. Wie oft bin ich, wenn dort niemand zu Hause war, durch die Villa gestreift, habe mir die Räume angeschaut, in denen niemand wohnt, und mir vorgestellt, wie herrlich es wäre, hier mit der ganzen Familie zu leben.«

Er erhob sich. »Ich habe den größten Koffer genommen und bin damit zurück ins Hotel. Habe ihr nicht in die Augen geschaut, habe sie in den Koffer gesteckt und alles, was ich an persönlichen Sachen finden konnte, in eine Wäschetüte. Und nicht daran gedacht, die Tasche an ihrem Rock abzutasten und den Kugelschreiber herauszuholen. Wer weiß?« Er lächelte. »Wenn Sie den Kugelschreiber des Hotels nicht gefunden hätten, wären Sie mir vielleicht nie auf die Spur gekommen, oder jedenfalls nicht so schnell.«

Er stemmte die Hände in die Hüften. »Mit dem Koffer und der Wäschetüte bin ich in den Fahrstuhl und durch den Seitenausgang nach draußen. Ich hatte keine Angst. Es gibt Auffälligeres, als auf Capri mit einem Koffer unterwegs zu sein, selbst mitten in der Nacht. Und diese Angstfreiheit hat mich vielleicht geschützt. Ich habe den Koffer auf die Schubkarre geladen und bin den Weg gegangen, den wir gerade gegangen sind. Bis hierher. Es war Zufall. Ich hatte keinen Plan. Hatte bloß gehofft, dass der Koffer irgendwie vom Meer geschluckt wird. Dass das nicht der Fall sein würde, wusste ich schon, als ich den Aufprall hörte. Aber was hätte ich tun sollen?«

Er schaute suchend umher. »Irgendwo habe ich die Tüte entsorgt, fragen Sie mich nicht, wo, in irgendeinem Müllcontainer muss es gewesen sein. Bin zurück, habe mich gewaschen und bin pünktlich zur Arbeit erschienen. Niemand hat etwas gemerkt, gefragt oder gesagt. Bis mir – ich glaube, da war es schon Mittag – einfiel, dass am Zimmer ja wohl immer noch die rote Karte hing. Im Vorbeigehen habe ich sie auf Grün gedreht und gegrüßt, als Costanza Flora aus einem Zimmer trat, das sie gerade aufgeräumt hatte.«

Er schaute Cirillo fest in die Augen. »Stellen Sie sich mal vor: Beinahe wäre ich tot gewesen. Beinahe hätten Sie an meiner Stelle die Grifo festnehmen müssen. Ich schwöre, sie hatte den Finger schon am Abzug, und ihr Finger hat gezuckt.«

Er ballte die Hände zu Fäusten und streckte sie trotzig und verzweifelt Cirillo entgegen, damit sie ihn verhaften und ihm Handschellen anlegen konnte.

Während Cirillo sich schon mit Nello Vanzi in Bewegung setzte, schaute Rizzi noch ein letztes Mal über die Bucht. Am Horizont schien es schon heller zu werden, vielleicht war es aber auch Einbildung. In der Bucht war es vollkommen still. Das Meer war verstummt. Kein Laut drang herauf. Bis sie wieder einsetzte, die Brandung, und die Wellen an den Felsen rollten, in einem schönen, ruhigen Rhythmus, als wäre nichts gewesen.

22

Cirillo fand die helle Bluse erst nach längerem Suchen ganz hinten im Kleiderschrank, unter dem einzigen Winterpullover. Als sie sie gebügelt hatte und sich im Spiegel betrachtete, fiel ihr erst auf, dass sie das gute Stück aus Seide noch nie angezogen hatte, seitdem sie auf Capri war. Normalerweise hätte sie die Bluse auch heute nicht angezogen, sie kam ihr sogar unpassend vor, aber der Ort, den er für das Treffen gewählt hatte, erforderte etwas Besseres als das übliche Poloshirt. Alles andere würde wahrscheinlich nur für unnötige Aufmerksamkeit sorgen, und genau das wollte sie verhindern.

Als Cirillo über die Via Vittorio Emanuele auf das Quisisana mit der cremefarbenen Fassade zuging, schwitzte sie bereits. Die Luft stand hier in den Gassen, und die Sonne gab noch mal alles. Die Terrasse vor dem Hotel war fast bis auf den letzten Platz besetzt. Cirillo ging zügig vorbei und betrat das Gebäude, wie sie hoffte, unauffällig, zusammen mit einer Gruppe von Hotelgästen.

Unter dem gewaltigen Kronleuchter orientierte sie sich zur Rezeption, wo hinter der Theke eine schlanke Frau mit streng nach hinten gebundenem Haar stand. Das Wandgemälde hinter ihr im schmalen goldenen Rahmen reichte fast bis zur Decke und zeigte eine Flusslandschaft, die mit Capri so viel zu tun hatte wie die Faraglioni-Felsen mit dem schiefen Turm von Pisa. Als Cirillo sich höflich bemerkbar machen und nach den Séparées fragen wollte, ertönte unerwartet nahe eine Stimme, die ihr einen kleinen Schreck einjagte: »Signora Cirillo?«

Der Kellner im weißen Jackett lächelte dezent, als sie nickte, hob genauso dezent seine Hand und bat: »Wenn Sie mir bitte folgen möchten.«

Sie gingen über Marmorboden am Springbrunnen vorbei, und der Kellner erklärte diskret und so leise, dass sie ihn beim Plätschern des Springbrunnens akustisch gerade noch verstehen konnte: »Der Herr ist schon da und erwartet Sie.«

»Seit wann?«, fragt Cirillo.

»Sechs Minuten, um genau zu sein.«

»Hat er schon etwas bestellt?«

Der Kellner nickte schwach und zögerte, ob und wie er die Frage beantworten sollte.

»Brandy und Chips?«, fragte Cirillo, und der Kellner nickte etwas überrascht und erleichtert.

Im Restaurant saßen an der Fensterfront nur vereinzelt Gäste an den weiß gedeckten Tischen, und Cirillo schoss durch den Kopf, dass sie ihn dann eigentlich auch hier hätte treffen können. Die Séparées für diskrete Treffen befanden sich in einem Bereich am Ende des Restaurants.

Als Cirillo den kleinen Raum betrat und Roberto von seinem Stuhl vor dem Fenster aufstand, war ihr erster Gedanke, dass er sich überhaupt nicht verändert hatte. Die Haare wie immer raspelkurz geschnitten und immer noch sehr dicht, die braunen Augen wach, das Lächeln breit und trotzdem fein, die Zähne makellos und der ganze Mann immer noch sehr sportlich. Cirillo freute sich, ihn wiederzusehen, in dem Job war es keine Selbstverständlichkeit, dass er überhaupt noch lebte. Das galt nicht nur für Roberto, sondern für alle in der kleinen verschworenen Gruppe.

»Ciao, Roberto«, sagte sie.

»Ciao, Antonia«, antwortete er.

Für einen Moment war unklar, wie sie sich begrüßen sollten. Dass sie sich so lange nicht gesehen hatten, war noch nie vorgekommen. Genau genommen hatte es seit dem Tag, als sie zum Team gestoßen war, gar keine Pause gegeben, und nur ihre eigene Dummheit und die Strafversetzung nach Capri hatten zu dieser endlosen Pause geführt.

»Hat der Brandy funktioniert?«, fragte Roberto.

»Perfekt«, antwortete Cirillo.

Es war nur eine Art Codewort gewesen, damit Cirillo wusste, dass nicht plötzlich ein anderer sie hier erwartete. Sie hatten gelernt, mit jeder Überraschung zu rechnen.

Nachdem Roberto den Kellner per Klingelknopf herbeigerufen und das Mittagessen bestellt hatte, beugte er sich nach vorne, stützte sich auf seine Ellenbogen, faltete die Hände, alles genau so, wie er es auch früher immer gemacht hatte, und wollte wissen, wie es ihr inzwischen auf Capri ergangen sei.

Sie wusste gerade gar nicht so genau, wie es ihr ging, dafür war sie in den letzten Tagen zu beschäftigt gewesen und überhaupt nicht zum Nachdenken gekommen. Sie erzählte Roberto von dem Fall Maria Grifo, und er stellte fest: »Dann bist du ja in deinem Element.« Er lächelte sein offenes Roberto-Lächeln, bei dem sie sich schon früher gewundert hatte, wie der Mann es schaffte, sich bei seinem Beruf so viel inneres Glück zu bewahren, und warum es ihr dagegen immer so schwer fiel.

»Nicht ganz«, korrigierte sie.

»Aber wenigstens musst du nicht nur Parkzettel schreiben, was wir alle schon befürchtet hatten.« Er seufzte, hing einem Gedanken nach – und sagte: »Antonia, wir vermissen dich. Wir vermissen dich sehr. Es hat einige komplizierte Fälle gegeben, bei denen wir auf dich angewiesen gewesen wären. Würdest du zurückkommen, wenn es nach dir ginge?«

»Nichts lieber als das«, brach es aus Cirillo heraus. »Wirklich. Wieso überrascht dich das?«

»Es freut mich, und ja, es überrascht mich auch«, sagte er und machte eine ausholende Handbewegung, die den Blick zum Fenster und dem Meer freigab. »Du bist hier auf Capri!«

»Leider«, entfuhr es ihr.

»Ich will dich keineswegs überreden, hierzubleiben.«

»Wenn ich weg kann, packe ich sofort meine Sachen, und das sind nicht viele.«

Roberto lächelte. »Genau das hatte ich gehofft zu hören.«

Einen Moment schwiegen sie. Dann sagte Roberto: »Ich weiß, dass du deinen Sohn vermisst.«

»Hör auf, sonst fange ich sofort an zu heulen.«

Roberto betrachtete sie besorgt. »Geht es Oscar nicht gut in Stockholm?«

»Doch.« Sie nickte. »Es ist alles in Ordnung.«

»Wir können nicht steuern, was unsere Kinder tun«, erklärte Roberto weise. »Und wir sind auch nicht für alles verantwortlich, was sie tun. Auch wenn es dich hart getroffen hat.«

»Es war natürlich mein Fehler«, sagte Cirillo, »und ich verstehe heute auch nicht, was damals in mich gefahren ist.«

»Ich hätte es auch getan«, sagte Roberto, und Cirillo merkte genau, dass es nicht stimmte.

Sie sprachen beim Essen über die Fälle, bei denen sie gemeinsam ermittelt hatten, über einzelne Situationen, auch über komische und manche sogar sehr schöne Momente. Aber sie hielten das Treffen bewusst nicht zu lang, obwohl Cirillo Zeit gehabt hätte und es ihr gut tat, mit Roberto zu sprechen, diesem Vertreter aus ihrem alten Leben, das sie so vermisste. Aber sie wusste, dass es besser war, wenn er die Insel so schnell wie möglich wieder verlassen würde.

Er ging zuerst, damit sie das Gebäude nicht gemeinsam verließen. Cirillo wartete noch einen Moment ab, starrte auf das weiße Tischtuch mit den Krümeln und den zerknautschten Servietten, ohne wirklich etwas zu sehen, und trat dann auf die Veranda hinaus.

In der Ferne schimmerte das Meer, als hätte jemand ein matt glänzendes Seidentuch ausgebreitet, das mal hier, mal dort funkelte. Himmel und Meer hatten das gleiche Leuchten, als wären es zweieiige Zwillinge aus ein und denselben Elementen, und plötzlich dachte Cirillo und empfand es ganz stark, dass die Schönheit dieser Gegend auch ein Trost für die Einsamkeit sein konnte.

Sie bedankte sich im Vorbeigehen beim Kellner, überquerte die Terrasse und ging durch die Gassen zu ihrer

Vespa, die sie vorschriftsmäßig auf den für Motorräder vorgesehenen Stellplätzen an der Via Roma geparkt hatte.

Es war seltsam: Die Gassen waren ihr heute ganz vertraut. Und zum ersten Mal fühlte es sich ein bisschen wie Heimat an.

23

Rizzi lag auf dem Rücken, bewegte nur die Arme und Hände, ließ sich vom Wasser tragen und schaute in den Himmel, der mit dem Ende des Hochsommers langsam seine Blässe verlor und wieder an Farbe gewann. Das Meer würde die Wärme aus den heißen Tagen noch bis weit in den Oktober hinein speichern, während die Anzahl der Badegäste von nun an kontinuierlich zurückging. So gesehen, begann jetzt die schönste Zeit des Jahres.

Die Wellen rollten gemächlich heran, hoben ihn sanft in die Höhe und ließen ihn ebenso sanft wieder herunter, um ihn kurz darauf wieder zu heben, während aus der Ferne, vom Strand, ein irres Lachen herüberdrang, Stimmengewirr und Geschrei – eine Geräuschkulisse, wie es sie nur dort gab, wo das Meer eine riesige Badewanne war und es um nichts anderes ging als um Ballspiele, Picknick und Sonnenöl und jeder Schrei und jeder Ruf keine beunruhigende Bedeutung hatte, sondern nur Ausdruck von tiefstem Frieden war.

Rizzi drehte sich, machte ein paar Schwimmzüge unter Wasser und kraulte los, Richtung Scoglio delle sirene. Atmung und Bewegung begannen, harmonisch ineinanderzufließen, er fand rasch seinen Rhythmus, und die Bilder in seinem Kopf verschwammen: Das Gesicht von Giulia

Grifo, ihre ungläubig geweiteten Augen, als er ihr eröffnete, dass ihr Ex-Mann Nello – sprich: Antonio – Vanzi, der seit seiner Heirat in Polen lebte und nun Antoni Kabaciński hieß, der Mörder ihrer Mutter war. Überführt und in vollem Umfang geständig. Noch einmal sah er, wie der Notenständer in Giulias Küche zu Boden stürzte und wie ihre Fäuste auf ihn eintrommelten. Aber auch wie Nello Vanzi alias Antoni Kabaciński mit den Beamten aus Neapel aufs Polizeiboot ging, sah seine herabhängenden Schultern und den gesenkten Blick. All diese Geschehnisse strömten hier im Wasser noch mal durch ihn hindurch, ohne dass er sie einer Bewertung unterziehen musste, wurden Teil eines Kreislaufs und bekamen irgendwo ihren Platz.

Als er aus dem Wasser kam, hockte Francesca auf seinem Badetuch, über sein Telefon gebeugt, und stellte fest: »*Bass drum:* sechzehn mal vier, *Tom:* acht mal fünf, und *Snare:* zehn mal vier.« Sie schaute mit ihrem gebräunten Kindergesicht zu ihm auf. »Ich würde sagen: bisschen popelig, was Mamma für die Musikschule anschaffen will.«

»Ich kenne mich mit Schlagzeug nicht aus, Schätzchen«, sagte Rizzi, nahm sein T-Shirt und tupfte sich ohne Eile sein Gesicht ab, während er ein Grüppchen Frauen beobachtete, Freundinnen wahrscheinlich, die mit dem Smartphone am Selfiestick ein Fotoshooting aufführten. Schönste Posen im Bikini, im Hintergrund die Faraglioni-Felsen und ein Glitzern auf dem Wasser, die ersten Vorboten des Sonnenuntergangs.

»Die nerven schon die ganze Zeit«, behauptete Francesca.

»Vergiss deine Taucherbrille nicht«, sagte Rizzi. »Wir müssen los.«

»Kann der Cinquecento bald fahren?«, fragte Francesca, als sie hinter ihm auf die Vespa stieg und knapp mit den Kindersandalen die Fußrasten erreichte.

»Wenn die Reifen angekommen sind.« Rizzi startete den Motor.

»Und wann kommen die?«

»Wüsste ich auch gerne.«

Francesca schlang ihre Arme um ihn, drückte ihren Kopf mit dem Helm gegen seinen Rücken und legte sich in den Serpentinen der Via Marina Piccola so fantastisch mit ihm in die Kurven, dass eins jetzt schon klar war: Egal, was aus ihr einmal wurde und wie sie sich orientierte, eine gute Motorradfahrerin würde sie auf jeden Fall.

Rizzi hupte im Vorbeifahren Alberto und den Leuten in der Roxy Bar zu, nahm im Kreisverkehr die zweite Ausfahrt und stoppte vor dem Supermarkt.

»Du weißt, welchen Mozzarella, oder?«, fragte er und holte aus der Tasche seiner Shorts einen Zehner.

»Ich beeile mich.« Mit dem Helm auf dem Kopf rannte sie hinein.

Rizzi nahm seinen ab, legte ihn auf den Sattel zwischen seine Beine und tippte eine Nachricht an Gina.

»Glückwunsch!«, rief Marco Sasso, der Kartons und Pakete mit Wasserflaschen auf den *carrello* lud. »Wir sind alle heilfroh, dass der Spuk vorbei ist und ihr ihn so schnell gekriegt habt.«

»Hast du Maria Grifo eigentlich irgendwie gekannt?«, fragte Rizzi, als Marco zu ihm herüberkam und ihm mit der zusammengerollten Lieferliste anerkennend auf den Kopf klopfte. »Oder mal etwas mit ihr zu tun gehabt?«

»Ich wollte es dir eigentlich schon die ganze Zeit erzählen.« Marco schaute über die Artischocken und Melonen ins Innere seines Geschäfts. »Sie war mal drüben bei mir in der Via Croce.«

Rizzi nahm überrascht seine Sonnenbrille ab. »Wann?«

»Am Abend, bevor sie umgebracht wurde.«

»Und warum hast du nie etwas gesagt?«

Marco strich sich verlegen über seinen Dreitagebart. »War mir unangenehm. Und ist es immer noch.« Er verschränkte die Arme vor der Brust, schaute Rizzi aber in die Augen. »Sie hat bei mir ein paar Flachmänner gekauft, drei Stück, um genau zu sein, und mit einem Hunderter bezahlt.« Er hob hilflos die Hände. »Sie nimmt ihre Flaschen, ich nehme den Schein, will ihr rausgeben, aber sie drehte sich um und geht. Dachte wohl, sie hätte mir einen Zehner gegeben.«

»Und du hast nichts gesagt.« Rizzi legte ihm eine Hand auf die Schulter. »Vergiss es einfach, Marco. Oder spende das Geld, wenn dir dann wohler ist.«

»Erledigt!« Francesca kam mit einer Tüte aus dem Supermarkt gerannt, grüßte Marco und stieg, ohne Zeit zu verlieren, wieder hinten auf.

»Wollt ihr eine Honigmelone?« Marco wählte eine aus, legte sie zum Mozzarella in die Tüte und gab noch ein paar Kiwi dazu.

»Komm vorbei.« Rizzi setzte seinen Helm auf und startete den Motor. »Bring Nunzia mit. Wir machen Pizza.«

Auf dem Feldweg drehte er noch einmal auf, und Francesca gab einen langgezogenen Ton von sich, womit die Schlaglöcher eine ganz eigene holprige Stimme bekamen. Beim großen Stein bog er um die Ecke, stellte hinter der Pforte, auf dem abschüssigen Weg, den Motor ab und kam neben der Ape zum Stehen.

Vito hatte vor dem Schuppen den Tisch aufgebaut, die Platte mit Mehl bestäubt und war dabei, den Hefeteig auszurollen, den Rizzi am Morgen angesetzt hatte.

»Diese Wellnessklinik im Piemont ist ja eine tolle Sache«, rief Vito, während er den Teig aufs Pizzablech legte. »Hast du die riesigen Bäume auf den Fotos gesehen?«

Die Frauen hatten sich neben den Tomaten die Stühle in die Sonne gestellt. Marta, Gina und Barbara steckten ihre Köpfe zusammen, blätterten in Prospekten und Faltblättern, und Barbara gab Erläuterungen.

»Wer soll das denn alles bezahlen?«, war Martas skeptischer Kommentar zu hören.

Barbara behauptete, dank Rita gäbe es gute Sonderkonditionen, auch für Begleitpersonen.

Francesca verteilte mit der Kelle die Soße auf dem Pizzaboden, die Gina aus den frisch eingemachten Tomaten mit viel Knoblauch, Salz, Pfeffer und Basilikum gekocht hatte.

»Nicht zu viel«, mahnte Vito. »Weniger ist mehr, Schatz, sonst wird der Boden lappig.«

»Kommt sie noch?«, fragte Rizzi.

»Wer?«

»Barbaras Neue.«

»Sie ist doch schon da.« Vito nickte zu den Pfirsichbäumen hinüber, wo Rita wie beseelt über die Beete mit Zucchini und Auberginen, die Weinreben und all die kunstvoll angelegten Terrassen und Mäuerchen schaute, die über Jahre und Jahrzehnte zu einem Gesamtkunstwerk gewachsen waren und sich über den kleinen Hang hinauf bis zum Feldweg und der Abschlussmauer erstreckten.

Rizzi ging auf die Schuppenrückseite und schob das Tor auf. In der Wärme roch es nach Öl und Terpentin. Die Radkappen blitzten, und der Cinquecento in seiner wasserblauen Farbe sah wie neu und einfach wunderschön aus – nur dass die Karosserie auf Ziegelsteinen stand statt auf Rädern mit Reifen.

Er legte die Tüte mit den Scheibenwischern ab, schaute nach dem kleinen Schraubenzieher und stieß auf dem Tisch mit den Ersatzteilen auf den Trompetenkoffer, der inzwischen schon unter die alten Lappen geraten war. Rizzi hatte das Instrument mal von zu Hause mitgenommen, weil er dachte, dass er hier eher zum Spielen und Üben käme – auch unabhängig von Edoardo Carusos bevorstehendem Siebzigstem.

Er betätigte die Schnappverschlüsse, öffnete den Deckel und nahm das goldblitzende Instrument aus dem Futteral, setzte das Mundstück an die Lippen und spielte eine Tonfolge. Die ersten Laute misslangen, aber dann war die Tonleiter klar zu hören, und die Akustik in der Scheune war ganz wunderbar.

Er spielte das Stück an, das einzige, das er auswendig konnte, verspielte sich und begann noch einmal von vorne.

Entweder hatte er es vorher noch nie bemerkt, oder es war ihm einfach nicht bewusst gewesen, wie die Melodie und die Töne durch ihn hindurchgingen und seinen ganzen Körper in Schwingungen versetzten.

»Wie heißt das Lied?«, fragte Francesca, die in der offenen Tür lehnte.

»New York, New York«, sagte Rizzi. »Von Frank Sinatra.«

»New York«, wiederholte Francesca. »Die Stadt in Amerika.«

»Da fahren wir irgendwann mal hin und schauen sie uns an.«

»Mit dem Cinquecento?«

»Ganz sicher nicht.«

Sie gingen zurück zu den anderen, setzten sich an den Tisch, der unter den Walnussbaum gerückt worden war und wo Vito die Pizza servierte. Die vier Frauen schmiedeten Pläne für einen gemeinsamen Wellness-Aufenthalt im Piemont, und Vito sagte zu Rizzi: »Junge, ist dir eigentlich klar, dass wir schon September haben?«

»Ich weiß, Papà. Es ist unglaublich.«

Gina lächelte ihn über den Tisch an und griff spontan nach seiner Hand, von der vor kurzem jemand gesagt hatte, damit könne er eigentlich nur Kartoffeln aus der Erde holen.

Er nahm sich ein Stück Pizza, auf der der Mozzarella zu kleinen Inseln verlaufen war, und stellte fest: »Wir sollten bald den Salat aussäen.«